학교폭력 이 없다면

학교는 더

재밌어 질거야

안전하고 평화로운 학교문화 정착을 위한 이야기 공간

이충민 지음

 이
없다면
학교는
더
재밌어 질거야

학교폭력은 학교 안이나 밖에서 발생하는 사소한 다툼의 문제부터 상해, 폭행, 감금, 협박 등 신체·재산의 피해를 유발하는 심각한 범죄에 이르기까지 다양한 형태로 발생하고 있다. 과거에도 있어 왔고, 현재도 심각하게 진행되고 있으며, 미래에도 크고 작은 문제를 야기할 것으로 보여진다.

또한 이러한 학교폭력은 우리나라만의 문제가 아니며 전 세계적인 사회문제로 다루어지고 있는 실정이다. 이러한 시대적 과제 앞에 이 책은 시의적절하게 학교폭력 관련 법령과 정책을 분석하고 법과 교육적 관점에서 개선방향을 제시하고 있다.

특히 학교폭력에 대한 다양한 논의 중에 폭력으로부터 학생의 안전을 지키고 평화로운 학교문화를 정착시키는데 가장 중요하게 다루어져야 할 관련 법률의 완전성과 실효성 확보 그리고 학교 주체 및 모든 시민의 관심과 참여의 중요성을 강조한 것은 이 책의 장점이라고 말하고 싶다.

학교폭력에 대한 대응과 다양한 시도를 통해 과거보다 현재, 학교폭력에 대한 사회적 관심이 어느 때보다 높다. 이 책은 이전의 학교폭력에 대한 시행착오를 교훈 삼아 학교폭력 정책이 성공을 거두기 위한 방향과 대안을 제시하고자 하였다. 학교폭력에 대한 비판을 위한 비판이 아니라 저자와 독자가 객관적인 합리성을 바탕으로 학교 주체와 교육 현장에 가장 이익이 되는 방안이 무엇일지 깊이 고민하고 토론의 기회를 제공할 수 있을 것이다.

학교폭력은 가해자와 피해자뿐만 아니라 부모, 교사, 지역사회 주민의 다양한 노력과 이해를 바탕으로 해결되어야 한다. 학교폭력에 대한 예방과 대응에 대한 정보를 비롯한 법률적 논의를 중심으로 학교 주체 특히, 전담 기구 책임교사의 사안 처리 담당자, 학교폭력 심의위원회 위원, 입법 및 정책 담당자, 토론동아리 등 학교폭력 및 사안 절차에 대한 이해와 응용이 필요한 분들이 책의 내용을 통해 기존의 정보를 환기, 활용하여 추후에 더 효율적인 대안을 제시하고 발전할 수 있는 좋은 밑거름이 되어 진일보하는 책이 되길 바란다.

건양대학교 국방경찰행정학부장 김 대 권 교수

이 책을 펴내면서

어느덧 '불혹'의 나이에 접어든 나는 청소년 시절을 자꾸 뒤돌아보게 되었다. 초등학교에서 고등학교에 이르는 우리나라 초·중등의 교육과정에서 나도 대부분의 다른 사람들이 경험한 것과 비슷한 경험을 하였다. 대부분의 시간을 또래 친구들과 공부하고 놀이하는 학교에서 보낸 것으로 기억한다. 개인적으로 공부에 흥미를 느끼며 스스로 공부할 동기를 찾았던 그 시절 속 존재하는 중학생인 나를 만나 그 순간순간들을 추억할수록 입가에 미소를 번지게 하는 즐거운 시간이 된다. 은사님과의 진중한 대화와 친구들과의 가식 없이 놀고 공부할 수 있었던 그 시절의 추억은 때때로 각박한 세상 속에서 오는 힘듦과 피로감을 잊게 하는 한 줄기 빛이 되고 치유제가 된다.

돌이켜 생각해 보면 중학교 학창 시절에 공부가 재밌고 학교생활이 마냥 즐겁고 보람된 것만은 아니었다. 마음이 통하고 신뢰하는 선생님과 나눈 학교생활에 대한 진지한 대화는 나의 인생관을 바르게 확장하는 원동력이 되었다. 옹졸한 마음과 편협한 생각에서 벗어나 남의 입장을 고려할 줄 알고 다른 사람과의 경쟁 속에서 공정하고 지혜롭게 꿈을 성취하는 방법을 배웠다. 중학교를 졸업한 지 26년의 세월이 지났지만, 여전히 안부를 묻고 지혜로운 삶의 자세를 일깨워 주시는 은사님과의 계속적인 관계는 내 삶의 소중한 자산이다. 은사님께서 나를 언제나 동등한 인격체로서 진지하게 대우하는 모습을 보면서 나도 상대방의 나이, 지위, 사회적 배경 따위와 관계없이 인격적으로 존중하려고 노력하는 사람으로 성장하겠다는 다짐을 해 왔다.

운이 좋아서 그 은사님을 만났다고 생각하지는 않는다. 2024년 지금의 학교에도 많은 훌륭한 교원들이 계신다. 다만 학교 환경이 나의 학창시절 경험했던 사제 간의 진지하고 솔직한 인간관계의 형성과 깊은 교감의 기회를 접하기 어려운 학교 환경이 되었다고 생각한다. 나에게도 학교에 다니는 자녀가 있고, 나의 자녀를 비롯한 모든 청소년들의 즐겁고 보람된 학교생활을 희망하는 교육 가족의 일원으로서 참으로 아쉽고 안타까운 점이다.

청소년 시절 당시 나와 친구들의 학교생활을 보아도 공부할 과목이 많고 시험 후 교실 게시판에 붙는 과목별 성적표에 부담감을 느끼는 생활이었다. 지금은 기억도 나지 않은 소소한 일들로 친구들과 많이 다투기도 한 것 같다. 그러면서도 그 친구들과 축구, 농구를 비롯하여 온갖 종류의 놀이는 다 하였고 가끔은 레슬링과 비슷한 힘겨루기 장난도 했었다. 수시로 친구와 하고 싶은 말들로 자유롭게 대화한 많은 시간 들은 사춘기에 경험하는 이유 없는 짜증과 막연함을 감당하는 버팀목이 되었다. 친구와의 피할 수 없는 경쟁으로 성적, 체력장, 체육대회 경기도 있었다. 친한 건 친한 것이고 친구와의 경쟁에서 이기고 싶다는 솔직한 내 마음의 소리는 중요했다. 이런 경쟁심은 나의 친구도 같은 마음이었을 터지만 어떠한 결과를 놓고 다툰 적은 없었다. 공정하게 경쟁 했고 그 결과를 존중하는 것은 묵시적 약속이었다. 그리고 이러한 약속을 지키는 것은 그 시절 학교문화였던 것으로 생각한다.

모든 학창 시절이 다 즐거운 추억이지는 않을 것이다. 다만, 나는 초등학생 자녀를 키우는 부모의 입장이기도 해서 자녀가 생활하게 될 초·중·고등 학교에서 12년의 학창 시절 동안 그저 즐겁고 행복한 추억들로 가득 했으면 한다는 희망을 기대한다. 현실적으로 학교라는 공간은 조그만 사회생활에 비유할 수 있고, 그 속에서 갈등은 늘 존재한다. 이러한 갈등 들을 민주적이고 평화롭게 이해하고 양보, 조정해 나가며, 우리 사회가 허용하는 방법 및 방식들로 지식을 쌓고 지혜로 터득하는 일들이 교육 현장인 학교에서 이루어지도록 우리 사회는 요구하고 있다. 그러나 시대의 급진적인 변화와 함께 서로 다른 생활양식과 가치관을 분명하게 주장하는 오늘의 학교 현장을 바라보며 과거의 긍정적인 학교문화 일부를 그리워할 수만은 없다. 교원, 학생 개개인의 사명감과 헌신 및 양보, 이해하는 마음에 기댈 수 없다. 이는 특히 이 책에서 이야기 나누고자 하는 학교폭력 현상과 이를 대하는 우리 사회의 모습에서 더욱 뚜렷하게 나타난다.

나는 학교폭력을 서로 다른 인격체 간의 갈등을 넘어선 모습으로 이해한다. 서로의 다름을 아는 순간 그것이 의견이라면 자신의 의견에 따르도록 설득하고 논쟁을 할 수 있다. 그러는 과정에서 마음속에서 일어나는 상대에 대한 불신과 짜증, 상대에 대한 불편함은 자연스러운 일이고 내적으로든 외적으로든 문제의 대상으로 삼지 않는다. 관령 법령에 근거해 문제가 되어 사건화되는 학교폭력은 언어, 신체, 정서 등 다양한 영역에서 여러 유형으로 발현되거나 문화로 나타나면서 학교의 평화와 안전에 손상을 입히는 것으로 이해한다.

이상과 같은 배경에서 지금의 학교가 지금보다 더 평화롭고 안전하며 학생과 학생, 학생과 교원 간의 상호 두터운 신뢰를 바탕으로 행복한 학교생활을 누릴 수 있도록 학교폭력에 대한 이슈와 쟁점들을 제시하였다. 또한 우리 사회 전반의 학교폭력에 대한 관심을 높이고 학교폭력 해결을 위해 학교, 교육청, 경찰뿐만 아니라 지역사회 모두가 함께 지혜를 모아 실효성 있는 정책발굴·실천하여 학교폭력의 성공적인 예방을 도모하고 사안의 원만한 해결과 동시에 당사자들의 정상적인 학교생활로의 복귀를 도우려 한다.

이 책은 위와 같은 취지에 따라 학교폭력에 관한 법률과 제도, 구체적인 정책 등과 관련한 사회적으로 논의가 필요한 주요사항, 그리고 논의에서 진지하게 검토되어야 할 쟁점들을 서술하였다. 현행 학교폭력예방법이 규정하는 학교폭력의 정의 규정에 대한 개정논의를 비롯하여 가칭 '학교폭력 조사절차법'의 제정, 전담기구, 심의위원회의 공정성과 전문성 강화 방안, 피해학생의 안전을 담보할 수 있는 방안, 가해학생을 교육하고 선도할 수 있는 실질적인 방안, 학교폭력 전담 조사관제, 학교전담경찰관의 역할 강화, 학생 안전을 담보할 수 있는 교육환경의 구축, 책임교육을 위한 교권 강화, 상호 기본적 인권을 존중하는 문화 정착 등에 관한 논의를 제시했다.

학교폭력을 규정하는 법률은 현행 「학교폭력예방 및 대책에 관한 법률」로 약칭하여 학교폭력예방법이다. 학교폭력예방법과 이 법률의 시행령에 근거하여 '학교폭력 사안처리 매뉴얼' 등이 작성되고 각급 학교와 교육지원청에서 실제 사례에 적용되고 있다. 학교폭력예방법이 규정하는 내용에 따라서 학교 현장에 사안처리의 방식과 내용이 달라지기 때문에 그 중요성을 강조하였다. 또한 학교는 교육기관이고 교원은 교육에 관한 전문가로서 학생들에게 교과목에 대한 이론 수업뿐만 아니라 필요한 생활교육을 통해서 건전한 민주시민으로 성장할 수 있도록 지도할 권한과 책임을 가진다. 이를 교사의 이러한 권한을 실질적으로 보장하여 학교폭력 예방과 발생 전 갈등 조정, 사안처리와 사후관리 등에 적극 관여할 수 있도록 필요한 조치는 무엇일지에 대한 논의도 담았다.

정리해 보면, 필자는 이 책에서 학교폭력이 발생하지 않도록 예방하는 것이 가장 유효한 방법이라는 점을 강조하였다. 이견이 없다. 또 타인을 존중하고 규정을 준수하는 학교문화의 정착과 확산, 학교공동체 모두의 바람직한 가치관 정립과 행동양식 체화가 이루어지도록 학교 교육이 강화되어야 한다는 것을 밑바탕으로 한다. 또한 사안이 발생하였더라도 당사자의 반성과 사과, 용서, 재발방지 약속, 실질적인 배상, 안전과 교육을 담보하기 위한 후속조치를 통해 원만한 사안해결과 관계회복을 통한 정상적인 학교생활로의 복귀 방안을 목적으로 두고 서술하였다. 사안이 발생한 후라도 정의롭고 공정하며 명확하고 실질적인 사안처리와 관계회복은 그 자체로 당사자인 학생이 건전한 민주시민으로 성장하는데 도움이 되는 교육 기회가 될 것이다.

지면을 빌어 좋은 책이라 추천해 주신 김대권 교수님과 재능기부로 멋진 삽화 그려주신 책디자이너 이다겸 선생님께 깊이 감사드린다.

2024년 6월, 서재에서

이 충 민

이 책을 읽으면서 참고할 사항을 안내하면 다음과 같다.

첫째, 학교폭력예방법이 규정하는 '학교폭력'의 정의가 일반형법 및 특별법에서 금지행위로 규정하는 범죄행위를 포함하고 있다. 학교폭력에 범죄성을 표시해야 한다는 점에서 '학교폭력범죄'로 개념을 사용한다. 물론 책을 읽다 보면 8세부터 19세에 이르는 넓은 연령 범위의 '학생'에 대한 정의를 형사미성년자에 대해서는 '학교폭력'이라 하고 이외의 연령층에 대해서는 '학교폭력범죄'로 구분할 필요가 있다고 논하고 있다.

둘째, 논의하는 쟁점 등은 저자의 박사학위논문에서 다룬 사항들을 기초로 한다. 근거로 제시하는 학술연구자료의 정보를 각주로 제시했다. 책을 읽으면서 논의의 폭을 좀 더 확장하고 싶다면 제시된 각주의 자료를 찾아서 피인용 자료를 직접 확인해 보는 것을 적극 추천한다.

셋째, 학교폭력예방법 및 그 시행령과 관련 법령에서 규정하는 사항들을 살펴보면서 학교폭력범죄의 예방과 사안처리에 대한 실효성을 확보할 수 있는 방안이 무엇일지 독자들과 허심탄회하게 논의하는 것을 목적으로 한다. 저자가 제시하는 방안이 무조건 옳을 수는 없는 일이다. 여러 쟁점과 현실 상황에 대한 다양한 시각과 의견들로 소통하고 우리가 논의하는 주제에 대한 법률과 정책의 실효성을 확보하는 방안을 찾는 논의의 장으로 활용한다면 발간의 취지와 목적에 맞겠다.

넷째, 이 책을 쓰는 관점과 논리의 전체적인 흐름을 <그림 1>과 같이 제시했다. 이 책에서 전제하는 학교폭력범죄에 대한 현황과 제시하는 개선 방안 등은 저자의 연구와 학교폭력심의위원회 심의 활동 등 다양한 연구와 경험을 바탕으로 한다. 다른 경험과 관점을 가진 독자들도 이 책이 전하고자 하는 쟁점과 내용을 간편하게 살펴볼 수 있다.

다섯째, 다양한 쟁점들은 이 책이 자유로운 토론을 발생시키고 활발한 논의의 자료로 활용되기를 기대하는 뜻에서 담게 되었다. 옳고 그름의 문제가 아니다. 법의 제정 취지에 부합하는지와 현장에서 실효성이 있는지, 학교 3주체의 즐겁고 행복한 학교생활에 도움이 되는지가 중심이다.

등장인물 소개

멍멍쌤
[담임]

고집
[가해자 1]

성격 나쁨
불량함

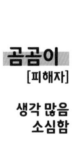

곰곰이
[피해자]

생각 많음
소심함

산만
[가해자 2]

개인주의
배려심 부족

염로
[전담기구 책임교사]

부정부패
괴팍함

그림1. 책의 흐름도

관 점
• 학교폭력의 '범죄성' 표지 → 학교폭력범죄 • 학생 연령층의 광범위 → 형사미성년(14세 미만) 기준 구분 • 학교폭력: 8세~13세 / 학교폭력범죄: 14세~18세

⇩　　　　　⇩　　　　　⇩

범죄발생이론 · 환경요인이론
• 인간관계의 상호작용 　- 개인의 심리·정서, 문화, 사회제도(부재)의 영향 • 교육환경 내 가해행위 유발 요소 제거 　- 법령의 제·개정(일반예방효과) 　- 상담, 선도·교육, 화해 등 관계회복(특별예방효과)

⇩　　　　　⇩　　　　　⇩

교육환경

가정환경	학교환경	사회환경
• 보호자 양육태도 • 가정폭력 경험유무 • 가족형태 • 가정 경제 상황 • 가족 구성원의 친밀도 • 범죄에 대한 인식 • 범죄와 진학·진로	• 입시 위주의 경쟁 • 책임교육 부재 • 도심과 비도심 간 격차 • 공교육에 대한 불신 • 전문성 및 인력 부족 • 관련 업무에 대한 기피	• 청소년 유해환경 • 드라마·영화 모방 • 무한 경쟁 구도 • 낙인(이론)문화 • 무분별한 언론보도 • 폭력에 대한 인식

⇩　　　　　⇩　　　　　⇩

외국의 사례 함의 반영
• 무관용 원칙에 따른 엄벌주의 적용의 실패(미국: 범죄 발생률 감소 실패) • 실태조사를 통한 정확한 현황 확인과 인식을 근거로 입법 및 정책 입안 • 학생 자치활동을 통한 자치규정 제정 활동과 준법의식 함양(올웨우스 프로그램) • 교육법 등 입법체계 구축과 규범력 확보 및 관련 정책의 실효성 확보 • 학생 개개인과 학교의 폭력에 대한 억제능력과 사후 대처능력 강화 프로그램 등 • 학생, 보호자, 학교, 경찰, 검찰, 법원, 지역 내 청소년 전문기관 등 긴밀한 협력

⇩

현행 법률의 전면개정 및 영역별 소년법 적용 전환

전면개정	교육 관련 법률 개정	소년법 적용 체계
• 미흡한 규정에 대한 면밀한 개정 • '시간 끌기' 등 제도의 취지를 무력화하는 시도 차단	• 책임교육 강화 규정 • 교육 및 선도 역량 강화 • 전 교직원의 상담역량 강화와 전담학생 지정	• 학교 급별, 학년별, 연령별 맞춤형 사안처리 제도 • 실체적 진실 발견에 대한 정책적 요구 반영

⇩

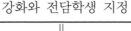

학생인권 보호·보장과 건강한 민주시민 육성 달성

목 차

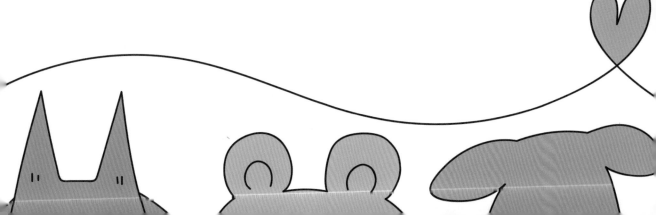

논의의 시작

제 1 장　논의의 시작

　우리나라「대한민국 헌법」제10조는 모든 국민은 인간으로서의 존엄과 가치를 가지며, 행복을 추구할 권리를 가진다고 천명하고 있다. 또한 국가가 개인이 가지는 불가침의 기본적 인권을 확인하고 이를 보장할 의무가 있음을 명문으로 규정하고 제37조제1항에서 국민의 자유와 권리는 헌법에 열거되지 않았다고 하여 경시되지 않음을 명시함으로써 변화하는 사회환경에 따른 인권 유형의 발견과 발전에 따른 공백이 발생하지 않도록 규정하고 있다.

　국가의 본질적인 역할과 존재 이유는 국민의 기본적 인권(Human Rights)[1]을 보호하고 증진하는 것에 있다는 점에서 대표적인 인권침해 요소인 폭력(暴力, violence)으로부터 국민의 생명과 안전, 재산, 평온한 일상을 보호하고 유지하기 위한 국가의 역할은 계속적으로 강조되고 있다.

　인류사회는 폭력으로부터 개인의 자유와 권리를 보호하고 사회·문화적으로 안전하고 평온한 상태를 유지하기 위해 법률을 제정하고 여러 제도적 장치를 마련하여 운영하고 있다. 그러나 관련 법률의 불완전성과 제도와 현실의 괴리 등으로 인해 국민의 권리가 제대로 보호·보장되지 못하는 사례가 발생하고 실효적인 대안을 마련하라는 국민의 정책적 요구도 계속되고 있다.

　폭력은 피해 당사자의 인격을 침해하고 회복하기 어려운 피해를 줄 뿐만 아니라 그로 인한 트라우마 등으로 긴 시간 고통을 가하는 범죄행위라는 점에서 사회적으로 이에 대한 경각심을 높여야 한다. 또 폭력을 용인하지 않는 사회문화와 인식을 널리 확장해야 한다. 폭력으로 인한 피해는 완전한 회복이 어렵다는 사정은 사전에 폭력을 억제하기 위한 적극적인 예방책과 사후관리에 대한 국가 차원의 체계적이고 합리적인 대응·대책이 강조되는 이유가 된다.

　폭력은 특히 신체적·정신적으로 성장기에 있는 학생들의 삶에 중대한 영향을 미치는데 감수성이 풍부하고 폭력에 대처할 능력이 부족한 학생들이 학교폭력

---

1) '기본적 인권'과 '인권'의 개념은 학술상 차이가 있다. 법문상 기본적 인권은 통상 '기본권'이라 말하는 헌법상 국민이 가지는 자유와 권리를 의미한다. 즉, 국적법상 대한 민국 국적을 가진 사람이 기본적으로 가지는 자유와 권리로서 보호·보장받는 것을 말한다. 한편 '인권'은 '사람'이라면 태어나면서부터 누구나 가지는 자유와 권리를 의미하는 것으로 특정 '국적'을 가질 것을 자유와 권리의 향유 조건으로 한다.

범죄에 따른 고통으로 인해 스스로 목숨을 끊는 등의 사건이 발생하면서 심각한 사회문제[2]로 논의되기 시작했다.

학교폭력범죄는 신체적·정신적으로 발달을 이루고 심리적으로 예민한 시기에 있는 청소년기에 일어난다는 점에서 매우 청소년과 교육에 대한 상당한 전문성을 요구하는 영역이다. 또한 학교폭력범죄에 대해 성장하면서 겪는 자연스러운 일이라는 전통적 관점에 이은 안일한 인식과 학교 내 제한적인 공간과 정해진 시간 동안 함께 생활하는 학생들 사이에 주로 일어난다는 점에서 심각성에 대한 우려와 사전 억제의 필요성에 대해 사회적 공감이 자리한다.[3]

학교폭력범죄의 심각성이 대두되면서 2004년 「학교폭력예방 및 대책에 관한 법률」(이하, '학교폭력예방법'이라 한다)[4]을 제정하여 피해학생 보호와 가해 학생에 대한 선도·교육 그리고 당사자 간의 분쟁조정을 통해 학생 인권의 보호와 민주시민으로 육성하는 것을 목적으로 대응·대책이 시행 중이다.

그러나 학교폭력예방법이 시행된 지 어느덧 19년이 되어 가지만 학교폭력 범죄가 좀처럼 줄어들지 않고 있으며 범죄성향은 점점 더 심각해졌다. 사안처리 과정에서도 인권침해 소지가 있고 조치결정에 대한 이의제기가 계속되고 민사 소송을 제기하거나 형사절차를 개시하는 등 학교가 사법다툼의 장이 되어 가고 있다. 이와 같은 사정으로 인해 사안처리 절차에 대한 학생과 보호자들의 불신 여론도 상당히 높은 상황이다.[5]

그럼에도 불구하고 선행연구자료 등을 검토해 보면 대다수의 연구들이 학교

---

2) 학교폭력범죄를 주제로 한 드라마 '더 글로리'는 학교폭력범죄의 폐해를 신랄하게 보여주었다. 학교폭력범죄에 대한 피해경험은 학교를 졸업하고 성인이 된 이후에도 잊히지 않고 고통이 계속 되어 피해자(피해학생)가 성인이 된 이후에 문제제기하는 사례들도 언론을 통해서도 다수 보도된다. 사안이 발생하지 않도록 철저하게 예방해야 할 필요성과 그 중요성이 강조되고, 사안에 대한 처리절차를 통해 사안의 명확한 확인과 공정한 조치(가해행위에 대한 분명한 처벌을 포함)를 통해서 당사자 간 사과와 배상, 용서와 치유, 재발방지에 초점을 맞추는 방향으로 법률과 제도의 개선이 필요하다는 점에 공감대가 형성되었다(한겨레, '폭력공화국' 민낯 고발...멋지다, 더 글로리·무빙, https://www.hani.co.kr/arti/culture/culture_general/1121568.html, 검색 2023.12.19.)
3) 최석환·김하영, (2021), 「초등학교 학교폭력 예방프로그램 분석 연구」, 『한국체육과학회지』 제30권 제4호, p. 588.(재인용)
4) 법률 제7119호로 2004. 1. 29. 제정, 2004. 7. 30. 시행
5) 이충민·박호정, (2020), 「학교폭력 해결을 위한 적극적 경찰활동」, 『법과인권교육연구』 제13권 제3호, p. 114.(재인용)

폭력예방법 시행 관련한 이슈의 해소에 집중하고 있다는 점에 아쉬움이 있다.

'학교폭력'은 범죄행위임에도 불구하고 이에 대한 범죄의 표지를 두지 않는 점이나, 초등학교 1학년에서부터 고등학교 3학년에 이르기까지 발달에 대한 특성 고려 없이 일률적인 규정을 적용하는 점, 출석요구를 비롯하여 조사와 심의 절차 등이 이루어지는데도 이에 대한 구체적인 절차규정이 명문화되지 않는 점 등에 대한 연구를 찾아보기 어렵다. 이에 본 연구는 선행 연구가 없거나 미진한 사항에 대해서 관련 법령 등을 검토하여 새로운 법안 제정안 및 개정안을 제시하는 등 학교폭력범죄를 사전억제하고 안전하고 평화로운 학교문화를 정착시키는 것에 기여하고자 한다는 점에서 차별성이 있으며 연구의 필요성 측면에서도 가치가 있다고 생각한다.

최근 경찰청 국가수사본부장에 내정된 정모 변호사 자녀의 학교폭력범죄 사례[6]는 사안처리절차가 가진 총체적인 문제를 드러내고 있다. 특히 사안조사와 처분 절차에 있어서 불공정, 피해학생 보호 실패, 가해학생에 대한 선도·교육 실패 그리고 학교와 교육지원청 등의 무책임한 태도는 국민적 공분을 일으켰다. 피해학생은 스스로 자신을 방어할 수 있는 여건이 열악하기 때문에 지속적인 피해에 노출될 위험이 있고 실제로 n차 피해로 이어지는 사례가 발생한다. 또 가해학생은 가해동기나 성향 등에 따라 재차 가해하거나 피해 학생의 신고 등에 대해 보복할 가능성도 있어서 가해 학생의 가정·학교·사회에 걸친 교육 환경과 성장배경 등에 대한 이해를 바탕으로 심리적 안정과 행동교정, 피해 학생에 대한 사과와 재발방지 약속을 지킬 수 있도록 한는 방안이 요구된다.

그러나 학교폭력예방법은 규정 대상(형법 상의 범죄 등)과 처분(행정처분으로 서의 징계)의 이중적 지위에 따른 법률의 정체성 문제를 비롯하여 '학교폭력'에

---

6) 정모 변호사 자녀의 학교폭력범죄 사건에 대한 논란은 사안절차에 대한 사법적 사각지대를 이용한 '시간 끌기' 전략이 아니냐는 의문이 제기되면서 큰 비판이 있었다. 가해학생이 중요한 입시를 앞둔 상황에서 학교폭력 전담기구의 처분이나 학교폭력대책심의위원회의 처분 시행 시점을 최대한 연기하는 것인데 이를 위해 교육청을 상대로 불복 소송을 진행 하고 집행정지 신청을 내는 등의 방법이 사용되었다. 결국 당해 학교폭력범죄 사건으로 가해학생이 전학처분(8호)을 받았음에도 불구하고 그 집행이 되지 않아 다른 학교로 전학을 가기까지 약 1년 동안 피해학생과 가해학생이 같은 학교를 다녔다. 제도의 사각 지대를 이용한 편법으로 학교폭력범죄에 대한 대응·대책과 국가 사법체계를 악용한 것이 라는 평가가 이어지고 있다(국민일보, 학폭 목격해도... 고교생 10명 중 4명은 '못 본 척', https://news.kmib.co.kr/article/view.asp?arcid=0924335096&code=11131100&cp=nv 검색: 2023.12.27.)

대한 정의 규정 등 법문에 사용하는 개념의 명확성 문제, 법률의 규정이 현실을 규율하지 못하는 규범성 미비의 문제[7], 피해학생 보호 및 가해학생 선도 등 제정목적 실패, 조항의 당사자 인권침해[8]의 문제, 교육기관인 학교와 교사의 책임교육 무력화 등의 중대한 문제가 있다.

학교폭력예방법이 규율하는 학교폭력범죄의 개념은 「형법」에서 규정하는 폭력, 상해, 협박, 강요 등 범죄행위를 그대로 사용하였고, 「정보통신망 이용 촉진 및 정보보호에 관한 법률」(이하, '정보통신망법'이라 한다)의 벌칙 조항에서 규정하는 불법행위 등을 포함하기에 형사법적 성격을 가진다. 그러나 범죄행위에 대한 조치를 함에 있어서는 형사처벌이 아닌 학교장 및 교육지원청[9] 학교폭력대책심의위원회(이하, '심의위원회'라고 한다)의 결정으로 징계처분을 하도록 규정하고 있다. 범죄행위에 대해 징계처분을 하도록 하는 이중적 성격으로 인해 법률의 정체성이 불명확하고 현장에 혼선을 일으킨다.

다른 문제로는 학교폭력예방법이 학교폭력범죄 관련 업무를 학교 중심으로 규정하는 과정에서 전인교육과 책임교육을 실천하는 교사의 역할에 대한 충분한 이해와 전문적 고려를 하였냐는 점이다.[10] 이는 「교육기본법」, 「초·중등 교육법」(이하, '초중등교육법'이라 한다)등 학교 교육 관련 법률이 규정하는 교육이념과 목적과 충돌하고 있다는 것을 말한다. 사안을 원만히 해결하고 당사자 간의 관계회복을 통해 정상적인 학교생활로 복귀시키고자 하는 법의 제정목적과 달리 사안 해결을 위한 교사 간의 긴밀한 협력을 깨뜨리고, 적극적인 관여로 민원을 당할 수 있다는 두려움을 갖도록 하여 무관심으로 일관하는 상황을 초래하였다.

---

7) 사법적 사각지대로 인하여 학교폭력예방법에 따른 절차 등이 무력화되고 있는 사정이 모두 포함된다.
8) 학교폭력예방법 제3조는 이 법을 해석·적용하는 경우 국민의 권리가 부당하게 침해되지 아니하도록 주의하여야 함을 명시하고 있으나, 당사자의 주장 관계의 확인과 사실관계 인정 등을 위한 절차 등에서 인권침해 상황이 다수 발생하고 있다.
9) 지역에 따라서는 단층제 지방자치단체이거나 다른 특별한 사정에 따라 '학생화해중재원'이라 칭하는 등 명칭이 모두 같지는 않다.
10) 학교폭력예방법의 제정 및 여러 차례의 개정이 이어지는 입법과정에서도 각급 학교에 재학하는 학생들의 발달과정 그리고 교육 현장의 특수한 상황 등에 충분한 연구를 거치지 않고 성급하게 제·개정하여 학교폭력범죄를 적극적으로 예방하거나 원만한 해결과 관계회복을 돕는 실효적인 방안이 없고, 계속해서 당사자 간의 관계를 악화시키고 사안절차 과정에서 부수적인 인권침해와 민원을 유발하는 문제가 발생하고 있다.

결국 학교폭력예방법은 학교폭력범죄라는 심각한 사회문제를 사건화하고 정해진 절차를 통해 종결짓기 위한 도구적 차원의 법률로 서술된 측면이 강하다. 학교 및 교육행정기관이 사안 해결을 하는데 도움을 주지 못하고 오히려 책임교육을 깨뜨리고 학교 주체 및 당사자 간 상호 의심과 견제를 유발한다. 무엇보다도 당사자와 그 보호자의 시간적·경제적 여유와 능력에 따른 무한 다툼의 상황으로 악화시킨다.

사이버 학교폭력범죄는 가상의 공간에서 피해학생과 비대면인 상황에서 발생했다는 점에서 익명성이 강하고 가해학생이 자신의 행위에 대해서 잘못된 행동이라는 것을 인지하지 못해 죄책감이 없고 컴퓨터 등 정보통신기기에 대한 활용 기술을 과시하는 측면이 있다는[11] 점에서 그 심각성이 대두된다. 특히 코로나19 상황에서 대면수업과 원격수업을 병행하는 사정은 학생들의 학습환경을 크게 변화시켰으며, 이러한 변화는 학생들의 학교생활 및 교내에서 발생하는 학생 간 갈등 상황에도 상당한 영향을 끼쳤을 것으로 추정된다.[12]

이와 같이 학생과 학교 현장의 위기 상황을 확인하고 학교폭력예방법이 법률로써 규범력을 상실한 점, 취학 연령층의 감소에도 불구하고 학교폭력범죄의 발생과 사안조치 결과에 대한 이의신청, 행정심판 제기 등은 계속적으로 증가하고 있는 점, 코로나19 이후 교육환경의 급속한 변화와 함께 학교폭력범죄가 발생하는 장소가 현실 공간(off-line)에서 사이버공간(on-line)으로 빠르게 이동한 점, 학교폭력 전담기구가 사이버공간에서 발생하는 학교폭력범죄에 대한 조사를 통해 사실관계를 특정하는 데에는 한계가 있다는 점 등을 종합적으로 고려할 때, 현행 학교폭력 사안처리 절차에 대한 학교폭력예방법의 전부개정이나 폐지, 조사절차법의 제정을 비롯한 실효적인 대응·대책이 시급히 마련되어야 한다.

무엇보다도 이와 같은 상황을 바르게 인지하고 실효적인 대응방안을 찾기 위해 진지한 토론을 통해 쟁점을 객관화하고 시각차이를 줄여 다수가 공감하고 실효성을 담보할 수 있는 대안을 찾아야 한다.

이에 학교폭력범죄에 대한 전문성을 바탕으로 교육가족을 포함한 우리 사회 다수 구성원의 관심과 적극적인 참여를 속에 학교폭력범죄의 실체와 사안 절차를

11) 조현미, (2016), 「사이버 비행에 대한 애착, 자아손상, 자기효능감, 낙인요인의 영향 분석 -사회유대이론, 자아인식이론, 낙인이론을 중심으로-」, 동국대학교 석사학위논문, p. 3.
12) 안경옥·한민희, (2022), 「현행 학교폭력예방법의 문제점 및 개선방안」, 『경희법학』 제57권 제4호, p. 42.

규정하는 법률 제정 등에 관한 쟁점을 검토하며 책을 통해 토론하고자 한다.

한편 학교폭력예방법은 학교폭력범죄에 대한 국가의 대응·대책을 제도적으로 규정하는 법률이므로 학교폭력범죄를 적극적으로 예방하고 사안을 처리하는데 있어 사안 발생을 억제하는 효과가 있는지와 함께 피해학생 보호 및 가해학생에 대한 선도·교육이 제정 취지에 맞게 실행되는지가 확인되어야 한다.

또한 이 법이 정하는 절차에 따른 사안처리가 당사자 간의 원만한 갈등 해결과 정상적인 관계 회복에 얼마나 기여하고 있는지, 부작용이 있다면 어떠한 지점에서 개선이 필요한지 등을 파악하여 방안을 제시해야 한다.

학교폭력범죄의 예방과 사안처리에 따른 절차와 당사자를 비롯하여 사건관계인, 학교 및 교육지원청 등 관계 담당 직원의 업무 사항에 관한 내용들이 심도 있게 논의되어야 하는데 그 논의는 전문성과 객관성을 담보할 수 있는 자료를 통해서 법과 제도의 실효성을 확보할 수 있는 논의의 진행과 성과물의 도출을 염두에 두어야 할 것이다. 이 책에서는 주제와 관련된 선행 학술연구논문 및 학위논문, 교육부와 경찰청 등 국가기관 등에서 발행한 간행물, 이론서, 신문기사, 「학교폭력예방 및 대책에 관한 법률」과 「형법」, 「소년법」, 「형사소송법」, 「교육기본법」, 「초·중등교육법」 등 관련 법률에 대해 검토했다. 현행 법률의 제·개정 상의 문제점과 이를 근거로 한 대응·대책의 문제를 확인하는 방법을 사용했다. 학교폭력범죄의 발생원인과 대응에 관한 이론적 바탕을 근거로 하여 실효적인 개선 방안을 개발하고 우리나라 교육 현장과 학생들의 발달 상황 등을 충분히 고려한 법률의 개정, 새로운 법률의 제정, 소년법의 완전한 적용 등을 논의했다.

이 책은 목차와 같이 5개 장으로 짜여있고 각 장에는 다음과 같은 논의를 담았다.

먼저, 제2장에서는 학교폭력범죄에 대한 개념을 정립하고 학교폭력범죄의 유형과 최근 교육환경 및 사회적 변화에 따른 학교폭력범죄의 경향에 대해서 살펴보았고, 학교폭력범죄의 발생원인을 밝힌 이론과 이의 예방 및 선도·교정을 위한 대응이론에 대해서 검토한다. 또한 미국, 영국, 일본, 노르웨이 등 다른 나라의 학교폭력범죄에 대한 개념이해와 제도적 장치를 비교 검토했다.

　제3장에서는 학교폭력범죄에 관한 각종 통계 자료 등을 근거로 실태를 분석하고 현실 상황과 현행 사안처리절차 등 전체적인 영역에 걸쳐서 제도에 대한 당사자 등의 정책적 요구와 개선할 사정은 없는지, 학교폭력예방법이 변화하는 교육 현실과 사회현상을 규율할 수 있는 충분한 규범력을 확보하고 있는지에 대해서 고찰하였다. 특히 선행연구 등에서 계속해서 개정의 필요성을 제기하고 있는 '학교폭력', '사이버 따돌림' 등 사용 개념의 명확성과 현실 적용 가능성과 실효성의 문제, 해석과 적용에 있어서 타 법률과의 관계에서 발생할 수 있는 문제를 검토했다.

　제4장에서는 제3장에서 분석·검토·제시하는 영역별 문제점과 개선방안을 매칭하여 제시했다. 학교폭력예방법이 규정하는 학교폭력범죄의 예방과 사안처리 및 그 절차상에서 실효성을 담보하기 위해 개선이 필요한 사항에 대한 방안제시가 주를 이룬다. 예를 들어 학생을 적용 대상으로 하는 학교분되는폭력예방법이 초·중·고교로 구분되는 학교급별 및 저학년과 고학년으로 구 학년별·연령별에 따른 특성을 제도에 반영하고 이의 유효·적절한 운용방식과 방법에 대해 제시하였다. 본 장에서 학교폭력범죄를 해결하는 일은 교육 당국이나 학교 중심의 매커니즘으로는 법의 제정목적을 달성하기에 역부족임을 표시하고 학교를 비롯한 교육 당국 뿐만 아니라, 유관기관인 경찰청(학교전담경찰관), 지방자치단체를 비롯하여 입법부와 사법부 등 국가 역량이 총동원되어야 한다는 점을 강조하고 있다.

　끝으로 제5장에서는 이 책에서 논의한 쟁점 등 내용을 요약·정리 했고 학교폭력범죄가 지니는 본연의 성질[13]로 당사자 등에 대한 심층적인 인터뷰나 각 사안별 구체적인 내용에 대해서 정보공개 등의 방법을 사용할 수 없었음을 밝혔다.

---

13) 학교폭력범죄 당사자는 미성년자이거나 진학 등 입시 절차에 있는 사람으로서 민감한 내용인 학교폭력범죄 사안에 대한 경험을 인터뷰 요청하는 것이 연구 윤리상 문제가 될 위험이 크고, 인터뷰하는 경우 동일 사건의 양 당사자의 발언을 모두 청취하여야 논의의 근거자료로 쓰이는 자료가 객관성을 유지할 수 있을 것이나, 이와 같은 연구방법은 현실적으로 실현 가능성이 없다. 이에 연구자의 심의위원회 위원, (특성화)고등학교 교사, 민간의 사단법인 청소년 단체의 활동가 등으로 업무수행과 활동하면서 연구, 토론, 심의하면서 쌓아온 경험과 연구 결과물을 최대한 활용한다.

학교폭력 관련 이론

제 2 장 학교폭력범죄 관련 배경

제 1 절 학교폭력범죄의 개념 및 유형

1. 학교폭력범죄의 개념

학교폭력예방법은 제2조 제1호에서 학교폭력을 학교 안이나 밖에서 학생을 대상으로 하여 발생한 상해, 폭행, 감금, 협박, 약취·유인, 명예훼손·모욕, 공갈, 강요·강제적인 심부름 및 성폭력, 따돌림, 사이버 따돌림, 정보통신망을 이용한 음란·폭력 정보 등에 의하여 신체·정신 또는 재산상의 피해를 수반하는 행위로 규정한다.

'학교폭력범죄' 라는 개념은 「형법」(이하, '형법' 이라 한다) 및 형법의 특별법적 지위에 있는 「정보통신망 이용촉진 및 정보보호 등에 관한 법률」(이하, '정보통신망법' 이라 한다), 「성폭력범죄의 처벌 등에 관한 특례법」(이하, '성폭력처벌법' 이라 한다) 등 다른 법률에서 규정하고 있는 다수의 범죄행위를 포괄하는 개념이다.

범죄성을 가짐에도 불구하고 '학교폭력' 이라고 규정하는 것은 입법과정에서 가해학생의 가해를 두고 범죄의 성립과 처벌 여부를 검토하기에 앞서 학생을 민주시민으로 성장하는 과정에 있는 미성년이라는 점에 중점을 두고 바람직한 인성을 형성하고 관계를 회복해 온전한 학교생활로 돌아갈 수 있도록 교육적 차원에서 선도하는 일이 중요하다고 판단하였기 때문이다. 즉 범죄이지만 이를 순화하여 '학교폭력' 이라고 규정한 것으로 보인다.

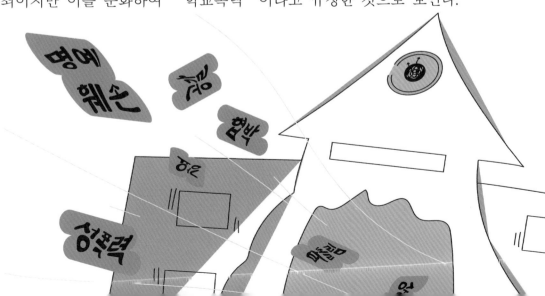

그러나 학교폭력범죄가 가진 본래의 특성상 행위의 주체, 객체, 행위 내용 등에 따라 획일적으로 개념화하기 어렵기 때문에 국가 또는 연구자마다 달리 정의하고 있다.

일본의 경우 학교폭력범죄를 그 대상의 구분 없이 '학생 혹은 교사 그리고 교직원을 대상으로 피해를 야기하는 고의적인 행위'라고 규정하면서 폭력의 대상 즉 피해자는 학교와 관련이 있는 사람이어야 하고 장소는 학교에 국한하며, 폭력의 범위는 상해 및 위협을 포함하여 모든 고의적 행위를 개념에 포함하고 있다.

일본에서는 학교폭력범죄와 '이지메(いじめ)'를 구분하여 정의하고 사안의 사후처리도 이지메를 학교에서 교육적 차원에서 해결할 문제로 보는 반면에 학교폭력범죄는 교내에서 발생한 경우라고 하더라도 명확히 범죄로 보아 교사가 아닌 경찰이 관여해야 할 영역이라고 규정하고 있다.14)

이지메(いじめ)는 이지메르(いじめる)의 명사형으로 괴롭힘을 의미한다. 본문에서 서술한 바와 같이 우리나라의 학교폭력범죄의 개념은 이지메에 비해서 더 넓은 의미의 개념이다. 2013년에 제정된 일본의 「이지메 방지 대책 추진법」은 이지메를 '아동 등에 대하여 해당 아동 등이 재학하는 학교에 함께 재학하며 일정한 인간관계에 있는 다른 아동 등이 행하는 심리적 또는 물리적 영향을 주는 행위(사이버상의 행위를 포함)로서 해당 행위의 대상이 된 아동 등이 심신의 고통을 느끼는 것이라고 정의한다.15)

미국은 개별 주마다 학교폭력범죄에 대한 개념 규정을 조금씩 달리하고 있다. 한 예로 노스캐롤라이나주는 '학교에서의 교육적인 사명 그리고 존중해야 할 분위기를 침해하거나 개인의 법익에 대한 침해, 약물 및 무기의 소지나 사용 그리고 혼란을 일으키는 등 고의적인 행위를 학교폭력범죄로 규정한다.16) 한편, 연구자로서 대표되는 노르웨이 출신의 올웨우즈(Dan Olweus)는 학교폭력범죄를 '반복적이고 지속적인 괴롭힘 행위'라고 정의

14) 이재영·정우일, (2012), 「일본의 학교폭력 대응방안에 관한 고찰」, 『한국범죄심리연구』 제8권 제3호·통권 제18호, p. 155.
15) 서보윤, (2021), 「일본의 학교폭력 현황과 대책」, 『학습자중심교과교육연구』 제21권 19호, p. 947.
16) 최현주·최관, (2018), 「한국의 학교폭력 실태 및 시사점: 학교폭력예방법을 중심으로」, 『한국사회안전학회지』 제13권 제1호, p. 96.

하였다. 국내 연구기관으로 청소년폭력예방재단은 '학교 내에서 청소년들이 당하는 폭행, 금품갈취 등 신체적·물리적 폭력 협박'이라 정의하였고 한국형사정책연구원은 '학교 내에서 학생이 학교 안이나 밖의 일상적 생활과정에서 누군가로부터 당하는 유형 및 무형의 폭력'이라고 정의하며 청소년보호위원회는 '일반적으로 학교나 학교 주변에서 학생 상호 간에 발생하는 의도성을 가진 신체적·정서적 가해 행동'이라고 정의한다. 국내 연구기관 및 단체 등이 규정하는 학교폭력범죄에 대한 정의와 국외 다른 나라의 정의를 정리하면 아래의 〈표 1〉과 같다.

표 1 학교폭력범죄에 대한 다양한 정의[17]

구분	연도	정의 기관	정의 내용
국내	1996	청소년폭력예방재단	학교 내에서 청소년들이 당하는 폭행, 금품갈취 등 신체적·물리적 폭력과 협박 등
	1997	한국형사정책연구원	학교 내에서 학생이 학교 안이나 밖의 일상적 생활과정에서 누군가(동료학생, 선배, 아는 사람 및 전혀 모르는 사람)으로부터 당하는 유형 및 무형의 폭력
	2022	청소년보호위원회	일반적으로 학교나 학교 주변에서 학생 상호 간에 발생하는 의도성을 가진 신체적, 정서적 가해 행동
	2004	국회-제정	학교내외에서 학생간에 발생한 폭행·협박·따돌림 등에 의하여 신체·정신 또는 재산상의 피해를 수반하는 행위
	2021	국회-개정	학교 안이나 밖에서 학생을 대상으로 하여 발생한 상해, 폭행, 감금, 협박, 약취·유인, 명예훼손·모욕, 공갈, 강요·강제적인 심부름 및 성폭력, 따돌림, 사이버 따돌림, 정보통신망을 이용한 음란·폭력 정보 등에 의하여 신체·정신 또는 재산상의 피해를 수반하는 행위
국외		미국 (노스캐롤라이나주)	학교에서의 교육적인 사명, 존중해야 할 분위기를 침해하거나 개인의 법익에 대한 침해, 약물 및 무기의 소지나 사용, 혼란을 일으키는 (범죄)행위
		노르웨이	반복적이고 지속적인 괴롭힘 행위
		일본	학교에서 아동·생도가 일으킨 폭력행위로 교사에 대한 폭력, 학생 간 폭력, 대인폭력, 기물파괴로 구분

<출처: 홍서아·추봉조, 앞의 논문, p. 114.>

---

17) 홍서아·추봉조, (2018), 「경찰의 학교폭력예방 및 피해자 지원방안 연구」, 『교정연구』 제28권 제1호·통권 제78호, p. 114.(참조)

이와 같은 개념 정의는 학교폭력예방법을 제정할 당시 학교폭력범죄로 인해 피해 학생이 스스로 목숨을 끊는 등 회복할 수 없는 피해가 발생한 점 등을 들어 학교폭력범죄에 따른 사회적 해악이 심각한 점과 이에 대한 실효성 있는 제도적 장치를 마련하기 위한 입법을 추진하라는 국민의 요구를 제대로 반영하지 못한 과오가 있다고 생각한다.

결론적으로 현재 시점에서 학교폭력예방법의 시행으로 발생하고 있는 심각한 부작용을 고려하면 학교폭력범죄의 심각성에 대한 인식이 결여된 입법은 아니었는지 의구심이 든다.

이러한 이유로 본 연구에서는 현행 법률이 규정하는 학교폭력이라는 개념을 대신하여 '학교폭력범죄'라는 용어를 사용한다. 학교폭력범죄라는 용어를 사용하는 취지나 목적이 가해 학생에 대한 엄중 처벌이나 무관용을 의미하지는 않는다. 오히려 범죄가 성립하기 위해서는 형법상 엄격히 요구하는 범죄성립의 3요소가 갖추어져야 하고, 범죄를 밝히는 방법이나 절차는 위법수집증거 배제, 증거에 따른 입증 등 억울하게 가해 학생으로 의심받거나 처벌받는 사례를 차단할 수 있는 형사절차 등이 준용되어야 함을 역설한다.

'아이들 싸움'이라는 학교폭력범죄에 대한 안일한 인식이나 온정적 인식을 탈피하여 실체적 진실에 부합하는 결과를 도출하여 정확한 피해를 확인하여 그에 맞는 합리적인 치유와 교육을 진행하고 가해행위와 그 동기 등을 확인하여 그에 맞는 교육적 차원의 선도 등 맞춤식 대응이 이어져야 한다.

즉, 학교폭력범죄 성립에 대한 인정과 가해 행위에 대한 행위자의 책임을 묻기 위해서는 객관적 증거에 따른 입증과 일부 절차상에는 형사절차에서 규정하는 인권 보호 규정이 학교폭력범죄 사안 처리 절차상에서도 엄격히 적용되어야 한다는 의미를 포함한다.

'학교폭력'이라는 가해행위는 '범죄'라는 점을 명확히 하여야 하고 신고에서부터 처분에 이르기까지의 모든 절차에서 형사 절차법 등에서 규정하는 엄격한 인권 보호 규정이 적용되어야 할 것이다.

따라서 본 연구에서는 학교폭력범죄를 '학교 내에서 학생 사이에서 발생한 폭력행위'로 정의하고자 한다.

2. 학교폭력범죄의 유형 및 경향

가. 학교폭력범죄의 성립요건 및 유형

학교폭력예방법 제2조 제1호는 학교폭력범죄에 대한 개념 정의를 하면서 행위 주체에 대한 제한을 두지 않는다. 객체는 학생이고 행위는 상해, 폭행, 감금, 약취·유인, 명예훼손·모욕, 공갈, 강요·강제적인 심부름 및 성폭력, 따돌림, 사이버 따돌림, 정보통신망을 이용한 음란·폭력 정보 등에 의한 신체·정신 또는 재산상의 피해를 수반하는 행위로 열거하고 있다.

정의 규정은 개정을 거치면서 행위 주체 변경, 따돌림에 대한 정의 규정과 사이버 따돌림에 대한 정의 규정이 추가되었다. 이를 정리하면 〈표 2〉와 같다.

표 2 학교폭력 정의 규정의 변화

구분	차수	변경	내 용
주체	15차 개정	학생→누구든지	'학생 간의' 문구를 '학생을 대상으로' 개정하여 가해 주체를 특정하지 않음
객체	15차 개정	학생간→학생대상	초중등교육법 제2조에 따른 학교에 재학 하거나 입학 또는 퇴학 여부를 다투는 사람
유형	7차 개정	성폭력 포함	성폭력 피해자의 프라이버시 보호를 강화 하고 치료비용에 대한 구상권 신설, 가해 학생 보호자 특별교육 부과 등
	14차 개정	따돌림 신설	따돌림을 신설하여 따돌림 행위에 대하여 학교 폭력예방법의 규정을 적용
	14차 개정	강제적 심부름 신설	의무 없는 일을 강제로 하도록 요구하는 행위를 정의에 포함
	18차 개정	사이버 따돌림 신설	온라인상에서 발생하는 따돌림 행위에 대한 규제
	7차 개정	정보통신망을 이용한 음란·폭력 정보 등 이용 행위	정보통신망을 이용한 음란·폭력 정보 등에 의한 신체·정신 또는 재산상의 피해를 수반하는 행위를 규제

학교폭력범죄에 대한 정의 규정은 행위객체의 범위를 '학생'으로 특정 하고 있는 것 외에 다른 사항을 특별히 규정하고 있지 않다. 학교폭력범죄 행위는 일반 형법의 각론에서 규정하고 있는 범죄유형과 정보통신망법의 벌칙

에서 규정하는 불법행위를 규정하고 있다.

교육기관인 학교 또는 학생이 가지는 독특한 특성이 반영된 '따돌림'이나 '사이버 따돌림'에 대해서는 각각 제2조 제1의2호, 제1의3호에서 별도로 정의하고 있다. 따돌림에 대해서는 '학교 내외에서 2인 이상의 학생들이 특정인이나 특정집단의 학생들을 대상으로 지속적이거나 반복적으로 신체적 또는 심리적 공격을 가하여 상대방이 고통을 느끼도록 하는 모든 행위'라고 규정하고, 사이버 따돌림에 대해서는 '인터넷, 휴대전화 등 정보통신기기를 이용하여 학생들이 특정 학생들을 대상으로 지속적, 반복적으로 심리적 공격을 가하거나, 특정 학생과 관련된 개인정보 또는 허위 사실을 유포하여 상대방이 고통을 느끼도록 하는 모든 행위'라고 규정한다.

특이한 점은 학교폭력예방법 제11조 제8항에 따라 전국 17개 시·도교육감이 실시하는 학교폭력 실태조사[8]의 피해 유형에는 '사이버 폭력'이라는 용어로 설문이 포함되어 있다. 교육부는 사이버폭력이라는 용어를 사용하고 있는데 법령상 사이버폭력이라는 용어에 대한 근거는 찾을 수 없고, 방송통신위원회 및 한국정보화진흥원에서도 인터넷 윤리 관련 사이버교육에서 이와 같은 용어를 사용하고 있다.

한편 교육부와 학교폭력예방연구소는 학교폭력 사안처리 가이드북(2023)을 발행하였는데 가이드북에서 제시하는 학교폭력 및 사이버 학교폭력의 유형별 예시는 <표 3>과 같다.

표 3 학교폭력 사안처리 가이드북이 제시하는 학교폭력범죄 유형

유 형	예 시
신체폭력	● (상해, 폭행) 신체를 손, 발로 때리는 등 고통을 가하는 행위 ● (감금) 일정한 장소에서 쉽게 나오지 못하도록 하는 행위 ● (약취) 폭행이나 협박하여 강제로 일정한 장소로 데리고 가능 행위 ● (유인) 상대방을 속이거나 유혹해서 일정한 장소로 데리고 가는 행위 ● 장난을 빙자한 꼬집기, 때리기, 힘껏 밀치기 등 상대방이 폭력으로 인식하는 행위

---

18) 학교폭력예방법 제11조 제8항 및 동법 시행령 제9조에 근거하여 전국 17개 시·도교육감은 한국교육개발원과 한국교육학술정보원에 위탁하여 학교폭력 실태조사를 실시하고 있다. 학교폭력 실태조사는 매년 2회(4월 전수조사 1회, 9월 표본조사 1회)되어 왔고, 2020년에는 코로나19 발병으로 인해 9월에 전수조사 1회가 실시되었다.

언어 폭력	● (명예훼손) 여러 사람 앞에서 상대방의 명예를 훼손하는 구체적인 말(공격, 능력, 배경 등)을 하거나 글을 인터넷, SNS등으로 퍼뜨리는 행위 ※ **사실적시 및 허위사실 유포에 의한 경우 모두 범죄이고, 허위사실에 의한 경우 형법상 가중 처벌의 대상이 됨** ● (모욕) 여러 사람 앞에서 모욕적인 용어(생김새에 대한 놀림, 병신, 바보 등 상대방을 비하하는 내용)을 지속적으로 말하거나 글을 **인터넷, SNS** 등으로 **퍼뜨리는 행위** ● (협박) 신체 등에 해를 끼칠 듯한 언행("죽을래")과 문자메시지 등으로 겁을 주는 행위
금품 갈취 (공갈)	● 돌려 줄 생각이 없으면서 돈을 요구하는 행위 ● 옷, 문구류 등을 빌린다며 되돌려주지 않는 행위 ● 일부러 물품을 망가뜨리는 행위 ● 돈을 걷어오라고 하는 행위
강요	● (강제심부름) 속칭 빵셔틀, 와이파이 셔틀, 과제 대행, 게임 대행, 심부름 강요 등 의사에 반하는 행동을 강요하는 행위 ● (강요) 폭행 또는 협박으로 상대방의 권리행사를 방해하거나 해야 할 의무가 없는 일을 하게 하는 행위
따돌림	● 집단적으로 상대방을 의도적이고 반복적으로 피하는 행위 ● 싫어하는 말로 바보 취급 등 놀리기, 빈정거림, 면박주기, 겁주는 행동, 골탕 먹이기, 비웃기 ● 다른 학생들과 어울리지 못하도록 막는 행위
성폭력	● 폭행·협박을 하여 성행위를 강제하거나 유사 성행위, 성기에 이물질을 삽입하는 등의 행위 ● 상대방에게 폭행과 협박과 동시에 성적 모멸감을 느끼도록 신체적 접촉을 하는 행위 ● 성적인 말과 행동을 함으로써 상대방이 성적 굴욕감, 수치감을 느끼도록 하는 행위
사이버 폭력	● **사이버 언어폭력, 사이버 명예훼손,** 사이버 갈취, 사이버 스토킹, 사이버 따돌림, 사이버 영상 유포 등 정보통신기기를 이용하여 괴롭히는 행위 ● 특정인에 대해 모욕적 언사나 욕설 등을 인터넷 게시판, 채팅, 카페 등에 올리는 행위, 특정인에 대한 저격글이 그 한 형태임 ● 특정인에 대한 **허위 글이나 개인의 사생활에 관한 사실**을 인터넷, SNS 등을 통해 불특정 다수에 공개하는 행위 ● 성적 수치심을 주거나 위협하는 내용, 조롱하는 글, 그림, 동영상 등을 정보통신망을 통해 유포하는 행위 ● 공포심이나 불안감을 유발하는 문자, 음향, 영상 등을 휴대폰 등 정보통신망을 통해 **반복적으로 보내는 행위**

<출처: 학교폭력 사안처리 가이드북(2023), 교육부·이화여자대학교 학교폭력예방연구소>

형법에서 규정하는 범죄를 유형으로 하는 학교폭력범죄는 범죄성립의 요소가 되는 구성요건, 위법성, 책임성에 대한 명확한 이론과 판례 등에 의해 그 개념이 명확하여 어떠한 행위가 학교폭력범죄에 해당하는지 예측이 가능하다. 그러나 '따돌림'이나 '사이버 따돌림'에 대한 규정은 특정 사례에 적용 가부를 판단함에 있어 명확하지 않은 사항이 있다고 보인다.

따돌림의 경우 주체를 '2명 이상의 학생들'이라고 규정함으로 인해 1명의 학생과 1명의 학교밖 청소년이 공동으로 따돌림 행위를 한 경우 학교폭력예방법 상의 따돌림에 해당하지 않게 된다. 또한 '심리적 공격'이 의미하는 행위유형이 무엇인지 예측하기 어려운 측면이 있다. 입법과정에서 명확성의 원칙에 보다 충실할 필요가 있다고 보이며, 현재의 규정으로는 어떠한 따돌림이나 사이버 따돌림이 의미하는 학교폭력범죄 행위에 대해 예측하기가 어렵다. 이에 대해서는 해당 장에서 구체적으로 서술한다.

나. 학교폭력범죄의 경향

학교폭력범죄의 행위주체가 상급학교에서 하급학교 소속으로, 고학년에서 저학년으로 점점 그 연령대가 낮아지고 있다. 범죄의 심각성 측면에서는 흉악·잔인·지능화 되는 방향으로 변모하고 있는 것으로 확인된다.[19] 또 학교폭력범죄가 발생하는 장소 및 공간의 측면에 있어서는 현실 공간 (off-line)에서 가상공간(온라인, 사이버공간, 정보통신망)으로 이동해 가는 양상을 나타내고 있으며 지속적으로 발생하고 있는 것으로 확인하고 있다.

학교폭력범죄가 지속적으로 발생하는 원인에 대해서는 관련 대응·대책들이 단기적이고 일회성에 그치기 때문이라는 의견과 대응·대책들이 학교폭력범죄의 실태와 발생 원인에 대해 정확히 분석한 자료에 근거하지 않았기 때문이라는 의견이 있다.[20]

특히 코로나19 발생 이후 등교·대면수업이 코로나19의 확산 방지와 필요한 대응·대책에 따라 축소되고 원격수업의 전면 실시 및 등교수업과 병행되면서 사이버 학교폭력범죄가 큰 폭으로 증가한 것으로 보인다.[21]

---

19) 이충민·박호정, 앞의 논문, p. 114.
20) 박선환, (2019), 「국내외 학교폭력 예방 우수사례 분석을 통한 학교폭력 예방교육 적용 방안 연구」, 『학습자중심교과교육연구』제19권 제13호, p. 654.
21) 이덕난·유지연, (2021), 「코로나19 이후 사이버 학교폭력 대응 법제의 쟁점 및 개선방안 연구」,

학교폭력범죄가 점점 강력범죄로 심화하고 가해학생의 연령대가 하향함에 따라 형사미성년자 연령의 하향과 함께 촉법소년 등에 대한 처벌이 가능하도록 관련 법령의 개정이 필요하다는 주장과 가해학생에 대한 엄중한 처벌을 요구하는 국민적 여론이 형성되었다.[22] 학생 연령대를 포함하는 청소년 시기의 비행 및 범죄는 성인이 된 이후에도 계속해서 지속될 수도 있으나 일반적으로 단순히 성장과정에서 일시적인 현상으로 이해하는 것인 일반적[23]이라는 점에서 엄한 처벌이 능사는 아니라는 주장도 공존한다.

학교폭력범죄가 강력·흉악범죄에 이르게 되면서 그에 상응하는 처벌수위와 적극적인 처벌의 필요성이 논의됨에 따라 학교폭력범죄에 대한 사실관계를 밝혀 그 책임소재를 분명히 하여야 한다는 주장도 강하게 일고 있다. 객관적 증거를 통한 입증을 통해서 피해학생과 가해학생의 구분을 명확히 하고 피해와 가해가 혼합된 사안에 있어서는 가해와 피해의 양적 비율[24]을 가릴 것을 요구하기에 이르렀다.

또한 학교폭력범죄가 발생하는 공간이 현실 공간(off-line)에서 스마트폰 등 정보통신기기를 통한 온라인-가상공간(이하, '사이버공간'이라 한다)으로 이동하는 특징이 있다. 이와 같은 상황은 지금까지의 학교폭력범죄에 대한 인식과 예방방안 그리고 사후처리 절차와 세부적인 방법·방식에 있어 전면적인 변화를 요구한다. 사이버공간은 그 특성으로 말미암아 시간적·공간적 제약이 없어 스마트폰 등 정보통신기기를 소지한 상태에서 언제 어디에서나 가해행위를 할 수 있다는 점에서 피해를 예방하고 사후 보호, 구제, 지원 등 전체적으로 관련 법령 및 대응·대책 등에 대한 정비가 필요

『교육법학연구』 제33권 2호, p. 162.

22) 형법 제9조는 14세가 되지 아니한 자의 행위는 벌하지 아니한다고 하여 형사미성년자를 규정하고 있다. 또 우리나라는 10세에서 14세까지를 촉법소년으로 규정하여 형사처벌 대상에서 제외하고 있다. 외국의 사례로 미국은 7세에서 14세 미만(주마다 상이), 영국은 10세 미만으로 촉법소년의 연령을 정하고 있다.

23) 김대권, (2008), 「소년보호기관의 효율적 운영방안에 관한 연구」, 『한국민간경비학회보』 제12호, p. 4.

24) 학교 현장에서는 학교폭력범죄에 대한 피해자의 신고를 접수하고 가해자로 지목된 학생과 목격자 등 참고인을 조사하는 과정에서 오히려 피해를 주장하는 학생의 상대 학생에 대한 가해행위가 확인되는 사례가 상당수 있다. 실제 사례로 A학생이 평소 B학생에 대한 뒷담화를 하고 다닌 사실을 알게 된 B학생이 우연한 기회에 A학생 휴대전화 내 SNS 대화창을 열람하여 뒷담화 행위를 입증할 증거를 수집한 사례 등이 있다.

하게 되었다.[25)]

　사건의 당사자뿐만 아니라 그 보호자 등은 학교폭력범죄에 대한 사회적 비난 여론이 강하고 그 후유증이 장기적으로 이어지는 등의 사정 그리고 재학 중 진학이나 진로를 넘어서서 학생이 성인이 된 이후에도 취업, 결혼, 일상적인 사회생활에 걸쳐 학교폭력범죄의 가해자라는 사실은 부정적 영향을 미치기 때문에 객관적 증거관계를 통해 가해행위의 유무 또는 가해행위와 피해와의 인과관계에 대한 명확한 입증을 요구하고 있다.

　학교폭력범죄는 내밀하게 이루어진다는 특성이 있어 현실 공간에서 발생한 사건의 경우에도 이에 대한 사실관계의 확인에 상당한 어려움이 있다는 것이 학교폭력 전담기구의 애로사항이다. 사이버공간에서 발생하는 학교폭력범죄의 경우 이에 대한 조사를 위해서는 스마트폰 등 학생 개인의 소지품에 대한 압수와 열람이 필요한데 학생이 소유하는 물건에 대한 강제적인 처분, 사생활의 비밀 침해 등의 문제와 직결되어 있어 적극적으로 사건 규명에 나서기가 더욱 어려워지고 있다.

　앞서 사건 당사자 및 그 보호자 등이 학교폭력범죄 사건에 관한 실체적 진실을 규명해 달라는 요구가 강하게 일어나고 있음을 언급하였듯이 이미 발생한 학교폭력범죄 사건에 대한 실체를 규명하기 위해 전문 조사 인력 및 장비를 갖춘 수사기관이 적극적으로 관여해야 한다는 논의도 있다.

　사건마다 사실관계가 다르기는 하나, 현행 학교폭력예방법이 학교폭력범죄에 대한 1차적인 책임기관을 학교 및 교육 당국으로 규정하고 있어 초동 조사를 통한 피해학생과 가해학생의 명확한 구별, 각 종 증거관계의 수집과 보전, 피해학생의 신변안전 보호, 가해학생 및 중요 목격자의 신병을 확보하는 등 사건초기의 중요한 사항들이 훼손되는 사례가 왕왕 발생한다.

　학교폭력범죄의 양상이 변화함에 따라 그동안 가해학생을 교육적 차원에서 선도하는 것에 중점을 두고자 한 대응·대책에 노선 변경이 필요하다는 사회적 인식의 강화되고 있음은 공지의 사실이다. 일부 사례에서는 당사자인 학생이 소속된 전공(학)과 변경, 전학 등을 통한 교육환경 변화를 꾀하거나 관계가 좋지 않거나 세력 다툼 관계에 있는 상대 학생이나 집단에 대해

---

25) Del Elliott는 학교폭력범죄의 유형을 청소년 폭력이 일어나는 원인에 근거하여 상황적·약탈적·정신 병리적 폭력의 네 가지로 구분하고 있다.

허위신고를 통해 해악을 끼치려는 목적으로 사안처리절차를 악용하는 사례들이 확인되고 있다.

3. 학교폭력범죄의 발생원인 및 대응에 관한 이론

학교폭력범죄가 발생하는 원인을 규명하는 일은 학교폭력범죄를 예방하기 위한 유효적절한 방안을 찾기 위한 기초적인 과정이라 할 수 있다.

범죄발생이라는 하나의 결과는 하나의 원인에 의해서 발생하기 보다는 다양한 요소들이 복합적인 원인으로 작용한다.

특히 학교폭력범죄는 여러 원인이 복합적으로 작용하여 발생하는 경우가 다수를 차지하고 범죄의 배경과 동기가 복합적으로 작용하며 매우 다양한 형태로 발현된다.

물론, 초등학교 저학년에서 일인일과(一因一果)에 따른 단순 사례가 발생하기도 하는데 이는 학교폭력범죄에 대한 개념 구분을 연령에 따른 발달정도를 구분으로 이원화해야 할 필요성을 검토하면서 논의한다.

학교폭력범죄의 발생에 직·간접적으로 영향을 미치는 요인은 전부를 특정할 수 없을 만큼 방대하며 일반적으로 학교폭력범죄를 일으킨 학생의 경우 당해 사건에 국한하지 않고 다른 비행이나 문제행동을 동시에 발현하는 경향을 나타내므로 학교폭력범죄와 청소년비행 유발 요인 상호 간에도 밀접한 관련이 있음을 고려해야 한다.[26]

이러한 사정 때문에 개별 사례마다 그 원인을 규명함에 있어서 하나의 이론이 아닌 여러 이론이 함께 적용되고 그 대응 방안을 찾기 위한 과정도 이와 같다.

따라서 학교폭력범죄의 발생원인에 대한 연구와 정립된 이론을 확인하고 이어서 발생원인을 억제하여 범죄를 예방하는 방안이나 발생한 범죄에 대한 사후처리와 재발방지를 위한 법령의 제·개정과 제도적 장치의 마련을 위해서 학교폭력범죄의 발생원인에 관한 이론과 이에 대한 범죄대응 이론을 검토하였다.

---

26) 김난주, (2013), 「학교폭력 예방에 관한 연구-학교폭력 예방 및 대책에 관한 법률을 중심으로-」, 동의대학교대학원 박사논문, p. 5.

가. 발생원인에 관한 이론

발생원인에 관한 이론은 사회유대(Social bond)이론, 긴장(Strain)이론, 사회학습(Social leaning)이론 등 크게 세 가지 이론을 검토 정리하였다.

1) 사회유대이론

사회유대이론은 범죄 개념을 연구한 Hirshi(힐시)가 제시한 이론으로 범죄가 발생하게 된 원인이 사람과 사람의 관계 속에서 상호 유대의 약화 또는 부재에 기인한다는 것을 내용으로 한다.

이에 따르면 유대관계를 통해서 금지하는 행동을 하지 않도록 통제하는 것인데 그 유대가 깨어지는 등의 사정이 생김으로 인해서 금지된 행동이 발현된다는 것이다. 그리고 사람마다 유대관계를 형성하는데 차이를 나타내는 요소를 애착, 전념, 참여, 신념 등 네 가지로 제시하고 있다.

세부적으로 먼저, 애착은 학생의 삶에 매우 밀접한 관계에 있는 부모나 친한 친구 등과의 감정적 결속을 의미하고, 전념은 사회적으로 통용되는 생활양식에 대해 학습하고 적응하는 노력을 말한다.

참여는 전념의 성취물로서 사회적으로 통용되는 생활양식에 따라 삶을 영위하는 것을 말한다. 그리고 신념은 법령과 규칙 등 사회구성원의 합의와 같은 공적인 권위와 정당성을 존중 및 신뢰하는 것을 말한다.

이와 같은 네 가지 요소를 긴밀하게 연결 짓는 유대가 약화되면 금지된 행동을 하지 않도록 하는 사회적 통제를 충분히 받지 못하게 되므로 비행이나 학교폭력범죄를 저지를 가능성이 높아진다는 것이 사회유대이론이 제시하는 범죄원인이다.[27]

사회유대이론에 따른 청소년범죄 현상은 청소년기 연령대에 포함되는 학생이 보호자보다는 또래집단이나 또래와의 관계를 중요하게 여기는 성향을 보이는 것과 밀접한 것으로 확인된다.

또 이러한 성향이 바람직하지 않은 방향으로 발전·발현될 경우 리더 지위에

---

27) 강용길, (2012), 「경찰의 학교폭력 대응전략에 관한 연구」, 『한국경찰연구』 제11권 제2호, p. 6.

있는 또래를 모델로 하여 막연한 동경심을 가지거나 그 행동을 모방하고 비정상적인 집단행동을 하게 된다.[28]

2) 긴장이론

긴장이론은 머튼(Merton)이 주창한 이론으로, 범죄의 발생원인을 사람들이 추구하는 문화적 목표 또는 목적을 달성하기 위한 제도적 수단이 부재하여 이의 달성을 위해 허용되지 않거나 금지된 방법을 사용하게 되는 것에 있다고 설명한다.

이는 사회적 계층이 존재하고 여기에서 비롯되는 구조적 문제로 인하여 신분 상승이나 성공의 통로가 막혀 있고, 동등한 자격과 균등한 기회가 차단된 것에 기인한 것이다.

하류 계층에 해당하는 학생들은 이와 같은 구조적 문제에서 비롯되는 차별과 진입장벽에 가로막혀 긴장과 좌절을 경험하게 되고 이러한 경험이 학교폭력 범죄의 원인이 된다는 것으로 적용할 수 있다.

머튼이 문화적 목표·목적과 제도적 수단과 방법에 따른 적응유형을 다섯 가지로 분류하였는데 그 내용은 다음과 같다.[29]

가) 동조형: 합법적으로 문화적 목표를 달성할 수 있는 유형
나) 혁신형: 목표는 있으나 수단이 없어 부당한 수단으로 목표를 달성하는 유형
다) 의례형: 목표 없이 일정한 관습과 규범을 엄격히 지키는 유형
라) 도피형: 목표가 없고 이를 달성하려는 의지도 없는 유형
마) 혁명형: 기존 목표보다 새로운 목표를 제시하고 사회변화를 시도하는 유형

이 다섯 가지 유형 중에서 혁명형이 범죄의 원인과 관계되는 유형이라고 설명한다.

또한 머튼은 학생들의 폭력행위 등의 원인을 자본주의가 폐단이나 부작용을 겪는 미국의 사례를 들어 설명하면서 사회가 주는 스트레스가 범죄를 유발한다고 주창하였다. 이는 오늘날 우리가 살아가고 있는 사회에 올바른 가치관이

---

28) 맹창영, (2013), 「청소년 범죄의 발생원인과 예방대책에 관한 연구」, 건양대학교 석사학위논문, p. 8.
29) 강용길, 앞의 논문, p. 6.

부재하거나 무엇이 바람직한 가치관인지 알 수 없는 가치관의 혼란을 겪고 있음을 전제하면서 가치관의 부재 또는 가치관의 혼란이 학교폭력범죄의 원인이 되고 있다는 점을 시사한다. 경제적 능력이 약한 가정의 학생들은 사회구조적으로 불리한 조건에 있기 때문에 상대적으로 자신들이 원하는 사회적 지위에 오르거나 목적을 성취할 기회가 적어 이를 극복할 방안으로 폭력이라는 수단을 사용한다는 것이다.[30]

Agnew도 긴장이론의 관점에서 학교폭력범죄의 원인을 '비행의 원인이 기대와 실제 성취 사이의 격차와 공정치 못한 결과로 인한 목표달성의 실패에서 오는 긴장 때문이다'라고 설명하고 있다. Agnew의 이론은 일반 긴장이론으로 분류되며 이 이론에 따른 긴장유발 요인의 사례는 긍정적 자극의 소멸로써 갑작스러운 보호자의 사망이나 신뢰 관계에 있는 친구와 이별이나 관계 실패 등이 있고, 부정적 자극의 발생으로써 가정에서의 학대나 친구의 괴롭힘과 같은 범죄, 성장과정에서 겪는 스트레스 등이 있다.

긴장이론의 요점은 결국 하류계층으로 분류되는 특정 계층의 사람이 소속한 계층 속에서 겪는 사회적·경제적 불만과 진입장벽, 좌절(긴장)을 경험하여 합법적이거나 바람직하다고 평가되지 않는 비정상적인 수단을 선택하여 행동한다는 것을 말한다.[31]

3) 사회학습이론

사회학습이론은 학생들이 학습하는 가치와 태도에 주목하는 관점이다. 이 관점에 따른 이론은 서더랜드(Sutherland)가 주창한 '차별접촉이론'(Differential Association Theory)으로 대표된다.

서더랜드의 주장을 살펴보면, 학생은 주위 사람 즉, 가정, 학교, 사회 등에서 만나는 사람들과 의사소통을 포함한 상호작용을 통해서 사회규범과 허용되는 생활양식을 학습하게 되는데, 접촉하는 사람이나 그룹이 법령이나 규칙 등을 위반하는 행위에 대해 비판하지 않거나 호의적인 경우 이를 학습하고 내면화하여 결국 행동으로 옮기게 되는데 이것이 비행이나 범죄라고 설명한다.

---

30) 김난주, 앞의 논문, p. 15.
31) 맹창영, 앞의 논문, p. 15.

같은 관점에서 고엔(Gohen)은 '비행하위문화이론'을 주장하며 범죄의 원인을 하류계층의 학생들이 중산층 학생들의 기준에 맞추려는 과정에서 실패와 좌절을 경험한 것이 요인이 되어 고의적으로 부정적이고 순간의 쾌락을 추구하며 공익적 가치를 무시하는 비행이나 범죄를 저지르게 된다고 설명한다.

볼프강(wolfgang)과 페라큐티(Ferracut)i도 미국 남부지방의 사례를 들어 폭력행위에 관대한 문화에 노출되어 있는 학생들이 비행과 범죄를 저지를 위험성이 높다는 '폭력하위문화이론'을 주장하였다.

4) 아노미이론

'아노미(anomie)'는 사회적 규범이 명확히 정립되지 않고 개인의 가치관이나 이해관계 등에 따라 다르게 작용하는 혼돈상태를 의미하는 것으로 정상적으로 작동하는 규범이 존재하지 않는 상태 즉 '무규범'을 뜻한다. 사회의 존속을 위해 구성원들의 합의에 따른 규범과 규칙 등의 권위가 무너지고 이에 대한 준수 의지나 실천이 없어 구성원들의 사회 존속을 저해하는 행위를 규제할 수 없는 상황이 나타난다.

일탈과 관련하여 아노미라는 용어를 사용한 최초의 학자는 뒤르켐(Emile Durkheim)이다. 뒤르켐은 인간을 외부 통제가 없는 상황에서는 무한한 욕구를 추구하는 존재로 보았고 사회적 지위를 비롯하여 생활환경과 명예 등에 따라 욕망 수준의 편차가 있기는 하나 모든 사람이 더 좋은 것을 더 많이 소유하고 싶어 하는 본성을 가지고 있다고 말한다.

결국 끝이 없는 욕망으로 인해 만족할 수 없고 무한한 욕구를 충족하고자 하는 것은 불행한 것이라고 말한다.[32]

뒤르켐은 우리 사회에서 발생하고 있는 범죄나 일탈행위를 '모든 인간사회에서 보편적으로 일어나는 정상적인 현상'이라고 주장하지만, 아노미상태에 들어서면 범죄발생이 급격히 증가하고 사회의 존속과 건전한 생활양식을 유지할 수 없다고 보았다.

---

[32] 김은정, (2016), 「고등학교 사회·문화 교과서의 '일탈 이론' 내용 분석: 2009 개정 사회·문화 교과서 중심으로」,경북대학교 석사학위논문, p. 7.

5) 문화갈등이론

일반적으로 문화에 대한 이해는 우리 생활속에서 일상적으로 경험하게 되는 다양한 형태의 의식과 가치관, 삶의 양식 등을 포함하는 대단히 광의의 개념으로 인식되어 있다.[33]

문화갈등이론은 범죄행위를 하류계층이 가지는 문화가치와 전통에 대한 찬동의 표현으로 이해한다. 따라서 하류계층 내 사회적으로 합의된 법규범을 위반하거나 이를 근거로 하는 명령 등에 복종하지 않는 행위가 이루어져 갈등을 야기한다고 주장한다.[34]

이론에 따르면 학생들은 자신이 소속되어 밀접한 영향을 주고받는 관계에 있는 조직이나 사람들의 가치관이나 생활양식을 따르기 때문에 법규를 위반하거나 준수하지 않는 문화에 동조해야 하는 지위에 놓인다는 것이다.

문화 갈등은 세부적으로 1차적·2차적 문화갈등으로 구분할 수 있다. 1차적 문화 갈등은 서로 다른 둘 이상의 문화 사이에서 발생하는 것이고 2차적 문화 갈등은 동일성을 유지하는 하나의 문화 내에 속하는 구성원들이 겪게 되는 문화 갈등을 의미한다.

6) 낙인이론

낙인이론은 사회의 존속을 위해 구성원들의 합의로 이루어진 제도 그리고 관습, 예절 등 사회통념이 범죄를 유발한다는 이론이다. 이와 같은 사회적 규범의 기준을 들어 특정인이나 특정 단체의 행위가 규범에 반하는 경우 이를 도덕적 윤리적으로 옳지 않은 것이라 평가하고 당사자를 일탈자로 낙인찍으면 결과적으로 낙인찍힌 특정인이나 특정조직은 범죄자가 된다는 이론이다.[35]

도덕적·윤리적 책임과 죄형법정주의에 따라 형법에서 정하는 범죄는 엄연히 성립과 평가, 책임의 종류와 범위가 다르나 사회규범의 기준으로 특정인 등을 일탈자로 규정짓게 되면 사회 전체적으로 당해 특정인에 대한

---

33) 박영균, (2009), 「청소년과 부모세대 간 문화갈등에 관한 이론적 고찰」, 『청소년 문화 포럼』 제21권, p. 113.
34) 맹창영, 앞의 논문, p. 15.
35) 맹창영, 앞의 논문, p. 17.

부정적 평가를 하게 되고 특정인은 사회적으로 부정적 평가를 받는 집단에 소속하여 결국 범죄행위를 일으키게 된다는 것이다.

학교폭력범죄 행위의 주체가 학생인 경우를 들어 보면, '버릇없는 학생', '선생님 말씀을 안 듣는 학생', '공부 안 하는 학생', '수업시간에 잠자는 학생' 등 부정적인 평가받는 학생들이 '문제아'로 낙인찍히게 되면 부정적 평가를 받게 된 이유는 다르지만 서로 동일 유사한 집단에 모이게 되고 상호 교류하면서 학교폭력범죄를 일으키게 된다고 설명할 수 있다.

낙인이 청소년의 비행에 미치는 영향을 분석한 연구를 통해서도 낙인은 지위비행, 재산비행, 폭력비행에 영향을 미친다는 점[36]을 통해 낙인으로 인한 청소년 비행의 발현이나 재발이 일어나고 있음을 알 수 있다.

---

36) 조현미, 앞의 논문, pp. ⅶ-ⅷ.

나. 학교폭력범죄 발생에 영향을 미치는 환경요인

학교폭력범죄의 발생원인을 환경요인에 따라 살펴보면 개인적 원인, 가정환경의 원인, 학교환경의 원인, 사회환경의 원인으로 구분할 수 있다. 학생을 둘러싸고 있는 가정과 학교 그리고 지역사회환경이 모두 학생의 일상생활 및 학교생활과 밀접한 관련성이 있으므로 학교폭력범죄의 발생이라는 특정한 결과에 대한 원인을 분석하기 위해서는 각 환경에 대한 개별적인 검토가 필요하다.[37]

1) 개인적 요인

학교폭력발생의 원인을 학생 개인이 가지는 고유의 성향이나 특성을 통해서 분석하고 확인하는 사항이다. 여러 연구를 통해서 학교폭력범죄의 발생원인 중 개인적인 특성으로 충동성과 공격성을 확인하고 있다.

일반적인 학생의 경우 친구나 다른 사람에게 분노 감정을 느끼는 경우, 이에 대해서 사회법규를 준수하고 윤리적 판단을 통해서 합리적인 해결 방안을 찾으려는 것과 다르게 충동성과 공격적 성향의 학생들은 사회 법규나 윤리에 의한 자기통제가 되지 않고 폭력을 행사하는 것으로 확인한다.[38]

충동적이고 공격적 성향을 가진 학생들은 특히 자신의 욕구나 이해가 다른 상대방의 주장에 대해서 대화를 통해 상호 양보하여 타협을 이루려고 시도하지 않고 힘의 논리를 통해 상대방을 굴복시켜 자신이 원하는 것을 취득하거나 관철하려고 한다.

자신의 욕구와 감정을 무엇보다 우선시하고 이에 대해서 다른 의견을 제시하거나 이해가 다른 상대방을 물리쳐야 할 '적'으로 간주한다. 이러한 성향 때문에 다른 학생들과 장난을 치다가도 장난의 정도가 심해지는 경우 갑자기 공격성을 표출하여 학교폭력범죄로 발전하는 성향이 있다.[39]

---

37) 학교폭력범죄가 현실 공간에서 사이버공간으로 계속해서 이동하는 경향을 보이므로 학생의 정보통신기기에 대한 접근성이나 활용 용도·횟수·시간 등이 범죄 발생에 어떠한 직·간접적인 영향을 미치는지를 확인할 수 있는 연구가 필요하다고 판단된다.

38) 김난주, 앞의 논문, p. 7.

39) 최현주·최관, (2018), 「한국의 학교폭력 실태 및 시사점: 학교폭력예방법을 중심으로」, 『한국사회안전학회지』 제13권 제1호, p. 98.

또한 일반 학생보다 상대적으로 공감능력이 부족한 것으로 나타나는데 이 때문에 상대방의 감정을 읽고 이해하지 못해 다툼이 시작되고 다툼 이후에는 사과를 통해 원만한 관계 회복조차 이루어지지 않는 악순환이 일어난다. 피해 학생이 학교폭력범죄로 고통받는 것을 당연한 것으로 생각한다.

개인의 충동적·폭력적 성향 이외에 학생이 가지는 '장애'에 따른 사항도 개인적 원인으로 파악할 수 있다. 특히 주의력 결핍이나 과잉행동장애, 품행장애, 지적장애 등을 그 예로 들 수 있다. 장애가 있는 학생의 경우 학교폭력범죄의 가해자 또는 피해자가 될 가능성이 비장애 학생과 비교하여 상대적으로 높다.

장애로 인해 타인에게 가해할 가능성이 높음과 동시에 타인으로부터 피해를 당할 위험성도 높다. 학생이 가지는 성격, 성향, 장애여부 등 개인의 본성과 특징 등으로 말미암아 학교폭력범죄의 발생에 영향을 미치게 된다.

2) 가정환경의 요인

가정환경은 학생이 영유아 시기부터 자라온 성장환경으로 학생 개인의 인격을 형성하고 생활양식을 학습하는데 매우 밀접한 영향을 미친다.

특히 영유아 시기는 아동이 보호자와의 관계에서 정서적 유대감을 통해 정신적·신체적으로 성장하고 언어를 학습하며 사회성을 기르는 단계이기 때문에 이 시기에 어떠한 보육환경에 노출되었는지에 따라 학생의 폭력성 등의 성향이 결정된다. 청소년은 신체적·정신적으로 성장하는 과정에 있으면서 가치관의 혼란을 겪으며 정체감 형성에도 많은 어려움을 겪고 있다.

이와 같은 청소년 시기에 자녀와 부모 간의 관계 등 여러 가정환경적 요인이 학교폭력범죄의 발현에 밀접한 영향을 미치는 것으로 확인한다.[40]

가정폭력 및 가정 내에서 아동학대를 경험한 학생들은 학교생활에 적응하는데 있어 상당한 어려움을 겪고 비행이나 가출과 같은 일탈행위로 나아갈 위험이 높다.

또한 학교폭력범죄의 가·피해자가 될 가능성이 상대적으로 매우 높다. 즉, 영·유아시기를 포함한 아동기에 어떠한 가정환경에서 성장하였는지에 따라서 외상 후 스트레스장애 등과 같은 성격장애를 경험하게 되면서

---

40) 박영균, 앞의 논문, p. 110.

학교생활 속에서 상호작용하는 다른 학생들과 성숙한 어울림, 관계 형성을 하지 못하고 폭력성을 표출하는 경향이 있다.[41]

가정폭력이나 아동학대의 경험이 아니더라도, 부모와 자녀 간의 대화가 없거나 부족하고 상호 간에 의사소통이 원활하지 않은 경우 등 개별 가정의 특성도 학교폭력범죄 발생에 영향을 미친다. 또 보호자의 갑작스러운 실업이나 경제적 빈곤, 부모의 고압적·강압적인 양육방식, 보호자의 알코올릭이나 잘못된 음주 습관 등도 불안한 가정환경을 조성하여 학생이 학교폭력범죄 등 일탈을 일으키는데 원인으로 작용한다. 이와 같은 불안한 가정환경은 학생이 안정감을 찾기 위해 PC방이나 만화방, 오락실 등을 찾게 하고 학교폭력범죄로 나아갈 가능성을 높인다.[42]

3) 학교환경의 요인

학교폭력범죄의 발생원인 중 학교환경의 원인으로는 명문의 상급학교로 진학하기 위한 입시위주의 교육과 과도한 경쟁구도, 교육기관 및 교원이 담당할 책임교육의 부재, 학교공동체(학교 3주체) 의식의 약화와 극단적 개인주의의 만연을 들 수 있다.

지난 2011년 유엔아동권리위원회는 우리나라에 대한 권고로서 대한민국의 교육이 정규교과 시간이 끝난 이후에도 추가적인 교육활동이 많고, 사교육이 성행하고 있는 교육현실에 대하여 심각한 우려를 표명한 바 있다. 정규의 교과과정 이외에 추가적인 사교육이 만연하여 학생들의 일상에 심각한 불균형을 초래하고 스트레스에 노출시킨다는 것이다.[43]

장시간 스트레스에 노출된 학생들이 서로 이해하고 양보하는 마음을 실천할 것이라고 기대하기는 어렵다. 첨예한 경쟁 구도 속에서 친구는 서로 돕고 협력하는 대상이라는 인식보다는 경쟁해서 이겨야 하는 대상으로 여겨지는 것도 학교폭력범죄를 발생케 하는 원인이 된다.

무엇보다도 '책임교육'이나 특정 교원단체가 주창한 '참교육'의 부재가

---

41) 최현주·최관, 앞의 논문, p. 99.
42) 김난주, 앞의 논문, p. 8.
43) 유엔아동권리위원회의 대한민국에 대한 권고, 2011
   (검색: 네이버, https://walkingwithus.tistory.com/732, 검색일: 2023.12.14.).

학교폭력범죄의 원인이 된다. 학교생활 중 욕설이나 기물파손 등 잘못된 행동을 하는 학생에 대해서 교원은 그에 대한 생활지도와 훈육에 나서야 한다. 또 학교폭력범죄에 이르기 전에 특정 학생을 대상으로 정도가 심한 장난을 지속적·반복적으로 하는 장난 행위나 흡연 등에 대해서도 적극적으로 교육하고 상담을 통해 관여해야 한다.

그러나 학교현장에서 이와 같이 적극적으로 학생을 교육하고 상담하는 일은 쉽지 않은 상황이다. 현재의 학교 현장은 교사의 적극적인 교육과 훈육이 아동학대행위 민원이나 형사사건의 대상이 될 위험이 있고 교사의 교육행위에 대한 보호자의 신뢰나 협조도 기대하기 어렵기 때문이다.

학교는 3주체인 학생, 교원, 보호자의 협력이 원활하게 이루어져야 즐거운 학교, 모든 폭력과 위험으로부터 안전한 학교가 될 수 있을 것이다. 따라서 학생, 교원, 보호자 간의 이해관계로 첨예하게 대립하는 상황도 사이버 학교폭력범죄 등을 양산하는 원인으로 작동하게 된다.

한편 과밀 학급 및 과밀 학생 수, 폭력행위를 은밀히 할 수 있는 건물 구조 등도 학교폭력범죄의 원인으로 작용한다. 한정된 학교 공간과 교실 공간에는 쾌적함을 유지할 수 있는 학생수가 배정되어야 하지만 개발도시 등 인구가 급증하는 지역의 학교는 과밀 상태로 인한 불쾌감으로 다툼이 일어나기도 하며, 건축 설계 등 구조상 은폐하기 손쉬운 공간은 학교폭력범죄를 행할 장소로 활용될 가능성이 높다.

4) 사회환경의 요인

사회환경은 학생들의 폭력성 발현에 밀접하게 연관되어 있으며 폭력의 발생과 경향에 상당한 영향을 미친다. 먼저 급격한 산업화와 고도로 도시화한 우리 사회는 물질만능주의가 만연함으로 인해 다른 사람을 인격체로서 존중하지 않고 경시하는 부작용을 안고 있다. 인격을 경시하는 사회적 현상은 학생들의 가치관 형성에 반영되어 폭력성을 키우고 타인과의 갈등관계나 문제의 해결 방법으로 폭력적인 방법을 선택하게 한다.[44]

소득격차·빈부격차에 따른 사회 양극화의 심화도 계층 간의 갈등을 심화시키고 부모의 경제적 능력은 사회적 지위와 권위를 나타내는 지표가 되어

---

44) 최현주·최관, 앞의 논문, p. 100.

그 격차에서 느끼게 되는 상대적 박탈감과 열등감도 계층 간의 갈등을 더욱 증폭시킨다.

또한, 뉴스, 영화, 드라마, 웹툰, 게임 등은 학생들이 일상적으로 접하는 미디어에 폭력적인 대사나 장면들이 여과 없이 노출되거나 묘사되어 학생들을 폭력적 성향에 익숙해지게 한다.

학교나 주거지역에까지 성행하는 퇴폐유흥업 등 퇴폐 유해환경은 학생들의 호기심 자극과 관심을 유도하고 소비 능력이 없는 학생들이 유흥에 필요한 돈을 마련하기 위해 다른 학생들의 금품을 갈취하거나 절취하는 등의 문제로 이어지고 있다.[45]

학교폭력범죄의 가해 경험과 거주환경과의 상호작용을 확인하기 위한 연구를 통해서 유흥업이 성행하는 지역에 거주하는 학생들이 그 외 지역에 거주하는 학생들에 비하여 상대적으로 욕설과 협박 등 폭력적 행위를 많이 발현하는 것으로 확인된다.[46]

학생들이 마음껏 놀이 활동을 즐기고 스트레스를 해소할 수 있는 시간과 공간이 턱없이 부족하다는 점도 폭력성을 증가시킨다. 긍정적인 방법으로 짜증이나 불쾌한 생각을 조정하고 일상에서 활력을 찾을 수 있는 학생들의 놀이 및 여가 공간과 기회를 충분히 마련해야 한다는 논의들은 이와 같은 맥락에서 계속되고 있다. 그리고 학생들의 잘못된 언행이나 비행에 대해서 보호자와 교직원을 비롯한 지역사회 구성원들의 무관심과 방관도 학교폭력범죄의 발생과 증가에 영향을 미치고 있다.

다. 학교폭력범죄에 대한 대응이론

대응이론은 범죄의 발생원인 이론 등을 전제로 하여 범죄 발생의 사후 절차와 재발 방지를 위한 방안을 마련하고 범죄를 예방하기 위한 수단을 강구하는데 근거가 되는 이론적 바탕이 된다. 처벌을 통한 범죄억제 효과를 강조하는 '억제이론'과 범죄의 발생 원인과 예방을 위한 방책을 행위자와 그 행위자를 둘러싼 환경 간의 상호작용에서 파악하고자 하는 '생태학적 이론'으로 파악할 수 있다.

---

45) 맹창영, 앞의 논문, pp. 22-23.
46) 최현주·최관, 앞의 논문, pp. 102-103.

1) 억제이론

억제이론(Deterrence theory)은 범죄행위자를 엄격히 처벌할 수 있는 사회체계가 마련될수록 범죄를 억제하여 범죄율을 낮출 수 있다는 이론이다. 즉 범죄를 예방하기 위한 대응책으로 범죄행위자에 대한 처벌을 강조한다.

엄격한 처벌의 근거로는 정의에 부합하는 행동을 선택하고자 하는 인간의 자유의지와 도덕적 책임을 든다. 따라서 범죄행위를 한 사람은 범죄행위를 하기에 앞서 합리적으로 결정하고 행동할 수 있었음에도 범죄를 저질렀으므로 그에 대한 처벌로써 반드시 그 대가를 치르게 한다.

결국 억제이론은 처벌을 통하여 범죄를 예방할 수 있다는 주장인데, 이를 근거로 범죄의 목적을 달성하기 위해서는 범죄행위에 대한 처벌이 신속하고 명확해야 하며 엄격할 것을 요구한다. 이는 논리적으로 죄형법정주의 및 실체적 진실의 발견을 위한 형사 법령의 정비와 제도적 장치의 엄격한 운영이 뒤따라야 함을 의미한다.

억제이론에 따른 범죄의 예방효과는 크게 두 가지로 '일반예방효과(general deterrence effect)'와 '특별예방효과(special deterrence effect)' [47]로 구분하고 있다. 일반예방효과는 범죄행위자를 처벌함으로써 일반인으로 하여금 범행의 의사를 사전에 억제하여 범죄를 예방하는 효과를 말한다. 특별예방효과는 범죄행위자를 교정하고 주변 환경을 개선함으로써 재범하지 않도록 하여 범죄를 억제하는 것이다.

억제이론은 학교폭력범죄와 관련하여 범죄를 예방하고 발생률을 낮추는 방안을 고안함에 있어서 근거 이론이 될 것이라 본다.

---

47) 억제이론의 특별범죄예방효과에 있어서 성인범죄자의 경우 그 효과가 미약하다는 통계자료(경찰청, 2009)가 있어 법무부의 교정이 실효를 거두지 못하는 것으로 파악하고 있다. 또한 범죄자에 대한 사회적 낙인과 범죄자가 처한 가정 및 사회적 환경이 개선되지 않는 것도 특별범죄예방효과가 미약한 원인으로 작용하는 것으로 확인된다. 그러나 학교폭력범죄에서 학생 가해자의 경우 소년범임으로 그 교정·교화의 가능성이 성인과 차이가 있다는 점을 중시해야 한다는 것에 이견은 없을 것으로 생각한다. 학교폭력범죄 가해학생에 대한 신속, 명확 그리고 엄격한 처벌과 선도와 교정·교화를 위한 프로그램 그리고 환경개선을 위한 지원이 이루어질 수 있는 체계를 마련하려는 노력이 필요하다.

2) 생태학적 이론

생태학적 이론(The Ecology of Human Development)은 범죄의 발생 원인에 환경적 요인이 결정적으로 작용한다는 것을 주장한다. 인간은 독립적이지 않고 소속한 환경의 변화 속에서 평생동안 상호작용과 조절을 하는 과정에 있다는 점을 강조한다.[48] 즉 범죄의 발생 원인은 행위자가 놓인 환경적 요인들과 지속적으로 상호 영향을 주고받으면서 결정되는 것이고 이와 같은 논리로 범죄를 예방하기 위한 대응이나 방안도 행위자를 둘러싸고 있는 환경적 요인과 밀접한 상호작용 관계에 있다는 것을 말한다. 또한 환경적 요인은 시간의 흐름과 장소, 교류하는 인간관계 등 다양한 요소들로 인해 끊임없이 변화한다는 점을 전제로 한다.[49]

학자 Pratt과 Cullen은 생태학적 이론을 '환경범죄이론', '상황적 범죄예방이론', '집합효율성이론', '깨진유리창이론' 네 가지로 구분하고 있다.

먼저, 환경범죄이론은 환경설계를 통한 범죄예방(CPTED, Crime Prevention Through Environmental Design)과 방어공간(defensible space)이론의 내용을 병합하였고 상황적 범죄예방이론은 일상 활동이론과 합리적 선택이론 그리고 범죄패턴이론을 주요 내용으로 한다. 세 번째로 집합효율성(Collective Efficacy)이론은 미국 시카고학파가 주창한 사회해체이론을 발전시킨 것으로 비공식적 사회통제의 결합이 범죄를 억제할 수 있다는 이론이다. 마지막으로 깨진유리창(Broken Window)이론과 집합효율성이론과 환경범죄이론을 접목한 이론으로 알려져 있다.

범죄는 범의(犯意)를 가지고 범죄를 실행에 옮기는 과정에서 범죄실행의 장소, 시간, 주변 상황 등을 고려하여 그 실행에 착수한다. 실행한 착수한 이수에는 미수에 그치거나 기수에 이르는 결과를 낳게 된다. 따라서 범의를 품거나 실행의 착수에 나아가는 등의 상황에 영향을 미치는 환경적 요소에 대한 공식적·비공식적 통제 방안[50]을 검토하고 합리적인 제도를 통해

48) 조진숙, (2020), 「청소년의 성장 마인드에 영향을 미치는 선행변인에 대한 연구: 개방성, 부모특성, 교사특성을 중심으로」, 광운대학교 박사학위 논문, p. 14.
49) 강용길, 앞의 논문, p. 8.
50) 집합효율성이론에 따르면 경찰 등 공권력에 근거하는 공식적 사회통제와 지역주민에

범죄를 예방할 수 있다는 입장이다. 이와 같은 논리적 맥락에서 학교폭력 범죄도 학생을 둘러싸고 있는 교육환경 즉, 가정환경, 학교환경, 사회환경에서 학교폭력범죄에 대한 범의와 예비, 음모, 실행의 착수에 이르지 않도록 보호자, 학교, 경찰, 지역주민 등과의 긴밀한 협력관계를 갖추어 학교폭력 범죄를 억제할 방안을 고려해야 한다.

4. 시사점과 함의

가. 발생원인 이론 검토의 함의

발생원인 및 대응에 관한 이론을 검토한 결과 본 연구에 시사하는 점과 함의를 정리하면 다음과 같다.

먼저, 학교폭력범죄 발생원인에 대한 이론을 검토한 결과 사회유대이론, 긴장이론, 사회학습이론, 아노미이론, 문화갈등이론, 낙인이론의 공통적인 사항을 찾을 수 있었다. 그것은 학교폭력범죄가 인간관계 속에서 상호작용에 의해서 발생한다는 것이고 인간관계가 어떠한 요인으부터 영향을 받느냐에 따라 발현되는 행동의 유형이나 가치관 형성이 다르게 이루어진다는 것이다.

힐시는 이를 상호 유대관계의 약화나 부재에서 폭력의 원인을 찾았고, 머톤은 사람들이 추구하는 문화적 목표와 관련한 제도적 수단의 부재에서 찾았다. 그리고 서더랜드는 접촉하는 사람에 따라 다른 영향을 받는다는 것에서 원인을 찾았다. 뒤르켐은 인간의 끝이 없는 욕망과 사회적 지위의 관계에 원인이 있다고 보았다. 문화갈등이론도 일상 생활속에서 다른 인격체들과 상호작용하는 삶의 양식과 가치관에 차이가 있는 상류계층과 하류계층 간의 괴리에서 비롯된다고 보았다. 끝으로 낙인이론도 사회의 관습과 예절 등 사회통념에 따라 특정인이나 특정단체에 대해 부정적 인식과 평가를 원인으로 보았다.

결론적으로 학교폭력범죄의 발생은 학생들이 사람 간의 관계를 형성하고 삶을 영위하는 과정에서 여러 심리적·정서적 영향 요소와 그 사회 나름의 문화, 제도 등의 영향을 받는다는 점을 이론적으로 확인하였다. 이는 결국 학교폭력범죄의 발생이 가해학생 개인의 차원에서 범법행위 내지 잘못된

―――――――――――――――――

의한 비공식적 사회통제를 통해서 범죄를 예방할 수 있다는 점을 주장한다.

행동이라 평가할 수 없다는 점을 시사한다. 환경요인을 함께 검토해 보면 학교폭력범죄가 발생하면 가해학생의 삶을 둘러싸고 있는 가정환경, 학교환경, 사회환경 등 모든 교육환경에서 가해행위를 유발하게 한 요소와 직·간접의 원인을 찾아야 하고 이를 제거하고 예방 및 치유할 수 있는 법과 제도적 장치들이 실효성을 갖춰 마련될 필요성이 있다는 것을 말한다.

나. 대응이론 검토의 함의

억제이론과 생태학적 이론에 대해 검토한 결과는 본 연구의 목적과 방향 설정, 대안 제시 등에 다음과 같은 사항을 시사한다.

먼저 억제이론은 형사정책의 측면에서 범죄율을 낮출 방안을 찾기 위한 이론이다. 이의 검토를 통해서 학교폭력범죄의 발생률을 일반학생과 가해학생을 대상으로 구분하여 방안을 세울 필요가 있다는 점을 확인할 수 있었다.

일반 학생들을 대상으로 학교폭력범죄의 발생율을 낮추기 위한 방안은 일반예방효과를 거둘 수 있어야 한다. 이를 위해서는 규범력 있는 법규와 제도적 장치를 마련하고 현장에서 그 실효성을 확보해야 할 것이다.

가해학생을 대상으로 하여서는 특별예방효과를 거두기 위해서 재발방지를 위한 방안 마련이 필요함을 알 수 있다. 즉 불이익한 처분이나 처벌과는 별도로 가해학생에 대한 지속적인 상담과 지원을 통해서 선도하고 교육할 수 있는 차원과 당사자 간의 관계 회복을 적극적으로 지원할 수 있는 제도가 뒷받침되어야 함을 시사한다.

두 번째로 생태학적 이론은 환경적 요인이 범죄발생에 상당한 영향을 끼친다는 점을 네 개의 영역으로 구분하고 있는데, 이론 검토를 통해서 학교폭력범죄의 예방과 이에 대한 사후관리는 일반학생과 가해행위를 할 위험이 있는 학생, 가해학생 등이 놓여 있는 환경적 요인에 상당한 영향을 받는 점을 고려해야 함을 확인하였다. 특히 범죄행위를 유도하는 유해환경에 노출되지 않도록 하고 가정폭력 등 학교가 아닌 다른 환경에서 폭력을 당하지 않게 교육환경 전반에 걸쳐서 폭력으로부터 안전할 수 있는 제도적 장치를 마련해야 함을 시사한다.

제 2 절 외국의 학교폭력범죄 관련 제도와 현황

학교폭력범죄 문제는 비단 우리나라에서만 부각되는 사회문제가 아니다. 이웃하는 일본이나 미국, 영국, 노르웨이, 독일 등 다른 국가에서도 오래 전부터 청소년 일탈과 비행을 비롯하여 학교폭력범죄에 논의가 지속적으로 이어져 왔다.

선진 외국의 제도적 사례를 통해서 학교폭력범죄에 대한 예방, 원만한 사후처리, 당사자 등의 관계 회복을 위해 어떠한 입법적·정책적 방안을 세워 시행하였는지 분석할 필요가 있다. 분석결과를 바탕으로 우리나라의 '학교폭력범죄 대응·대책'에 관하여 입법적 차원의 개선방안을 마련할 수 있을 것이다.

이하에서 검토하게 될 교육 및 학교폭력범죄 방지 등에 관한 선진국들의 제도들은 우리나라의 학교폭력범죄에 대한 예방과 원만한 사후처리에 기여할 수 있는 실효적인 제도를 마련하는데 중요한 자료가 된다는 점에서 검토에 의의가 있다.

1. 미국

미국 내 학교폭력범죄의 특징으로는 총기를 사용한 대량 살상이 대표된다. 1988년 일리노이주 Winnetka 초등학교의 총기난사 사건, 1989년 캘리포니아 Stockon에서 발생한 총기난사 사건으로 상당수의 학생 피해자가 발생하였다. 이러한 사건들이 연이어 발생하자 미국 내에서는 그동안 학생들 간의 단순한 다툼으로 생각하였던 학교폭력범죄를 심각한 사회 문제로 인식하게 되었다.[51] 이에 미국 내 거의 모든 주에서는 학교폭력 범죄를 방지하기 위한 법률을 제정·시행하고 '학교폭력'은 분명한 불법 행위이고 '범죄'라는 점을 강조하고 있다.

학교폭력범죄를 근절하기 위해 미국의 경우 주 정부를 중심으로 관련 교육이 시행되고 있고 연방정부 단위에서도 다양한 프로그램을 통한 교육이 실행되도록 필요한 예산을 지원하고 있다. 또한 1990년부터 학교폭력범죄에 대해서 무관용 원칙(Zero Tolerance)을 적용하여 사안 발생시 당사자 등

51) 김난주, 앞의 논문, p. 31.

책임 있는 사람에 대해 강력하게 대응해 왔다.[52]

또한 미국 연방정부는 학교폭력범죄와 마약, 술, 담배가 상호 관련성을 가지고 발생·확장되는 것과 관련하여 1994년에 "안전하고 마약이 없는 학교와 지역사회를 위한 법령(The safe and drug-free schools and communities act of 1994)을 제정하였다. 이 법령은 학생들이 술과 담배, 마약을 소지하거나 사용 또는 판매 등의 행위를 하지 않도록 예방하고 학교폭력범죄를 억제할 수 있는 프로그램을 의무화하고 있다.

같은 차원에서 미국 조지아주는 'School Anti-bullying Legislation'을 제정하여 학교폭력범죄에 대한 적극적인 신고와 예방교육을 강조하는 방법으로 학교폭력범죄 근절 정책을 펼치고 있다. 이러한 정책적 노력에도 불구하고 2019년 기준 미국의 고등학교 학생의 50% 정도가 괴롭힘이나 물리적 폭력, 무기에 따른 위협 등을 경험한 것으로 확인되고 있다.[53]

이와 같은 결과를 통해서 학교폭력범죄를 해결함에 있어서 무관용 원칙에 따라 처벌을 중심으로 강력하게 대응하는 것이 효과적이지 않다는 것을 확인하였다. 그리고 조지아주의 경우처럼 예방프로그램을 통한 억제 방안을 더욱 강조하게 되었다. 이에 교직원을 비롯하여 보호자, 학생, 검찰, 경찰, 법원 그리고 지역사회의 청소년 전문가 등이 긴밀히 협력하는 체계를 마련하여 운영하게 되었다.

학교폭력범죄를 사전에 억제하고 가해학생을 사후적으로 선도하기 위한 프로그램의 구체적인 내용은 학생들이 어떠한 행위를 할 것인지 선택의 갈림길에 서는 경우 준법의 행위를 선택하도록 '긍정적 선택훈련'과 학교 내 괴롭힘과 관련한 사안에 대해서 피해자가 적극적으로 관여하는 방안을 설명하는 것이다.[54]

간과하지 않을 점은 다른 학생에게 피해를 입힌 가해학생의 잘못된 행위에 대해서는 분명하게 처벌(처분)하고 처벌받은 사항을 징계기록부에 기록해 상급학교로의 진학 및 취업 등 진로에 반영하도록 하는 것이다.

---

52) 추지윤·신태섭·최윤정·정윤희·박선우·Huang Xin·신민경·김예원(이하, '추지윤 외'로 표기한다.), (2022), 「학교폭력 실태조사 해외사례 비교 연구」, 『문화교류와 다문화교육』제11권 제5호, p. 455.

53) 추지윤 외, 앞의 논문, p. 455.

54) 강용길, 앞의 논문, p. 9.

이것은 가해 학생이 피해 학생에게 용서를 구하고 자신의 행동을 반성하는 동기와 기회를 제공하는 교육적 효과를 높이려 는 목적을 가진다. 기록으로 인한 낙인 등의 부작용을 방지하기 위해 피해에 대해 배상하거나 배상을 위해 노력하는 경우 해당 징계기록을 삭제하는 길도 열어두었다.55)

2. 영국

영국은 청소년범죄와 비행의 지속적인 증가를 확인하고 이의 개선을 위해서 법과 제도의 정비와 필요한 예산을 마련하는데 상당한 노력을 기울이고 있다.

1996년까지 학교폭력범죄의 실태를 조사하여 확인하는 차원의 대응이 중심을 이루었다면 1997년을 기준으로 학생들의 심리·정신건강, 치유 프로그램, 평가척도 개발, 관계 개선 등 학교폭력범죄의 억제와 사후관리를 위해 보다 적극적으로 관여하기 시작했다. 입법사항으로「교육법」(The Education Act, 1997)과 「범죄와 무질서법」(The Crime and Disorder Act, 1998)의 제정을 통해서 학교폭력범죄의 예방과 원만한 사후 관리를 위해 학교, 보호자(학부모위원회), 지방자치단체, 교육청, 경찰 등 관련 기관이 긴밀한 협력 체계를 갖추어 실질적인 대응·대처가 이루어지도록 하였다. 이는 경찰과 학생의 보호자에게도 학생들의 범죄예방을 위해 담당해야 할 역할과 책무를 부여한 것이다.56)

구체적으로 보호자와 지방자치단체를 비롯한 각 주체들이 협력체계를 구축하고 전문성을 발휘할 수 있는 사항에 따라 역할을 분담한다. 정해진 역할에 따라 학교폭력범죄의 예방과 사후 피해학생에 대한 보호와 지원, 가해학생에 대한 신병확보와 선도, 조사, 상당, 치유 등 사안의 해결과 재발방지를 임무를 수행한다. 학생들의 폭력적 성향은 다양하게 표출되는데 그 원인은 개인의 성향 및 가정, 학교, 사회환경의 다양한 요소에 의한 경우로 복합적이기 때문에 어느 한 기관, 한 분야에 일임될 수 없고 규명되지 않은 다양한 원인을 파악하고 이에 대해 영역별 전문가의 상담과 치유 프로그램을 적용하는 것이 합리적이라고 판단한다.

---

55) 김난주, 앞의 논문, p. 33.
56) 추지윤 외, 앞의 논문, p. 456.

- 39 -

이러한 프로그램을 적용한 사례로는 학교의 제도적인 분위기가 학생들의 폭력적 성향을 조장하거나 반대로 억제하는 것에 영향을 미친다고 보고, 학교에서 학생들의 긍정적인 행동을 권장하고 폭력적이거나 정당한 교육활동을 방해하는 행동을 억제하기 위해서 실행한 '멘토제도'를 들 수 있다. 또 경찰관이 학교 주변을 주기적으로 순찰함으로써 학교폭력범죄에 나아가려는 욕구를 억제하려 시도한 것은 각 주체 간의 협력 사항을 보여준 사례라고 본다.

그러나 이러한 노력에도 불구하고 영국에서는 학교폭력범죄가 빈번하게 발생하고 있다. 2020년 한 해 동안 12세부터 20세의 학생을 포함한 청소년의 25%가 학교폭력범죄의 피해를 경험하였고 그중 30%는 최소 일주일에 한 번 이상 피해를 당하는 것으로 보고되었다. 정보통신기술의 발전과 통신기기 사용의 일상화로 사이버 학교폭력범죄의 발생도 계속해서 증가하고 있다. 이에 영국에서는 학교폭력범죄의 피해를 당한 학생들이 사이버 학교폭력범죄의 피해를 당할 가능성이 높다는 판단에 따라 '증거에 기반한 학교 개입'을 골자로 하는 정책을 모색하고 있다.[57]

한편 가해학생이 스스로 자신의 학교폭력범죄 행위에 대해서 성찰하고 잘못된 행동을 교정하겠다는 동기를 부여함과 동시에 사법처리를 받지 않도록 기회를 부여한다. 내무성 산하 소년사법위원회(Justice Board)는 경찰 또는 청소년 범죄대응팀으로부터 견책과 최후경고를 각 1회 발하는 절차를 두어 가해 학생이 사법부의 처벌(처분)을 면할 기회를 2회 부여한다.[58]

3. 노르웨이

노르웨이의 학교폭력범죄에 관한 예방 및 사후관리 정책은 학교의 역량을 강화하여 학교폭력범죄를 예방하고 이를 즉각적으로 감지하여 실질적으로 대처할 수 있도록 하는 것에 집중한다.

노르웨이의 학교폭력범죄 대응·대책으로 가장 대표적인 특징은 국가차원에서 각급 학교에 제공하는 프로그램을 연관된 전문기관과 실행하는 일이다. 이는 교육법(The Education Act)을 근거로 안전한 학교를 조성하기 위해

---
57) 추지윤 외, 앞의 논문, p. 456.
58) 강용길, 앞의 논문, pp. 9-10.

1983년부터 학교폭력범죄 예방정책과 프로젝트를 실행하는 것으로서 정부가 학교폭력범죄 예방프로그램의 구성 및 내용에 대한 기준을 세우고 기준을 충족하는 우수한 프로그램들이 학교 현장에서 지역사회의 유관기관과 연계하여 실행될 수 있도록 지원한다. 지역사회 내 유관기관들은 학교폭력 범죄를 예방하는데 우수한 프로그램에 적극적인 참여와 활동이 이루어질 수 있도록 업무를 수행한다.[59]

각급 학교에 제공되는 학교폭력범죄의 대응·대책 프로그램은 집단 괴롭힘 방지에 중점으로 둔 Olweus(올웨우스) 프로그램이 가장 대표적이다. 심리학자 Dan Olweus가 개발한 '괴롭힘 개입 프로그램'은 노르웨이뿐만 아니라 미국과 유럽 등 여러 국가에서 학교폭력범죄 발생률을 감소하는 효과가 있다고 검증된 바 있다.[60]

이 프로그램의 목적은 1차적으로 학교폭력범죄의 발생 가능성을 낮추는 것이고 이의 달성을 위해 학생들에게 긍정적인 사고와 행동을 할 수 있는 능력을 강화한다. 그리고 폭력 등으로부터 안전한 학교환경을 만드는 것을 설정한다. 학생과 학생 사이, 교직원과 학생 사이에 따뜻하고 긍정적인 관계를 형성하고 금지하는 폭력적 행동에 대해서 명확하게 규정한다.

이를 위반하는 경우 그에 대한 처우는 비폭력적 방법을 사용하도록 한다. 학교폭력범죄 사안이 발생하면 교직원 누구라도 문제해결을 위해 현장에서 즉시 사안에 개입할 수 있다. 또한 사후 보호자와 가·피해학생에 대한 면담을 거쳐 당사자 사이에 화해하고 관계를 회복할 수 있도록 일정한 절차를 거쳐 가해학생에 대한 처벌을 고려한다.

전체 교직원들이 괴롭힘의 폐해와 예방의 중요성을 인식하도록 하고 괴롭힘이 일어나는 실태를 조사하여 학생에 대해 적극적인 지도와 감독이 이루어지도록 한 제도적 장치이다. 이뿐만 아니라 학생 보호자가 해당 프로그램에 능동적으로 참여할 수 있도록 사회적 여건을 만들고 각각의 개별 학급에서는 괴롭힘에 대한 학급 자치규정을 학생들의 토론과 회의를 거쳐 제정하여 규정을 준수하도록 동기부여 한다. 이 프로그램의 실제 적용으로 노르웨이는 학교 내 학교폭력범죄 사건이 50%이상 감소한 것으로

---

59) 임재연, (2018), 「한국과 외국(노르웨이, 미국, 독일)의 학교폭력 관련 교사의 역할 및 역량 요인의 차이에 대한 탐색」, 『교육논총』 제38권 1호, p. 147.
60) 임재연, 앞의 논문, p. 148.(재인용).

확인하였다.[61]

한편, 노르웨이의 학교폭력범죄는 대부분 이민자들의 자녀가 가해학생인 것으로 알려져 인종차별이나 원주민과 이민자 사이의 갈등과 결부되어 나타난 특징으로 인해 당사자인 학생이나 그 보호자 등 개인적인 문제로 보지 않고, 성인의 도덕적·윤리적 책임과 직업적 사명 그리고 전문적인 책임을 강조하게 되었다. 이와 같은 상황은 학교폭력범죄 사안에 관여한 학생, 교사, 가족, 지역사회 구성원은 회복 절차의 대상으로서 상담서비스를 받을 수 있는 체계를 구축하게 하였고, 학교장의 책임하에 학교폭력범죄의 예방과 사후처리 절차에 이르는 모든 과정을 진행하는 체계를 만드는 데 영향을 주었다.[62]

학교폭력범죄 실태조사 결과를 통한 진단과 향후 대책을 살펴보면, 학교폭력범죄의 가해학생 뿐만 아니라 피해학생도 심각한 학교폭력범죄 행위를 하거나 성인이 된 이후에 범죄에 가담하는 비율이 35~40%로 나타나고 있어 장기적인 시각에서 교육적·복지적·의료적 차원 등 가용한 영역의 지원과 치유가 지속될 수 있는 대책에 대한 모색이 논의되고 있다.[63]

4. 독일

독일은 심각한 학교폭력범죄가 언론을 통해서 자주 보도되면서 사회적으로 크게 논란이 되었다. 대표적인 사례로 2006년 베를린주 내 학교에서 학생이 다른 학생과 교직원을 공격한 사건이 발생하였는데 교사나 학교차원에서 해결할 수 없는 사건으로 심화되었다. 이로 인해 독일정부는 학교폭력범죄의 해결을 위한 대응·대책을 마련하기 위해 적극적으로 나서기 시작했다.

당시 독일의 언론은 학교폭력범죄의 급격한 증가 소식과 결부하여 이주노동자 가정의 학생들이 공격성과 폭력성이 강하다고 보도하였으나, 독일연방범죄청이 '외국인 청소년들이 독일 청소년에 비해 전반적으로 공격적이고 범법행위에 많이 노출되어 있다.'는 의견은 사실과 무관하다는 연구결과를 밝혀 외국 청소년의 폭력성에 대한 오해를 해소하기도 하였다.[64]

---

61) 강용길, 앞의 논문, p. 10.(재인용).
62) 임재연, 앞의 논문, p. 148.(재인용)
63) 김난주, 앞의 논문, p. 27.
64) 임재연, 앞의 논문, p. 150.

독일정부는 학교폭력범죄에 대한 여러 가지 상황을 점검하고 주정부 차원에서 「학교법」(Schulgesetz)과 「아동·청소년 복지지원법」(Kinder-und Jugendhilfegesetz)을 제정하여 학교폭력범죄에 대한 예방정책과 위기학생 관리 및 교육프로그램을 실행하고 있다.

독일의 학교폭력범죄 정책의 핵심은 학교폭력범죄로부터 학생들이 보호받고 모든 폭력적 행위를 예방할 수 있도록 학생들의 역량을 강화하는 것이다. 이의 실현을 위해서 정책적으로 학교폭력문제 해결을 위한 대응에 교사, 보호자, 학생, 지역사회 유관기구 및 주민 모두가 참여하는 구조를 구축하기 위해 노력한다. 또 학교 수업과 폭력예방 프로젝트 주간을 통해서 예방프로그램에 초점을 두며 교사의 해당 분야에 대한 전문성 강화, 폭력으로부터 안전한 학교문화 조성, 경찰 등 학교폭력범죄에 관한 지역사회 전문가·전문기관과의 협력을 중시한다. 학교는 지역의 전문가 및 전문기관과 협력하고 지역의 전문가 등은 학교폭력범죄 사안을 해결하는데 적극적인 노력을 하도록 법적 의무를 부과하고 있다.[65]

독일의 학교폭력범죄 대응·대책으로 특이한 사항으로는 먼저 대부분의 학교에 '사회교육사' 또는 '학교사회복지사'를 배정하여 운영하는 점이 있다. 학생이 문제행동을 하는 등 이상징후가 있는 경우 사회교육사 등은 학생과 보호자에 대한 상담을 통해 1차적으로 개입하고 이후에도 문제행동에 대해 예방 수업의 진행과 필요한 프로그램을 개발하는 등 주도적인 역할을 담당한다. 두 번째로 교사에게 학교폭력범죄를 당하는 학생이 있는지 늘 관심을 가지고 수업시간 이외에도 민감하게 관찰하도록 하고, 학교폭력범죄가 발생한 경우 「학교법」에 근거하여 어떠한 방식으로든 반드시 개입하도록 규정하고 있는 점이다. 교사의 역할은 3단계의 모델로 제시되어 있다. 1단계는 교사가 교사와 학생의 관계를 질적으로 개선하기 위해 노력하는 것이고, 2단계는 교실 내 학교생활 차원에서 학생들과 함께 안전한 교실환경과 문화를 꾸리기 위해 협력하는 것이다. 3단계는 교사가 학교 전체 차원에서 진행하는 예방교육, 캠페인, 프로젝트 주간 프로그램 등을 개발 및 운영하는 주체로서 적극 참여하고 「학교법」에 따른 상담, 치유, 치료가 필요한 위기학생을 관련 전문가에게 연계하는 역할을 하는 것이다.[66]

---

65) 임재연, 앞의 논문, pp. 150-151.
66) 苛める(이지메르)는 '괴롭히다', '학대하다', '혹독하게 다루다' 등 의미를 가진다.

5. 일본

일본은 '이지메[67]'라 불리는 학교폭력범죄가 오래전부터 사회적 문제로 대두되었다. 일본의 이지메 등 학교폭력범죄의 대두 배경에는 관리교육(管理敎育)에 따라 학생 개개인의 개성을 무시하거나 부정함으로써 학생들이 교사에 대한 반발심과 반항하고자 하는 마음이 커지고 그러한 상황이 점점 심화되어 이와 같은 문제가 발생하게 되었다는 연구자들의 주장이 있다. 1960년대 이후에 청소년문제에 대해 비행, 문제행동 등의 용어가 사용되었고, 문제행동은 세부적으로 폭력행위, 이지메, 결석, 중퇴, 자살 등으로 구분하여 매년 실태를 파악하기 위해 조사하였다.

일본은 1983년부터 중·고교 학생을 대상으로 청소년 문제행동에 대한 전수조사를 실시하였고, 1997년부터는 초·중·고교 전체에 대해 실시하고 있다. 청소년들의 입학이 늘어나면서 청소년 문제와 학교폭력범죄 문제에 대한 구분 없이 대응·대책을 논의하게 되었다.

구체적으로 1983년부터 학교폭력범죄에 대한 조사를 실시하게 되었고, 1985년에는 이지메에 대한 조사를 본격적으로 실시하기에 이른다. 그러나 이와 같은 조사는 평균 응답률과 회수율, 응답내용의 신뢰성 등의 요인에 따라 일부 학교가 학교폭력범죄의 온상이라는 '낙인 효과'의 피해를 당할 수 있다는 등의 지적이 있었다. 학교 차원에서는 '학교폭력범죄에 대해 방치했다'는 비판이 일었고, 당해 학교에 재학하는 학생 차원에서는 '학교폭력범죄가 발생하는 문제 있는 학교에 다닌다'는 부정적인 인식에 따라 피해를 당할 위험이 제기되었다.[68]

또한 학생들의 폭력 등 행위에 대해서도 '학교폭력'이나 '학교폭력범죄' 라는 용어로 개념화하지 않고 '소년비행'으로 개념화하여 구분하고 있다.

이지매를 교내 폭력과 다른 의미에서 폭력에 포함되지 않는 행위를 일컫는 말로 일본 내에서는 주로 여학생 간의 비폭력적 행위를 의미하는 것으로 사용되는 예가 많다. 다만, 우리나라의 학교폭력범죄의 개념은 단순 폭행이나, 상해행위에 이어서 사이버 따돌림 등에 이르기까지 대단히 광범위한 범위 내용의 폭력을 의미하기 때문에 이지메를 학교폭력범죄와 동일한 개념으로 보아도 무방하다.

67) 공병호, (2012), 「일본의 교내폭력·이지메 동향과 대책 시스템의 전개」, 『한국일본교육학연구』 제17권 제1호, pp. 45-46.
68) 공병호, 앞의 논문, p. 40.

학교폭력범죄 사안에 대해서는 학교폭력예방법과 같은 별도의 법률이 아닌 소년법에 근거하여 처리하고 있다.[69]

한편 2001년 4월부터 형사미성년자의 나이가 종전 16세에서 14세로 하향 조정하면서 강력·흉악·중대범죄를 저지른 소년에 대한 처분이 가능하도록 「소년법」이 개정되었으며, 같은해 7월에는 학교교육법 일부개정으로 '청소년의 건전육성'을 목적으로 학생지도가 시행되었다.[70]

일본이 사용하는 학교폭력범죄 개념은 '학생 본인이 다니는 학교에서 아동, 생도가 일으킨 폭력행위'라고 규정하고 이를 ⅰ. 교사에 대한 폭력 ⅱ. 학생 간 폭력 ⅲ. 대인폭력 ⅳ. 기물파괴로 구분하고 있다.

학교폭력범죄에 대한 학교 차원의 대응·대책으로는 퇴학, 전학, 정학, 출석정지, 자택근신, 훈고 등이 있다. 퇴학 및 정학은 의무교육 단계인 초등학교와 중학교에는 적용되지 않기에 이에 상응하는 조치로서 시(市)·정(町)·촌(村) 교육위원회가 학교교육법에 따라 해당 학생 또는 그 보호자에게 '출석정지'를 명하는 제도를 채택하였다. 훈고(訓告)는 징계처분으로써 훈고라고 명시하여 내리는 징계처분이라는 점에서 호되게 꾸짖는다는 의미의 단순한 질책과는 구분된다.

6. 시사점과 함의

앞의 5항에서는 선진 외국의 학교폭력범죄에 대한 대응 정책을 살펴 우리나라 사례에서 실효를 거둘 수 있는 정책을 발굴·입안하고자 미국과 영국 등 주요 선진국이 정책을 입안한 배경과 실행 등을 검토하였다.

먼저 미국의 경우 총기와 마약 등 강력범죄와 청소년의 비행이 밀접하게 연관되어 있다는 점을 들어 무관용 원칙에 따른 강력한 대응을 주요 정책 기조로 삼았다. 학생들이 총기, 마약, 담배, 술 등에 노출되는 경우 학교폭력범죄의 발생에도 밀접한 관련성을 가지고 있다고 보고 강력범죄로 확대되는 것을 막고자 한 목적으로 해석된다. 그러나 미국의 무관용 원칙에 따른 가해학생 등에 대한 처분조치가 학교폭력범죄를 감소시키는 효과는 없었다. 이와 같은 결과가 조지아주 등의 사례에서 확인된 이후 정책 방향을

---

69) 이충민·박호정, 앞의 논문, p. 117.
70) 김난주, 앞의 논문, p. 29.

사후 강력한 처벌이 아닌 예방 프로그램의 강화로 전환한 것으로 보인다.

이후 미국의 학교폭력범죄에 대한 정책은 교직원과 보호자, 학생뿐만 아니라 검찰, 경찰, 법원 그리고 지역사회 내 청소년 전문가와 활동가 등이 긴밀하게 협력하여 상담과 지원, 예방교육 등의 활동으로 전개되었다.

미국의 사례를 통해서 무관용 원칙에 따른 처분 중심의 대응으로는 본질적인 문제해결에 접근하기 어렵다는 점을 알 수 있다. 이는 학교폭력범죄의 예방과 사후관리를 위해서는 학교와 보호자뿐만 아니라 유관기관과 지역사회의 긴밀한 협력이 필요하다는 것을 시사한다.

두 번째, 영국은 청소년범죄와 청소년비행이 계속적으로 증가하는 가운데 이를 개선하고자 법과 제도적 장치의 마련에 집중한 특징이 있다. 또 제도의 실질적인 실행을 위해 필요한 재원을 적극적으로 투입하였다. 제도의 확립을 위한 준비로써 학교폭력범죄의 실태를 조사하여 현상을 정확히 파악하려 했다. 1997년 이후부터는 본격적으로 학생들의 심리, 정신건강, 치유 프로그램의 개발과 실행을 추진하였고 변화의 추이를 진단할 수 있는 평가척도를 개발하여 현상에 대한 진단과 그에 따른 맞춤형 대응을 한 것으로 보인다. 예방정책과 사후관리 정책을 분명하게 정립하여 학교, 보호자, 지방자치단체, 교육청, 경찰 등과의 업무 협력 체계를 구축함과 동시에 각 주체별로 전문성을 발휘할 수 있는 역할 중심 업무 배분을 추진하였다.

영국은 사회문제에 대한 정확한 진단을 통해 유효·적절한 정책을 입안하여 실효성을 거둔 점이 특징이다. 또 미국의 사례에서와 같이 학교폭력범죄를 예방하는 등 성공적인 정책을 추진하기 위해서는 유관기관 등 지역사회 전체가 긴밀하게 협력해야 함을 보여준다.

세 번째, 노르웨이는 올웨우스 프로그램이 대표적인 특징으로 보인다. 교육법에 근거한 올웨우스 프로그램은 학생들의 자치활동에 따른 타인 존중과 준법의 소양을 갖추는 것에 중점을 두었다. 학교 내 각 학급의 학생들은 안전하고 평화로운 학교생활을 함께 해나가는데 필요한 학급규칙을 상호 토론과 대화를 통해 제정한다. 스스로 토론하여 제정한 규칙인 만큼 그에 대한 애정과 준수해야 한다는 당위성을 고취시킴으로써 민주적인 방식이 도입된 학교폭력예방 프로그램으로 확인된다.

네 번째, 독일의 경우 학교폭력범죄로부터 학생 스스로 자신을 보호하고 범죄 발생을 예방할 수 있는 역량을 갖추는 것에 집중하는 것이 특징이다.

결국 학교폭력범죄에 관한 법령과 정책, 대응의 실효성에 대한 평가는 학생들이 얼마만큼 민주적이고 평화로운 방법으로 상호 간에 소통하며 생활하는가에 대한 문제이다. 따라서 학생 스스로 폭력적인 수단이나 문화 등에 참여하지 않고 그러한 위험이 있는 경우 이를 합리적으로 회피하거나 상호 연대하여 방어할 수 있는 역량이 필수적으로 보인다.

마지막으로 일본의 경우 이지메라는 학생 간의 괴롭힘이나 청소년범죄와 비행 등에 대해서 학교폭력범죄라고 별도로 구분하지 않고 소년비행으로 개념화하여 소년법에 따라 사안을 바라보는 것이 특징이다. 다만 입법화하지 않은 학교폭력범죄의 개념은 학생 본인이 재학하는 학교에서 폭력행위와 기물파손 행위 등으로 범위를 구체적으로 한정하였다. 이는 대단히 광범위한 우리나라의 학교폭력범죄의 정의와 대조를 이룬다.

외국의 사례를 검토한 결과를 종합적으로 고려하면 우리나라의 학교폭력범죄에 대한 개념은 범위를 구체적으로 한정하여 명확하게 규정할 필요가 있다는 점과 엄벌주의나 무관용의 원칙에 따른 불이익한 처분 중심의 정책은 실효성이 없다는 점, 학교폭력범죄의 예방과 사후관리를 위해서는 학교, 보호자, 학생뿐만 아니라, 경찰, 지방자치단체, 검찰, 법원 그리고 지역사회 전체가 일정한 체계를 구축하고 상호 전문성을 발휘할 수 있는 업무영역을 분장하여 긴밀하게 협력해야 한다는 것을 시사한다.

제 3 절 연구의 분석틀(Frame Work)

1. 분석의 틀

　연구대상에 대한 합리적인 분석과 결과에 대한 신뢰도를 확보하기 위해서 <그림 2>과 같은 분석의 틀을 사용하였다.

그림2. 분석틀

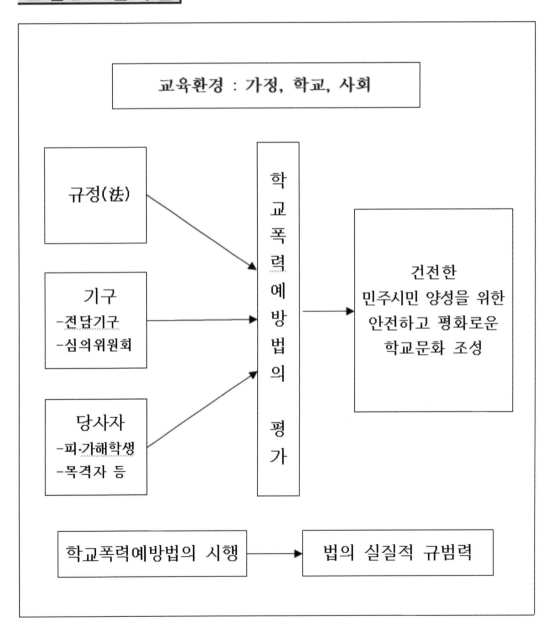

2. 분석 요인의 정의

<그림 2>와 같이 본 연구에서는 학생을 둘러싸고 있는 가정환경, 학교환경, 사회환경으로 구성된 교육환경이 학교폭력범죄 발생의 요인이 되고 있다는 논의를 기초로 한다. 이를 근거로 학교폭력범죄를 예방하고 사후처리를 위해 마련된 현행의 법령 및 기구(전담기구, 학교폭력대책심의위원회)의 역할과 당사자의 인권보호를 위한 고찰을 중심으로 체계를 갖췄다.

위 분석의 틀은 학교폭력예방법이 학교폭력범죄을 예방하고 개별 사안을 원만하게 처리하는데 법의 제정취지와 목적에 맞게 실질적인 규범력을 발휘하는지 그렇지 못하는지를 검토하기 위해 설계하였다. 이는 현행 학교폭력예방법이 학교폭력범죄부터 학생들의 인권을 보호하는데 충분히 기능하고 있는지를 확인하게 해 준다. 법률의 규범력이란 법률의 제정 목적을 실현하기 위한 구체적인 사항들이 법률이 정하는 사항과 관련 있는 사람에게 준수하도록 강제하는 힘을 의미한다. 그리고 사람들이 이를 잘 준수하여 법의 제정 취지와 목적을 구현하는 것을 포함한다고 말할 수 있다.

학교폭력예방법은 학생들이 가지는 폭력으로부터 안전할 권리를 보장하고 피해학생에 대한 보호와 가해학생에 대한 선도 및 교육을 통한 재발 방지, 원만한 관계 회복 등을 통해 건강한 민주시민으로 성장할 수 있도록 지원하는 것을 목적으로 한다. 그러나 학교폭력예방법이 그 목적을 제대로 구현하지 못하는 경우 학교폭력범죄의 증가, 당사자 간 갈등관계 심화, 학생 인권 침해, 학내 면학 분위기 저해, 폭력으로부터 안전하지 않은 학교라는 법률의 실패를 가져온다.

학교폭력예방법 실패의 주요한 요인으로는 법률, 즉 규정하는 내용 자체의 문제, 학교폭력범죄의 예방과 사후처리를 담당하는 전담기구와 학교폭력대책 심의위원회 등 기구의 문제, 당사자의 문제를 선정하여 문제로 구성했다.

구체적으로 첫째 규정의 측면에서는 '학교폭력'의 정의해서 범죄성을 표지하지 않은 것과 광범위한 정의규정, 불명확한 당사자 규정, 사안조사 등 절차에서 인권보호 장치가 없는 점을 문제로 구성하였다.

둘째, 기구의 측면에서는 기구의 당사자 특정, 보호자 조사, 조사 방법 및 절차 규정, 학교폭력대책심의위원회 운영, 전담기구의 구성 및 운영에 관한 사항을 문제로 구성하였다.

셋째, 당사자 측면에서는 피해자의 당사자 특정, 가해학생에 대한 조치·처분 사항, 피해학생에 대한 보호조치 사항, 학교장의 긴급조치 등을 문제로 구성했다.

학교폭력범죄의
실태와 법의 규정

제 3 장　학교폭력범죄의 실태와 법의 규정

제 1 절 학교폭력범죄의 실태와 처리절차

1. 학교폭력범죄의 발생현황

　학령인구가 계속적으로 감소하고 있는 상황 속에서도 학교폭력범죄 발생 건수가 뚜렷하게 감소하지 않고 있다. 이에 대해서 권리의식의 향상과 폭력을 지양하는 인권감수성의 제고 등의 영향으로 학교폭력범죄에 대한 문제의식이 강화되고 신고율이 높아진 사정이 발생 건수에 반영되고 있다는 해석이 있다. 또한 학교폭력범죄가 현실 공간에서 사이버공간으로 이동하면서 그동안 현실 공간을 중심으로 이루어진 학교폭력 대응·대책의 실효가 통계상 수치에 반영 되는 비중이 상대적으로 줄어드는 반면에 사이버상의 발생 건수는 증가하여 결과적으로 학교폭력범죄의 발생 건수가 큰 변동 없이 유지되고 있는 것으로 분석된다.

　<표 4>는 2015년도부터 2019년도까지 학교 내 심의위원회(이하, '심의 위원회'라고 한다)에서 학교폭력범죄에 관한 심의현황을 학교급별로 정리한 것인데 코로나19의 발병으로 등교 제한 등의 조치가 전국적으로 시행 되면서 등교일이 감소하는 2020년부터 2022년까지의 데이터는 해석의 왜곡을 피하고자 분석 대상에서 제외하였다.[71]

---

71) 교육부는 학교폭력 실태조사를 실시하고 매년 그 결과를 발표하고 있다(교육부, 2022년 1차 학교폭력 실태조사 결과 발표 보도자료, 2022. 9. 5. 등). 다만, 3년여에 걸쳐 발생한 코로나19 상황은 일반적인 학교생활의 범위를 벗어나 있어 학교폭력범죄의 발생 유형이나 동기, 주변 환경 등에 따른 변수로 작용하였다. 이 기간을 그동안의 데이터와 병행하여 추이를 살피는 것은 현상에 대한 객관적인 분석을 어렵게 한다고 판단하였다.
　코로나19 상황 속에서 온라인과 오프라인 수업을 병행하거나 전체 수업을 온라인 체계로 전환하면서 사이버상에서 학교폭력범죄의 발생건수가 증가하는 경향을 보이는 것은 일반적 으로 추정할 수 있는 사항이다. 또, 코로나19 상황에서 학교폭력범죄의 동기로는 '마스크 착용'이나 '기침 예절', '손소독액 사용', '등교시 체온 검사' 등과 같은 이 시기 민감한 사항에 대한 의견대립과 불성실한 이행 관련한 다툼이 혼재되어 있으므로 이에 대해서는 추이로 파악하는 것보다는 코로나19 상황에서 학교폭력범죄 발생의 특이사항으로 분석하는 것이 타당하다.

표 4 2015~2019년도 심의위원회 심의현황[72)]

(단위: 건, 명, %)

기 간	학교급	심의 건수	피해 학생수	가해 학생수
2015학년도 (15.3.1~ 16.2.29)	초	3,239	3,403	3,644
	중	10,585	15,568	16,923
	고	6,006	6,690	7,678
	기타	138	150	148
	합계	19,968	25,811	28,393
2016학년도 (16.3.1~ 17.2.28.	초	4,092	4,310	4,277
	중	11,775	16,552	18,571
	고	7,599	7,957	9,895
	기타	207	222	204
	합계	23,673	29,041	32,947
2017학년도 (17.3.1~ 18.2.28.)	초	6,159	7,342	7,394
	중	15,576	21,714	24,677
	고	9,258	9,890	12,070
	기타	247	224	205
	합계	31,240	39,170	44,346
2018학년도 (18.3.1~ 19.2.28.)	초	6,327	7,020	5,965
	중	16,736	22,562	24,180
	고	9,252	9,613	10,641
	기타	317	283	213
	합계	32,632	39,478	40,999
2019학년도 (19.3.1~ 20.2.29.)	초	6,927	9,317	8,281
	중	15,613	21,039	22,794
	고	8,364	9,809	9,922
	기타	226	246	186
	합계	31,130	40,411	41,183

<출처: 국회의원 정경희 의원 사무실, 교육부 제공>

---

72) 국회의원 정경희 의원실, 교육부 참조.

항목별로 살펴보면 심의건수는 2015년부터 2018년까지 계속적으로 증가하는 추이를 보이다가 2019년에는 2018년과 보합세를 유지하는 것으로 확인된다.

피해학생의 수는 해마다 계속적으로 증가하는 것으로 나타나고 있고 가해학생의 수는 2015년부터 2017년까지 계속 증가하는 추이를 보이다가 2018년 소폭 감소하였다가 2019년 다시 소폭 증가하는 추이를 나타내고 있다.

관련 데이터를 분석을 통한 유의미한 사실은 심의위원회의 심의건수가 계속적으로 증가하거나 유지되어 줄어들지 않는 점이다.[73] 학교폭력범죄의 심각성으로 인하여 학교장의 자체해결 요건을 충족하지 못하는 중한 사건이 증가하거나 전담기구의 사안조사 및 처분을 신뢰하지 못하거나 당사자 간 합의에 이르지 못하였거나 하는 등 다양한 이유가 있을 것으로 보이는바, 이를 확인할 수 있는 객관적인 데이터의 생산과 확보가 필요하다.

또 학교급 중 중학교에서 발생하는 피해·가해학생수를 고등학교와 비교하면 2배가 넘는 수치를 보이는 것과 관련하여 중학생의 성장·발달과정에 대한 전문적인 고려를 반영하여 중학생에게 실효적인 학교폭력범죄 예방 방안을 연구·개발할 필요성이 있다.

2. 학교폭력범죄 사후 처리절차 및 조치

가. 학교폭력범죄 전담기구의 설치 및 운영의 문제

학교폭력범죄에 대한 대응·대책과 운영상 확인되는 문제는 다양하고 상당수 존재한다. 가장 핵심적인 문제사항으로 지적하고자 하는 것은 학교폭력예방법의 규정과 운영이 피해자의 주관적인 의사에 지나치게 종속되어 있다는 점이다. 이는 전담기구의 사안처리에 대한 전문성과 공정성의 문제와도 매우 밀접하게 관련되어 있다.

전담기구의 전문성과 공정성의 문제는 곧 사안처리 과정에서 당사자 간의 갈등 심화로 이어지거나 당사자와 전담기구 책임교사 등 학교와의 갈등으로 이어진다. 이에 대한 예방과 갈등발생시 해소 방안을 마련해야 한다는 의견이 큰 상황이다.[74]

---

73) 정주은, (2021), 「학교폭력 사안 처리의 개선방안 –개정된 「학교폭력예방 및 대책에 관한 법률」을 중심으로-」, 『Ewha Law Review』 제11권, p. 3.

74) 각 지방자치단체에서는 명칭과 관장 사항에 차이는 있으나 학교폭력 사안처리 등과

　사안의 해결에 있어서 피해학생과 가해학생 사이의 합의가 중시되다 보니 사안처리에 관한 절차에서 피해학생이 주장하는 사실관계에 대한 면밀한 조사가 이루어지지 못하고 가해학생에게는 신고사실에 대한 인정과 반성, 피해학생에 대한 진정성 있는 사과가 강요되는 등 법의 제정취지나 목적과 맞지 않는 일들이 다수 발생하고 있다.[75]

　학교폭력예방법에서 규정하는 가해학생에 대한 처분은 행정처분의 일종인 징계처분으로 학교생활기록부에도 기재되는 침익적 성질을 가진 만큼 법령에서 규정하는 절차에 따라 처리되어야 한다. 당사자 일방의 주관적인 판단에 따라 사건의 접수와 종결이 임의대로 이루어진다면 이는 법치라 할 수 없다.

　학교폭력예방법 제14조 제1항은 학교장으로 하여금 학교에 상담실을 설치하고 전문상담교사를 두어 학교폭력범죄와 관련하여 학생들에게 필요한 상담이 이루어질 수 있도록 규정하고 있다. 이어서 같은조 제3항은 학교폭력범죄를 담당하는 전담기구를 설치하고 기구의 구성을 교감, 전문상담교사, 보건교사 및 책임교사, 학부모 등으로 구성하도록 하고 있다. 책임교사는 학교폭력범죄 관련 업무를 담당한다.

　같은조 제4항에 따라 학교폭력범죄 사안을 인지한 학교의 장은 지체 없이 전담기구 또는 소속 교원에게 학교폭력범죄의 가해사실과 피해사실을 조사하여 확인토록 하고, 사안조사결과에 따라 제13조의2에 따른 학교장의 자체해결 요건을 충족하는지 여부를 심의하도록 한다.

　학교폭력범죄 사안의 조사절차 및 방법은 〈표 5〉와 같은 흐름에 따라 진행되는데, 학교폭력범죄 사안처리에 관한 전담기구의 전문성 부재, 전담기구 구성원의 공정한 구성, 학교폭력범죄 해결을 위한 관련자의 참여보장의 문제가 제기되고 있다.

　　관련하여 발생하는 갈등문제를 예방하고 원만히 해소하기 위한 장치를 마련하여 시행하고 있다(예를 들면, 대전광역시교육청의 학교폭력예방종합지원단, 제주특별자치도교육청의 화해조정지원단). 관건은 이와 같은 장치들이 당사자나 그 보호자 및 책임교사 등에서 얼마나 효능감을 줄 수 있을지이다. 장치가 마련되어 있지만 형식적이거나 사무적인 지원에 그치지 않도록 그 세부적인 운영방식들이 현장 요구에 맞추어 논의되어야 한다.
75) 윤동호, (2018), 「 "촉법소년의 과실치상과 학교폭력" 법치(法治)인가, 인치(人治)인가」, 『한국형사법연구』 제30권 제3호, pp. 32-35.

표 5 학교폭력범죄 사안의 조사절차 및 방법

단 계	처리내용
학교폭력범죄 사건발생 인지	• 117학교폭력 신고센터로부터의 통보 및 교사, 학생, 보호자 등의 신고 접수 등을 통해서 학교폭력 사건 발생 인지
	↓
신고 접수 및 학교장·교육지원청 보고 등	• 신고 접수된 사안을 학교폭력범죄 신고 접수 대장에 기록 • 학교장 보고 및 담임교사 통보 • 가해자와 피해학생의 분리 • 신고 접수된 사안을 관련학생 및 그 보호자에게 통보 • 교육(지원)청76)에 48시간 이내에 보고
	↓
즉시조치 (필요시 긴급조치 포함)	• 필요시 피해 및 가해학생 격리, 가해학생이 눈빛·표정 등으로 피해학생에게 영향력 행사하지 못하도록 조치 • 관련학생 안전조치 (피해학생-보건실 응급처치·119 신고·병의원 진료 등, 가해학생-격리·심리적 안정 등) • 피해학생 및 신고·고발한 학생이 가해학생으로부터 보복행위를 당하지 않도록 조치 • 피해학생의 신체적·정신적 피해를 치유하기 위한 조치 우선 실시 • 성범죄인 경우 「아동·청소년의 성보호에 관한 법률」에 따라 반드시 수사기관에 신고하고, 성폭력 전문상담 기관 및 병원을 지정하여 정신적·신체적 피해 치유 • 사안처리 초기에 긴급한 필요가 있는 경우, 법률 제16조 제1항 및 제17조 제4항에 따라 긴급조치 실시 가능
	↓
사안조사77)	• 피해 및 가해사실 여부 확인을 위한 구체적인 사안조사 실시 - 관련학생의 면담, 주변학생 조사, 설문조사, 객관적인 입증자료 수집 등 • 교육지원청 제로센터 학교폭력 전담조사관 참여 • 피해 및 가해학생 심층면담 • 조사한 결과를 바탕으로 육하원칙에 따라 사안조사 보고서 작성 • 성폭력의 경우, 비밀유지에 특별히 유의 • 장애학생, 다문화학생에 대한 사안조사의 경우, 특수교육 전문가 등을 참여시켜 장애학생 및 다문화 학생의 진술 기회 확보 및 조력 제공 • 필요한 경우, 보호자 면담을 통해 각각의 요구사항을

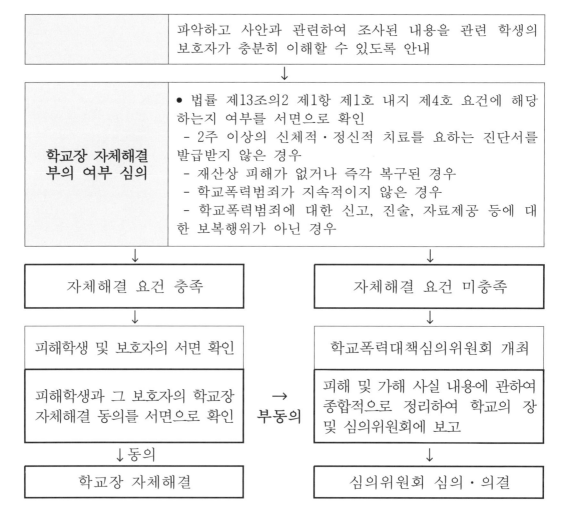

<출처: 학교폭력 사안처리 가이드북(2023), 교육부, 이화여자대학교 학교폭력예방연구소>

---

76) 세종특별자치시와 같이 단층제 체계를 가진 광역지방자치단체에서는 교육지원청을 대신하여 '학생화해중재원'에서 학교폭력범죄에 대한 심의위원회를 운영한다. 명칭에서 차이는 있으나 학교폭력범죄에 관한 사안 심의를 위한 심의위원회의 운영

77) 2024년 3월 1일부터 학교폭력 사안조사를 '학교폭력 전담조사관'이 수행하는 정책이 시행되었다. 그러나 여러 교원 단체나 학교 현장 등에서는 시행 전부터 우려하는 의견이 있었다. 법령 개정 등을 통해 전담조사관의 권한과 업무범위 등을 구체적으로 규정하지 않은 상황에서 정책실행이 먼저 이루어지기 때문이었다. 또 학교폭력 사안을 접수하고 초기 사실확인을 위한 조사는 책임교사 등이 담당하기 때문에 교원들의 업무경감 효과도 미미하거나 없다는 의견이 많다. 더욱이 교육지원청 제로센터에 소속한 전담조사관이 파견되는 절차 상 범죄경력조회와 아동학대범죄 경력을 조회해야 하는 절차가 추가되어 업무가 오히려 늘어나는 것 아니냐는 목소리도 있다.

학교폭력예방법의 제정과 그동안 개정과정을 살펴보면 법률의 규범성을 확보하기 위해 학교 현장 및 학교폭력범죄 관련 사회적 이슈에 대한 지속적인 모니터링이 실행되고 있다는 것과 모니터링 결과를 통해서 현행 법률의 미비점을 계속적으로 보완함으로써 학교폭력예방법의 규범력을 유지하기 위한 다양한 정책의 입안과 실행이 이루어지고 있음을 확인할 수 있다.

변천과정에서 개정이 이루어진 주요내용은 첫째, 학교폭력범죄의 개념에 관한 사항, 둘째, 피해자 보호에 관한 사항, 셋째, 심의위원회의 심의에 관한 사항으로 정리할 수 있다.

먼저, 학교폭력범죄의 개념에 관한 사항이다. 학교폭력범죄는 제정 당시 '학교 내외에서 학생 간에 발생한 폭행·협박·따돌림 등에 의하여 신체·정신 또는 재산상의 피해를 수반하는 행위로서 대통령령이 정하는 행위'라고 규정하였으나 '성폭력'과 '강제적인 심부름'이 포함되었고, 따돌림에 대한 정의가 신설되었다. 또 '학생 간에 발생한'이란 문언으로 학생과 학생 간의 폭력 등의 행위를 규정하는 개념이었다가 학생 아닌 가해자로 인한 피해학생을 보호하기 위해 '학생을 대상으로 발생한'으로 그 정의가 바꼈다.

둘째, 피해자 보호에 관한 사항으로 성폭력 피해학생의 프라이버시 보호 강화와 피해자 및 신고자 등에 대한 보복금지 규정을 두는 것으로 개정했다.

셋째, 학교폭력범죄 사안에 대한 심의기구를 기존 학교폭력대책자치위원회를 폐지하고 심의위원회를 두는 것으로 개정하였다. 경미한 사건에 대해서는 학교장이 자체해결하는 방법도 열어두었다. 다만, 피해자 등 당사자의 의견에 따르도록 하였다.

현행 법률의 미비점을 보완하기 위해서 학교폭력예방법 개정안이 공공교육기관인 학교의 특수성과 학생, 교사, 학부모 간의 관계와 계속적으로 변화하는 학교 환경, 학교 3주체의 정책적 요구사항 등을 수용하고 있다.

제 2 절 학교폭력예방법상의 법적 고찰

학교폭력예방법은 학교폭력범죄의 정의 개념을 비롯하여 여러 차례 개정하였지 학교폭력범죄발생의 본질적인 원인을 차단하고 피해를 해결하기 위한 실효적인 방안들을 규정하기 위해 충분히 논의되었는지에 대해서는 깊이 살펴봐야 필요가 있다. 학교폭력범죄는 좀처럼 해소되지 않는 사회문제로 오래전부터 논의의 대상이 되고 있다.

학교폭력예방법은 학교폭력범죄를 해결하기 위한 근본적인 방안을 정책과 제도적으로 규정하는 것이기 때문에 해당 분야 전문가를 비롯한 당사자의 의견을 수렴하여야 하고 이를 합리적인 의사결정과정을 통해서 입법해야 한다. 제2절은 이 학교폭력예방법의 개정과정에서 이와 같은 사항에 대한 분석과 의견수렴 등을 근거로 학교폭력범죄의 예방과 해소를 위한 방안을 마련하는 일련의 과정을 충실하게 이행하였는지도 확인해 보는 자리가 될 것이다.

1. 규정 측면

가. 규정의 명확성 및 적용

학교폭력예방법은 제2조에서 이 법에서 사용하는 용어에 대한 정의를 규정하고 있다. 정의 규정에서는 제1호에서 학교폭력범죄의 개념을 설정하고 이어지는 각호에서 학교폭력범죄에 포함되는 개별 범법행위 및 학교, 가해학생, 피해학생, 장애학생에 대해서 그 의미를 규정한다.

앞서서 학교폭력범죄의 개념 정의에 대한 변을 살펴보았는데, 개념에 대한 정의가 법률적·사회적·교육적 관점에서 합리적이고 법의 규범력과 실효성을 확보하는데 미흡한 점이 있는지 분석한다.

1) 제2조 제1호 학교폭력범죄의 광범위한 개념과 범죄성 미표시

학교폭력예방법은 제2조 제1호에서 학교폭력범죄를 학교 안이나 밖에서 학생 대상으로 하여 발생한 상해, 폭행, 감금, 협박, 약취·유인, 명예훼손·모욕, 공갈, 강요·강제적인 심부름 및 성폭력, 따돌림, 사이버 따돌림, 정보통신망을 이용한 음란·폭력 정보 등에 의하여 신체·정신 또는 재산상의 피해를 수반하는 행위라고 규정하고 있다. 문언상에 열거되는 범법행위의 개수가 행위 태양에 따라서는 14가지가 넘는다. 이 정도의 범법행위에 대한 예방과 조사를 포함한 사후처리 업무를 수행하려면 1개 경찰서의 물적·인적자원이 필요할 것으로 예상할 수 있다. 이것은 학교폭력예방법이 규정하고 있는 학교폭력의 범위가 지나치게 광범위하다는 점을 말해 주며 동시에 학교폭력의 성립 여부를 판단하는 기준이 애매·모호하여 죄형법정주의의 원칙에서 파생되는 명확성의 원칙에 위배 될 위험이 있다.

학교에서는 학교폭력범죄의 성립 여부를 판단하기 어려운 사례도 많다. 폭력의 정도가 경미하거나 피해가 외부로 드러나지 않는 수준에 멈추는 지능적인 행위들도 다수 발생한다.[78] 이러한 사정을 고려한다면 학교폭력 범죄의 개념을 보다 구체적으로 규정해야 하고 개념의 범위 역시 학교와 학생 영역 안으로 집중할 필요가 있다.

한편 학교폭력예방법 제5조 제2항의 규정에 따라 학교폭력범죄에서 성폭력은 다른 법률에 규정이 있는 경우 학교폭력예방법을 적용하지 않는다고 규정한다. 성폭력 피해학생이 학교폭력범죄 사안처리 절차를 통해 보호와 지원을 받기 위해서는 결국 다른 법률의 절차에 따라야 한다. 학교 폭력예방법의 개별 조항들이 현실에서 실무적으로 적용됨에 있어서는 그 실효성이 없어 상당한 혼선을 야기할 수 있다.

또한 학교폭력범죄 행위의 주체를 정하지 않고 누구든지 학생을 대상으로 이 법에서 규정하는 학교폭력을 가한 경우 학교폭력으로 규정하는데, 학교 폭력범죄 가해자가 교사, 주민 등 일반인의 경우 이들에 대한 학교 내 학교 폭력 전담기구 등에서 취할 수 있는 조치를 규정하고 있지 않다. 개정 전 학교폭력예방법에서 학교폭력의 주체와 객체를 학생과 학생 간으로 규정 하였는데 오히려 개정 전의 규정이 학교폭력에 대한 개념을 실질적으로 정의한 것이라 본다. 학교폭력의 정의 규정에 포함된 교사, 주민 등의 일반인에 대한 조치에 대해서 아무런 처분 조치 규정을 두지 않은 것은 개정 입법 과정에서의 실수이거나 비합리적인 규정이다. 결국 교사, 주민 등 일반인에 의한 학생 체벌, 폭행, 폭언 등의 범법행위는 「아동학대범죄의 처벌 등에

---

78) 황정용, (2019), 「학교전담경찰관 제도의 합리적 개선방안에 관한 연구」, 『한국치안 행정논집』 제15권 제4호, p. 276.

관한 특례법」(이하, '아동학대범죄처벌법'이라 함) 또는 일반 형법에
따라 수사기관에서 조사 등 사후처리를 하게 된다.

학교폭력의 정의 규정은 일반 형법 및 특별법에서 규정하는 각 개별 범죄를
열거하는 방식이다. 학교폭력은 학생들이 저지를 가능성이 있는 범위의 개별
범죄들을 모아서 하나의 개념으로 볼 수 있다. 즉, 범죄다. 학교폭력은 분명
범죄임에도 불구하고 학교폭력예방법은 '학교폭력범죄'라고 정의규정을
두지 않고 '학교폭력'이라고 규정한다. 이는 학교폭력예방법을 제정하게
된 배경[79]에 비추어 보아도 학교폭력에 대한 관대한 인식의 제거와 범죄라는
경각심 제고에 역행하는 개념으로 학교폭력에 대한 관대한 인식의 유지 내지
확대를 조장할 우려가 크다. 따라서 '학교폭력범죄'로 개념을 새롭게 규정할
필요가 있다. 장난과 폭력의 경계를 위태롭게 넘나드는 학생들의 과격한 장난과
놀이가 학교폭력 사건으로 확대되는 안타까운 사례들을 학교현장에서는 왕왕
목격할 수 있다. 친분이 있는 학생 간에 장난과 놀이가 일어나는 것이 대부
분인데 즐거운 장난과 놀이에 머물지 못하고 정도가 지나쳐 학교폭력에
이르는 안타까운 사례가 다수 발생하는 점을 고려해 볼 때, 이 위험한 경계에
대한 명확한 인식을 학생들이 소양으로 삼을 수 있도록 '학교폭력'의 개념을
'학교폭력범죄'로 명확히 표시할 필요가 있다.

무엇보다도 학교에서 생활하는 초등학생, 중학생, 고등학생은 신체적·
정신적으로 한창 성장하는 시기에 있어, 발달단계에 따라 발현되는 고유한
행동성향이 있다. 또한 또래집단 안에서 놀이하며 사회관계를 형성하는
데, 그 과정에서 놀이와 폭력을 명확하게 구분하는 것은 상당히 어렵거나
불가능하다. 사람 이외의 동물들도 상호 밀고 당기거나 넘어뜨리기, 물기,
뺏기 등의 행위를 하면서 상호 경쟁하면서 신체능력을 기른다. 교육현장인
학교에서도 학생들 사이에 장난과 놀이가 일상적으로 반복된다.

---

79) 학교폭력으로 인하여 고층의 아파트에서 추락하여 자살한 자녀의 아버지가 학교폭력의
범죄성을 알리고 자살한 자신의 자녀와 같은 비극적인 사건이 재발하지 않도록 해 달라며
추진한 관련 법률의 제정 촉구운동을 활발하게 전개한 결과 학교폭력예방법이 제정되었다.
이 법에 걸었던 기대는 학교폭력의 예방과 피해학생 보호, 가해학생에 대한 선도를 통한
건전한 사회구성원으로의 성장이었지만, 이 법률의 치명적인 결함인 교육이념과 배치,
교육현장과 호환 불가, 학교주체의 인권보호 기능 부재, 형해화 된 조직 신설 등 문제로
오히려 학교현장과 학교주체에 심각한 폐해를 끼치고 있다.

욕설하거나 물건을 집어 던지고 상대의 신체에 주먹질, 발길질 등을 하는 모습을 보며 장난하는 것으로 볼 여지는 없다. 다만 이처럼 명확하게 학교폭력범죄라고 확인할 수 있는 사례보다는 이를 명확하게 판단하기 어렵거나 학교폭력범죄에 해당한다고 보는 것이 해당 학생 모두에게 교육적 측면이나 건전한 사회관계 형성 측면 등에서 불이익한 경우가 많다.80)

80) 학교에서 교사로서 학생을 상담하다 보면 여러 친구들과 어울려 지내지 못하거나 친구들과 좋은 관계를 형성하지 못하는 상황에 대해서 대화를 나누는 경우가 많다. 학생을 상담하여 상황을 파악하고자 하면 다양한 관점에서 내담 학생을 살펴보게 된다. 일반적으로 내담 학생이 친구들과의 관계가 나쁘지 않음에도 그러한 경우는 학생 개인의 내성적인 성격이나 조용히 홀로 사색하고 학습하는 것을 선호하는 경우로 판단하는데, 내담 학생이 다른 친구들과의 부정적인 관계가 있음을 알릴 때 고의적인 따돌림에 의한 사례인지에 대해서 주의 깊게 분석하게 된다. 내담 학생의 이야기 속에서 다른 학생들의 행위가 따돌림이라고 인정하는 것이 애매하고 모호한 경우가 대부분이고 이 때문에 따돌림을 하였거나 따돌리고 있다는 것을 입증하는 것도 매우 어렵다.

2) 따돌림과 사이버 폭력

따돌림과 사이버 따돌림은 유사한 언어적 표현 때문에 동일한 개념이라는 전제하에 논의가 가능하다고 볼 수 있지만, 학교에서 교육적 차원으로 접근해야 할 따돌림의 문제와 국가 사법당국의 조사 및 수사 차원에서 접근해야 할 사이버 따돌림은 성격을 달리하기 때문에 명확히 분리하여 논의해야 한다.

가) 제2조 제1의2호 따돌림 규정의 적용

학교폭력예방법 제2조 제1의2호는 '따돌림'에 대하여 학교 안이나 밖에서 2명 이상의 학생들이 특정인이나 특정집단의 학생들을 대상으로 지속적이거나 반복적으로 신체적 또는 심리적 공격을 가하여 상대방이 고통을 느끼도록 하는 모든 행위라고 규정하고 있다.

학교 현장에서는 따돌림에 관한 학교폭력범죄 사항을 확인하고 이를 입증하는데 상당한 어려움을 겪고 있다.[81] 이는 제2조 제1의2호에서 따돌림 행위가 성립하는데 다양한 요건들이 충족해야 하는 것으로 규정하고 있기 때문이다. 이는 '따돌림'에 대해 명확한 정의를 규정하는 것이 어렵기 때문이다.

먼저, 행위자를 '2명 이상의 학생들'로 정하고 있어 학생인 행위 주체 간에 공범이 성립해야 한다.[82] 따돌림의 경우 주체를 '2명 이상의 학생들'이라고 규정함으로 인해 1명의 학생과 1명의 학교밖 청소년이 공동으로 따돌림을 한 경우 학교폭력예방법이 규정하는 따돌림에는 해당하지 않게 된다. 또 이론에 따라 공범이 성립하려면 공동행위자 간에는 공동의 범행 의사와 공동의 실행행위가 있어야 한다. 즉 특정인이나 특정 집단에 대해서 따돌림을 하자는 행위자 간의 의사연락과 고의가 있어야 한다. 또 공동 행위자의 따돌림이 있어야 한다. 적극적으로 드러내어 과시하는 유형의 따돌림이라면 이에 대한 피해학생 및 목격자 진술 등을 통해 구체적인 피해

---

81) 형법 제30조는 2인 이상이 공동하여 죄를 범한 때에는 각자를 그 죄의 정범으로 처벌한다고 규정하고 있다.
82) 실제에서 따돌림 피해를 주장하는 사례를 들여다보면 피해를 주장하는 학생은 따돌림을 당하였다고 말하고, 가해자로 지목된 학생들은 따돌림 행위를 한 사실이 없다고 하여 주장이 상충하는 사안이 절대적으로 다수이기 때문에 학교 차원에서 양측의 상반된 주장 관계에서 진실에 부합하는 사실을 입증하는 일은 상당히 어려운 일이다.

사실을 확인할 수 있겠지만 사실상 그와 같은 사례는 매우 드물다. 학교 현장에서 소극적으로 마음에 들지 않거나 관계가 좋지 않은 특정인이나 특정 집단과 소원하게 지내기로 하고 행동에 옮기는 유형의 행위는 상담이나 신고를 통해서 인지되는 사례가 종종 있는데 사실관계 등을 검토해 보면 이러한 행위를 따돌림이라고 인정할 수 있을지에 의문이 든다.

예를 들어, 특정 학생들이 "애들아, A랑 놀지 말자", "A랑 노는 사람은 배신자" 등 언어적으로 특정 학생을 따돌리도록 조장한 사실을 확인한 경우에도 행위가 '지속적 또는 반복적'으로 행해지지 않고 1회에 그쳤다면 당해 따돌림은 성립하지 않는다.[83]

피해를 주장하는 학생은 가해자로 지목하는 학생들이 자신을 대화에 끼워주지 않거나, 식사시간에 함께 밥을 먹지 않으려 일부러 피하거나, 교실 등에서 여럿이 대화를 나누다가 자신이 들어오면 대화를 멈춘다거나, 피해를 주장하는 학생을 바라보며 한숨을 푹푹 쉰다는 등의 심리적 공격들이 있었음을 주장한다. 이를 두고 학교폭력 책임교사나 전담기구 회의 등에서도 피해를 주장하는 학생의 진술을 근거로 학교폭력의 성립을 입증하는 것이 쉽지 않다는 의견이 많다.

그리고 문언에서 '심리적 공격을 가하여'라는 행위 규정은 그 개념 자체가 막연하고 명확하지 않다. 사전적 의미로 '심리'는 '마음의 작용과 의식의 상태' 또는 '마음의 속'을 뜻한다. 이 법문을 상대방의 마음이나 정신적 영역을 공격해서 고통을 느끼도록 하는 행위라고 문언해석을 하더라도 실제 학교폭력범죄 사안처리 업무에서 어떠한 행위를 심리적 공격이라고 인정할 수 있을지 의문이다.[84]

학생은 무수한 사람들과 사회생활을 경험하는 과정에서 관계 맺음을 하며 살아간다. 학생들의 사소한 다툼에서부터 학교폭력에 이르기까지 사건의 발달은 서로 다른 가치관, 주장, 요구사항 등에서 비롯되는 것을 알 수 있다. 또 학생 개인의 성향이나 발달상황에 따라서 타인의 행위와는 별개로 학생 자신이 놓인 상황과 감정에 대한 일방적인 해석으로 다른 학생의 행위를

---

83) 가해자로 지목된 학생들의 주장 관계를 살펴보면 특정 학생을 따돌리려는 고의를 부정한다. 주장하는 피해 사실과는 본인들은 전혀 관련이 없고 마음이 잘 통하고 취미가 같거나 같은 학원에 다니는 친구들과 어울려 지내는 것이라고 주장한다.

자신에 대한 공격으로 오인할 가능성도 충분하다.

따돌림 행위에 대해서 일차적으로 학교 공동체인 학생들 사이에 공동체 의식을 높이고 학급활동을 비롯한 전체 학교생활에서 소외되는 학생이 없도록 교육적 차원에서 접근이 필요하다. 그리고 교육적 차원의 보호와 관리는 학교의 장을 비롯한 교원들의 책임영역이므로 이를 학교폭력범죄에 관한 절차를 통해서 처리하는 것은 적절하지 않다. 무엇보다 따돌림에 대해 사전적 정의를 내릴 수는 있겠으나, 이를 불이익한 처분의 대상이 되는 행위로 규정하는 경우에는 따돌림으로 규정하는 행위가 무엇인지 명확성과 예측가능성 측면에서 분명하게 보충이 필요하다.

결국 따돌림에 대한 불분명한 규정과 현실에서 적용하기 어려운 점 등은 피해를 주장하는 학생과 가해를 부인하는 학생 간의 첨예한 대립을 양산하기만 하여 학교폭력예방법이 지향하는 당사자의 관계회복을 통한 원만한 학교생활로의 복귀를 어렵게 한다.

나) 제2조 제1의3호 사이버 폭력의 개념

학교폭력예방법 제2조1의3호는 '사이버 폭력'을 '정보통신망[85]을 이용하여 학생을 대상으로 발생한 따돌림과 그 밖에 신체·정신 또는 재산상의 피해를 수반하는 행위'라고 규정한다. 개정 전의 사이버 따돌림이 인터넷, 휴대전화 등 정보통신기기를 이용하여 학생들이 특정 학생들을 대상으로 지속적, 반복적으로 심리적 공격을 가하거나, 특정 학생과 관련된 개인정보 또는 허위사실을 유포하여 상대방이 고통을 느끼도록 하는 모든 행위라고 규정한 것과 비교하여 상대적으로 개념에 대한 구체성이 보강된 것으로 보인다.

그러나 사이버 폭력의 개념도 분설해 보면, 먼저 정보통신망을 이용한 따돌림이 구체적으로 어떠한 유형을 가진 행위인지 불분명하다. 이 역시 개별적인 사안마다 사이버 폭력의 개념을 적용할 수 있을지에 대한 논란이 클 수 밖에 없다. 예를 들어 단체대화방에 여러 학생들을 초대하였다가 특정 학생만 홀로 두고 다른 대화자들이 나간 경우, 기술적으로 대화방을 개설한 학생과 특정 학생만 대화방에 남게 된다. 이 상황을 사이버 폭력상 따돌림

---

85) 「정보통신망 이용촉진 및 정보보호 등에 관한 법률」 제2조제1항제1호의 정보 통신망을 말한다.

으로 규정할 수 있는지 의문이다. 왜냐하면 같은조1의2에서 심리적 공격의 '지속성' 또는 '반복성'을 따돌림의 태양으로 규정하고 있기 때문이다. 이는 최초의 따돌림 행위에는 적용의 정지가 없고 두 번째 따돌림부터 문제가 된다는 것으로 해석되어 납득하기 어렵다.

두 번째, 사이버 폭력은 온라인 공간에서 이루어지는 폭력으로 현실적으로 당사자들은 공간적으로 분리되어 있다. 이런 이유로 가해학생의 사이버 폭력행위가 원인이 되어 피해학생에게 신체적 피해가 발생할 수 있는지 의문이다. 간접정범으로 가해학생이 피해학생에게 신체에 상해를 하도록 욕설이나 협박하여 피해학생 스스로 신체를 상해하였다면 이는 학교폭력이 포함하는 협박, 강요의 문제라고 본다. 형사사건처럼 정보통신망법 위반행위에 가중처벌하는 등의 의도가 아니라면 학교폭력의 개념상 협박, 강요 등 명확하게 가해행위의 유형을 규정할 수 있음에도 불구하고 이를 다시 사이버 폭력이라는 포괄적 개념으로 규정할 실익이 있는지 의문이다.

2) 제2조 행위 주체 및 객체에 대한 규정

가) '학생'에 대한 정의 규정의 부재

학교폭력예방법은 제2조(정의)에서 '학생'에 대한 명확한 개념을 정의하지 않아 현장에서 학교폭력범죄 사건으로 접수하였다가 다른 법률의 적용이 검토되거나 다른 기관에 사건 접수하여 절차를 진행하는 등 혼선을 야기하고 있다. 이러한 혼선은 학교폭력범죄의 피해학생을 특정하고 치유와 상담, 보호를 위해 필요한 조치를 취하거나 가해학생을 특정하고 상황에 맞춘 상담과 선도, 보호를 위한 조치를 취함에 있어서 골든타임을 놓치게 할 심각한 위험을 안고 있다. 또한 학교와 교육행정기관, 수사기관, 자치단체 내 아동학대 담당 부서 상호 간에 소관업무 범위에 대한 다툼의 요인으로 작용한다.

「교육기본법」(이하, '교육기본법'이라 한다.) 및 「초·중등교육법」(이하, '초중등교육법'이라 한다.) 등 교육 관계 법률에서도 '학생'에 대한 정의를 명확히 규정하고 있지 않다. 그러나 범죄행위에 대해 조사하고 조사결과에 따라서는 행정처분을 비롯하여 민·형사상의 절차가 개시될 수 있는 행위를 규정하는 학교폭력예방법에 '학생'에 대한 개념 정의조차

규정하지 아니하고, 초중등교육법이 정하는 '학교의 종류'를 이 법의 적용
범위로 규정한 것은 졸속 입법이 아닌가 하는 강한 의구심마저 들게 한다.[86]

입법조사와 준비과정에서는 해당 법률이 제정·시행되는 경우 예상되는
일반적인 사례뿐만 아니라, 예상하기 어려운 수준의 돌발상황 등까지 검토·분석
하여 복합적이고 다양한 사례에 능동적으로 적용 가능한 법률안을 제시하
여야 한다. 그럼에도 불구하고 해당 법률이 중점적으로 적용될 학생에 대한
개념을 명확히 하지 않았다는 것은 납득할 수 없다.[87]

더구나 학교폭력예방법에서 '학생'의 정의를 명확히 하지 않아 적용
대상 범위를 특정하는 것에서 혼선을 빚는 것에 그치지 않고 제2조 제3호
와 제4호에 이어지는 가해학생, 피해학생, 장애학생[88]에 대한 명확한 해석과
특정까지 어렵게 한다. 학교폭력범죄의 처리 절차가 진행 중에 자퇴 등의
사유로 사건의 당사자성이 탈락하는 일도 왕왕 발생하고 있다는 것을 고려
할 때 이와 같은 사정은 이 법의 제정취지와 목적이 현실과 상호 부합하지
않음을 여실히 보여주는 것이다.

법률에서 학생의 개념을 명확히 하지 않은 채, 애매하고 모호한 개념으로
'학생'이라는 용어가 방치되다 보니, 지방의회에서 제정하는 조례에서
학생의 개념을 명확히 규정하는 기이한 모습도 보인다.

광역시·도의 학생인권 조례에서 규정하는 '학생'에 대한 정의를 살펴

---

86) 「초·중등교육법(법률 제18298호)」 제2조(학교의 종류) 초·중등교육을 실시하기 위하여
다음 각 호의 학교를 둔다.
1. 초등학교 2.중학교·고등공민학교 3. 고등학교·고등기술학교 4. 특수학교 5. 각종학교
87) '학생'의 개념을 명확히 하기 위해서 학교폭력예방법에서 규정하는 것이 법체계상
적정하지 않다는 사정이 있다면, 초중등교육법 등 다른 법률에서 학생에 대한 개념 정의를
명확히 규정하기 위한 입법 노력이 함께 이루어졌어야 할 것이다. 제정 당시에 이 법의
제정이 긴급하여 그러한 시간상의 여유나 기회가 없었다면 이 법의 단일 개정을 위해
지금껏 11차례에 걸쳐 논의가 이루어지는 과정에서라도 충분히 개념에 대한 정의 규정을
두어 그 명확성을 확보하도록 개정되어야 한다.
88) 학생 중에는 장애 판단을 받지는 않았으나 정도나 상태를 고려하여 장애학생에 준하는
보호와 특수교육을 필요로 하는 학생이 있다. 학교폭력범죄로부터 학생의 안전을 두텁게
보호하기 위해서는 장애 여부에 대한 보다 세밀한 규정을 통해서 보호가 필요한 요보호
학생에 관한 상황을 입학과정에서부터 필요한 교육과 관리가 이루어지도록 관련 규정을
보강해야 한다.

보면, 학생을 초중등교육법 제2조의 학교에 재학중인 사람[89]으로 규정하거나 초중등교육법 제2조의 학교와 「유아교육법」(이하, '유아교육법'이라 한다.) 제2조 제2호에 따라 운영되는 학교에 학적을 둔 사람,[90] 초중등교육법 제2조의 학교 또는 유아교육법 제2조 제2호의 유치원에 재학중이거나 입학과 퇴학 여부를 다투고 있는 사람[91]으로 정하고 있다.

조례는 학생이 가지는 기본적 인권을 보호하고 보장영역을 확장하려는 취지의 것이라는 점과 대비하여 학교폭력범죄예방법은 가해학생을 포함한 가해행위자에 대한 불이익한 처분(처벌) 등 조치에 관한 사항을 규정하므로 법률에 사용하는 용어의 명확성과 이를 토대로 충분한 예측이 가능하도록 용어에 대한 명확한 정의 규정을 두어야 한다.

나) 가해학생과 피해학생의 불명확성

(1) 제2조 제3호 가해학생 정의 규정

학교폭력예방법은 가해학생과 피해학생에 대한 정의 규정을 두고 있다. 먼저 제2조 제3호는 가해학생을 '가해자 중에서 학교폭력을 행사하거나 그 행위에 가담한 학생'이라고 규정하고 있다. 실무상 기본적으로 학교 폭력범죄 신고가 접수되면 조사를 통해서 가해자로 지목하는 학생을 특정 할 수 있고 피해자가 지목하지 않았더라도 CCTV나 목격자 진술 등을 통해서 가해학생을 특정할 수 있다.

다만, 사안에 따라서는 가해자로 지목된 학생이 가해사실을 부인하거나 다수의 학생이 지목되었지만 가담여부가 명확하지 않은 경우 등을 고려하면 심의위원회의 심의·의결이 종결되기 전까지 '가해학생'으로 특정하는 것은 부적절하다고 보인다.[92]

문제는 다수의 학생이 학교폭력을 행사하는 일에 관련된 경우 가해학생을 특정하는 일이다. 학교폭력범죄 사건에 대한 조사나 심의위원회의 심의

---

89) 「경기도 학생인권 조례(경기도조례 제7208호)」 제2조(정의) 제2호
90) 「서울특별시 학생인권 조례(서울특별시조례 제7888호)」 제2조(정의) 제3호, 「충청남도 학생인권 조례(충청남도조례 제4780호)」
91) 「전라북도 학생인권 조례(전라북도조례 제3883호)」 제2조(제2조) 제2호
92) 교육부, (2023), 『2023년도 일부개정 학교폭력 사안처리 가이드북』, p. 10.

과정에서도 학교폭력범죄의 가해학생을 특정하고 절차상에 참여시키는 과정에서 많은 이견이 발생한다. 가해학생을 '가해자 중'에서 '학교폭력을 행사하거나 그 행위에 가담한 학생'을 찾아 특정하고 있어서 그 의미가 더욱 불분명하다. 이를 풀이하면 학교폭력범죄의 가해자 중에서 가해학생은 선도조치 등의 처분대상이 되지만 가해학생이 아닌 가해자는 처분의 대상이 되지 않는다. 문언상으로도 가해자이지만 이 법의 적용을 받는 가해학생이 있고 그렇지 않은 가해자로 구분한다. 그렇게 규정한 입법자의 취지나 목적이 학교폭력범죄의 행위 주체를 '누구든지'로 열어두었기 때문에 학생이 아닌 성인 등 다른 가해자를 구분하는 것으로 확인한다. 다만, 이 법의 적용을 받지 않는 학생 이외에 다른 행위주체를 학교폭력범죄의 개념에 포함시켜 불필요한 혼란을 가중하고 있는 것은 아닌지 의구심이 든다. 학교폭력범죄의 가해자로 분류하지만 학생이 아니기 때문에 처분 등 유의미한 조치를 할 수 없는 대상을 이 법에 규정할 실익이 없다. 더구나 가해자가 교사인 사례에서 책임교사 등이 같은 교사의 가해행위에 대해서 실효적인 조사를 실행할 수 있을지도 의문이다.

또한 다수의 당사자가 연루된 학교폭력범죄 사건의 경우 학교밖 청소년과 학교에 재학중인 학생이 혼재된 사례가 다수 발견되는데 같은 연령임에도 불구하고 학교에 재학중인 학생은 학교폭력예방법의 적용을 통해 선도조치 및 교육을 통한 개전의 기회가 있지만 학교밖에 청소년은 '학생'의 신분이 아니라는 이유로 학교폭력예방법의 적용을 받지 않아 신분에 따른 차별이 발생한다.

한편, 이 조항에 담긴 '학교폭력의 행사'와 '학교폭력의 행사에 가담'이라는 문언과 관련하여 학교 및 교육지원청의 심의위원회에서 해석과 적용이 통일적으로 가능할 것인지 의문이다.

조항과 관련하여 「형법」(이하, '형법'이라 한다.)을 살펴보면, 형법은 범죄행위자를 정범과 공범으로 구분하면서 2인 이상 범죄행위에 참여한 범죄행위자를 공범으로 규정한다. 공범은 다시 범죄행위에 주도적으로 참여한 상황 등을 고려하여 주도적으로 참여하였다면 공동정범[93]으로 파악하고, 정범의 주도적 행위를 교사하거나 방조한 사람을 공범으로 구분하고 있다. 공범 중

---

93) 「형법」 제30조(공동정범) 2인 이상이 공동하여 죄를 범한 때에는 각자를 그 죄의 정범으로 처벌한다.

다른 사람으로 하여금 범죄행위를 하도록 교사한 사람을 교사범[94]이라 하고 정범과 동일한 형으로 처벌하도록 규정하고 있으며 다른 사람이 범죄행위를 하는 데 편의를 제공[95]한 사람을 종범(방조범)[96]으로 구분하고 정범의 형보다 감경하도록 규정하고 있다.

문언의 '학교폭력을 행사'한 학생을 학교폭력범죄의 정범 규정으로 이해하고 '그 행위에 가담한 학생'을 교사 또는 방조한 종범으로 규정하는 것인데 문제는 학교폭력을 행사한 행위와 이에 가담한 행위에 대한 명확한 개념 규정이 필요하다.

실제 학교폭력 전담기구 또는 교육지원청의 심의위원회의 심의과정에서는 학교폭력범죄가 일어나는 현장에서 직접적으로 행위를 하지 않았지만 가담한 행위로 인정할지에 대한 찬반토론이 발생하고, 이에 대해 교육지원청 소속 변호사의 자문을 구하기도 한다.[97]

현장 내에서 피해학생에게 직접적인 가해 행위를 한 바가 없으나 그 주변에서 담배를 피우고 침을 뱉거나 하는 등의 행위가 피해자에게 공포 분위기를 조성하는 등 영향을 미친 바가 있으니 당해 사건과 관련이 있다는 의견과 없다는 의견이 맞서는 일도 발생한다.

또 학교폭력범죄의 현장에서 지켜보기만 한 학생에게 가해학생으로서 책임을 물을 수 있는지에 대한 논의도 왕왕 일어난다. '방관자'라는 개념이 사용되는데 물론 이는 학교폭력범죄에 대한 신고의무 불이행에 대한 책임 소지를 따지는 문제가 될 것이고 또 심의위원회의 전문성 논란에서 다룰 문제이지만 이 법에서 학교폭력범죄에 대하여 국가의 수사기관이 아닌 다수의 민간 위원에게 심의하도록 규정하고 있는 만큼 이와 같은 상황이 발생하지

---

94) 「형법」제31조(교사범)제1항 타인을 교사하여 죄를 범하게 한 자는 죄를 실행한 자와 동일한 형으로 처벌한다.

95) 범죄행위를 수행하는데 도움이 되는 모든 행위로 정범에게 범죄 행위에 대해서 조언하거나 격려, 범행에 사용할 도구를 빌려주는 것, 범행 장소나 필요한 자금을 제공하는 등의 행위가 해당한다.

96) 「형법」제32조(종범)제1항 타인의 죄를 방조한 자는 종범으로 처벌한다.

97) 변호사는 당해 소위원회 심의에 자문자로 참여하여 심의위원회 위원의 심의를 통해 결정할 사안으로 본인이 답변할 수 있는 사항이 아니라고 하였다. 심의위원의 판단에 따라 절차에 포함되지 않은 학생들이 절차에 들어오거나 혹은 그 반대의 경우가 발생하게 되는데 심의위원들은 이와 같은 판단을 하는 것에 상당한 부담감을 느끼고 있다.

않도록 학교폭력예방법에서 사용하는 용어의 개념 정의 등을 구체적으로 적시해야 할 필요성이 있다.

(2) 제2조 제4호 피해학생 정의 규정

학교 현장에서는 학교폭력범죄에 대한 관련하여 '먼저 신고한 사람이 피해자다'라는 말이 기정사실인 것으로 많은 학생에게 알려져 있다. 이는 분명히 학교폭력범죄의 처리절차에 대한 잘못된 이해라고 판단되지만, 실제로 신고를 한 학생을 학교폭력범죄의 피해자로 단정하여 진행되는 절차가 다수 발견되고, 당사자들의 이에 대한 문제 제기가 이어져 왔다.

학교폭력 전담기구가 신고 등을 통해 사건을 인지하고 이에 대한 조사를 진행함에 있어서 관련 법령이나 매뉴얼을 잘못 이해하거나 행정편의주의적 관점으로 규정을 적용한 경우가 있을 수 있다. 또 업무에 대한 비전문성으로 인한 과실 등 다양한 요인들이 이와 같은 상황의 원인으로 제기되고 있다.

피해학생을 특정하는 일은 사건의 본질적인 내용과 직접적으로 연결된 기본적인 사항이다. 학교폭력 전담기구는 피해를 당한 학생으로부터 직접 신고를 접수할 수도 있고 당사자가 아닌 제3자의 신고를 통해서도 사건을 인지하기 때문에 사건의 기본적인 내용으로 인적요소로서 피해학생, 가해학생, 목격자 등을 특정하고 피해 사실 주장에 대해 가해사실이 있었는지를 여러 증거 등을 통해 사실관계를 확인한 후에 특정하게 된다. 즉 학교폭력범죄로 인해 피해를 당하였다는 신고자의 신고나 진술만을 가지고 바로 대상을 피해학생으로 특정할 수 없다. 이는 피해를 당하였다고 주장하는 당사자이든 목격한 제3자 여부에 관계 없이 신고자의 진술만을 가지고 피해학생을 특정할 수 없다는 것을 의미한다. 접수된 사건의 내용을 입증할 수 있는 증거를 통해서 피해사실이 입증되어야 한다.[98]

그러나 학교폭력예방법은 제2조 4호에서 ' "피해학생"이란 학교폭력으로 인하여 피해를 입은 학생을 말한다'라는 규정만을 둘 뿐이다. 피해학생 등

---

98) 좀 더 상세하게는 학교폭력범죄로 인한 피해사실을 입증하기 위해 제시하는 증거의 합법적인 취득 여부나 피해 사실과 가해 사실 간의 인과관계, 가해행위를 한 사람으로 특정된 사람에 대한 조사 등을 거쳐서 객관적인 사실관계를 바탕으로 사건의 당사자 등을 특정하여야 한다.

당사자의 특정을 성급하게 한 업무미숙은 별론으로 하더라도 이와 같은 단순한 규정 때문에 주장된 피해사실에 대한 확인을 하기 전에 절차상에서는 이미 피해를 주장한 학생을 '피해학생'으로 당사자 지위를 부여하는 잘못된 절차가 진행되는 차질이 발생한다.[99]

따라서 신고를 접한 시기에는 피해학생을 특정할 수 없고 주장하는 피해사실에 대한 객관적 증거에 따른 입증과 가해자로 지목된 학생이 신고자의 주장에 대해 확인하거나 인정하는 진술이 있기 전까지는 가해학생도 특정할 수 없다.

학교폭력범죄 사건에 있어서 피해를 주장하는 학생의 말을 그대로 인정하는 상대방은 찾아보기 어려우며 주장하는 사실에 대해서 일부만을 인정하거나 전면 부인하는 사례가 다수이고 사례 중에는 가해자로 지목받은 학생이 오히려 피해를 주장하는 학생이 가해자라고 반박하는 사례도 있다.

학교폭력범죄 사건의 사실관계에 대해서는 교육지원청의 심의위원회의 심의과정에서도 진실에 대한 치열한 공방이 오가며 가해한 사실이 없음을 주장한다. 그럼에도 불구하고 사건 접수단계에서 이미 피해를 주장하는 학생을 피해학생으로 하고 가해행위를 한 학생을 가해학생으로 특정한다면 이는 신고한 사람의 주장을 학교폭력 전담기구가 그대로 인용하는 것이므로 공정한 사건처리를 어렵게 한다. 또한 헌법상 '무죄추정의 원칙'을 정면으로 위배하는 사항으로 가해자로 지목된 학생의 기본권을 침해하는 일이다.

피해학생과 가해학생을 특정하는 시기를 언제로 할 것인지에 대한 보다 진지한 검토와 연구가 필요하며, 당사자의 지위를 특정하기 전 단계에서 '피해를 주장하는 학생'이나 '가해학생으로 지목된 학생' 등 당사자 지위를 좀 더 세부적으로 규정하는 입법이 필요하다.[100]

---

99) 교육부, 앞의 가이드북, p. 10.

100) 학교 현장에서는 피해를 주장하는 학생의 착오로 가해행위를 한 학생을 잘못 지목하여 신고하는 사례도 발생한다. 다수의 학생들이 운집하거나 통행하는 상황에서 여학생이 특정 남학생으로부터 욕설을 들었다고 주장하였고 지목된 남학생은 가해학생으로 특정되어 학교폭력 전담기구의 조사를 받게 되었다. 물론 남학생의 보호자에게 이와 같은 사실이 통보되었다. 그러나 사안에 대해 조사 한 결과 욕설을 한 남학생은 다른 학생으로 확인되어 조사에 응한 남학생은 수업에 참여하지 못하고 가해학생으로 몰려 인격권을 침해

당하는 등 회복하기 어려운 피해를 당하였고, 욕을 한 사실을 부인하는 과정에서 실제로 욕설을 한 학생의 이름을 진술하도록 답변을 강요받았다. 피해를 주장하는 학생의 진술만을 토대로 피해학생과 가해학생을 특정하는 허술한 학교폭력범죄 조사 절차와 이에 대한 법률의 미비가 불러일으킨 안타까운 학교 현장의 모습이다.

나. 해석과 적용 및 다른 법률과의 관계

1) 해석과 적용

학교폭력예방법은 당해 법률의 해석과 적용에 있어서 제3조에 학교폭력 예방법을 해석하고 적용하는데 국민의 권리가 침해되지 않도록 주의하도록 규정하고 있다.

모든 절차를 진행하는데 학생 및 당사자의 기본적 인권의 보호와 과잉금지의 원칙 등 기본권 제한의 원리를 엄격하게 적용해야 한다는 것으로 해석된다.

법률이 제정된 목적과 취지에 맞추어 시행되기 위해서는 각 조항의 해석과 적용이 명확하고 공정해야 한다. 이를 위해서는 무엇보다도 학교폭력예방법이 학교폭력범죄에 대한 규정을 비롯하여 사안처리 과정과 불이익한 처분에 관한 사항을 규정한다는 점을 고려하여 조항들이 무엇을 의미하는지 구체적으로 서술되어야 한다.

그러나 학교폭력예방법은 2004년 1월 29일에 현승일 의원의 대표발의를 통해 제정될 당시부터 학교폭력범죄 개념의 불명확성, 법적 성격의 모호성의 문제가 제기되었고, 이후 「소년법」(이하, '소년법'이라 한다) 및 「아동학대범죄의 처벌에 관한 특례법」(이하, '아동학대처벌법'이라 한다)의 적용범위가 중복된다는 등의 문제가 제기되었다.[101]

이미 여러 차례의 개정을 거쳤음에도 불구하고 현재까지 해소되지 않았다.[102] 이는 개정과정에서 그동안 제기되어 온 문제점들을 수정·보강하는 입법활동 보다는 계속적으로 흉폭해지고 증가하는 학교폭력범죄 양상에 대한 국민의 분노와 정부의 대응·대책에 대한 비판 여론을 상쇄하기 위한

---

101) 실제 사안 처리과정에서 학교폭력범죄에 대해서 수사기관에 아동학대범죄로 신고가 접수된 경우, 학교폭력범죄예방법에 근거한 학교폭력범죄 사안처리 적용을 제외할 수 있도록 하고 있다(교육부, 앞의 가이드북, p. 7). 단, 이러한 사정이 있는 단위학교에서는 피해학생(아동)을 보호하기 위해 관계 기관에 적극적으로 협조하고 지속적인 보호가 이루어지도록 노력할 것을 규정하고 있는데 이는 교육부의 '2023년 아동학대 예방 및 대처요령 교육부문 가이드북'에서 안내하고 있다. 이는 동일한 사안에 대해서 수 개의 법률과 별도의 절차들이 명확한 구분없이 현장에 제시되어 있다는 것과 학교폭력예방법이 개정과정을 거치면서 오히려 불필요한 입법이 이루어졌다는 것을 말해 준다.

102) 권봉주·박세경·방소영·최송규·류민영, (2014), 「학교 폭력 예방법과 소년법의 관계 분석」, 『교육법학연구』 제26권 제3호, p. 30.

고식지계(姑息之計)의 개정이 이어졌다는 의문을 갖게 한다.

학교폭력예방법은 적용대상이 형법 등에서 규정하는 범죄에 관한 것이지만 심의위원들의 심의·의결을 통해서 가해학생에 대한 선도조치와 피해학생에 대한 보호조치를 하는 근거 규정이기 때문에 '형사법적 성격을 지닌 행정법적 규범'이라는 특징을 가지고 있어 각 조항의 해석과 적용에 있어 주의 깊게 살펴야 한다.[103]

특히 학교폭력범죄는 형법상의 범죄뿐만 아니라 성폭력과 정보통신망을 이용한 행위까지 포함하고 있고 이에 대한 사실관계의 특정과 판단에 따라서는 향후 민·형사상의 소송으로 이어질 수 있어서 수사에 준하는 꼼꼼한 조사가 이루어져야 한다.

학교폭력범죄는 학교급별, 학년별로 그 양상이 천차만별이어서 학교 차원의 교육적 지도와 상담을 통해서 해결할 수 있는 사안에서부터 수사기관의 수사 개시가 필요한 사안 등 천차만별이다. 사안별 성격을 고려하되 사안처리의 핵심은 어떠한 사안이라도 사소하게 취급하지 않고 증거관계에 따라 무엇이 '진실에 부합하는 사실'인지를 확인하여 억울하게 처분받는 학생이나 필요한 보호조치 등을 받지 못하는 학생이 없도록 신중하게 해석하고 적용해야 한다.

기초조사 과정에서부터 사실관계를 정확하게 확인하기 위해 학교폭력 범죄에 관한 전문성을 갖춘 기구의 설치와 인적자원의 구성 근거가 필요하고, 전국의 모든 학교에 이와 같은 기구의 설치·운영이 현실적으로 가능하도록 정부 차원의 지원 방법이 명문 규정의 해석에 따라 실질적으로 적용될 수 있어야 한다.

실무적으로 사안에 대한 사실관계의 확인을 위해서는 증명을 요하는 사실을 입증할 수 있는 증거를 확보하는 것이 관건이다. 증거를 확보하는 방법은 형사절차에서와 같이 임의수사와 강제수사의 방법이 있는데, 학교폭력예

---

103) 학교폭력예방법의 이중적 성격 때문에 실제 학교폭력범죄 사안을 처리하는 과정에서 학교 현장에서는 갈등관계가 더욱 심화되고 있는데 이는 피해학생의 입장에서 가해학생에 대한 처분이 피해자의 법감정에 맞지 않고 '봐주기'로 받아들여지기 때문이다. 가해학생의 관점에서는 학교폭력예방법의 취지처럼 미성년의 학생이 성장하는 과정에서 잘못된 행동을 교육과 상담을 통해 바람직한 방향으로 나아갈 수 있도록 하고 있는데 불이익한 처분을 바라는 피해학생과 사안 이후의 감정대립이 발생하게 된다.

방법을 근거로 당사자에 대한 강제적인 채증이 가능한 것인지에 대한 것도 이 법의 해석과 적용에 관한 중요한 쟁점이다.

학교폭력범죄의 최근 경향이 현실 공간에서 인터넷 등 정보통신망 및 기기를 이용한 사이버공간으로 옮겨가고 있다는 점도 사이버 따돌림을 포함한 사이버블링(cyber bullying) 사안의 사실관계 확인 및 증거확보를 위해 필요한 명확한 근거가 필요하고 현행 규정의 해석과 적용을 통한 가부도 문제가 된다.

사실관계 확인을 위한 중요한 증거관계를 확보하기 위해서 당사자에 대한 압수·수색 등 강제적인 방법이 필요한 경우, 학교폭력 전담기구 차원에서 강제적 수단을 사용할 수 있는 근거가 학교폭력예방법에는 없는데 가해학생의 휴대전화에 저장된 피해학생 사진, 대화창 등 학교폭력범죄 관련 증거관계를 관련된 타 법률의 해석과 적용을 통해서 수행할 수 있을 지에 관한 사항도 논의가 필요하다.

학교폭력범죄의 가해자는 학생이 아닌 성인들도 포함하도록 개정이 되었기 때문에 수사기관에서 조사받는 학생이 아닌 다른 가해자는 헌법 및 형사소송법 등에서 규정하는 진술거부권, 변호인의 조력을 받을 권리, 영장주의, 증거주의, 증거능력과 증명력 등의 규정에 따라 엄격하게 권리를 보장받는 것에 비해서 가해행위를 한 것으로 지목된 학생이나 가해학생이라고 하여 학생 아닌 가해자들과 다르게 대우할 이유가 없다. 반대의 경우로 연령이 같은 미성년의 사람이 학생이 아니라는 이유로 학생이라면 받을 수 있는 교육적 차원의 지도와 상담을 받을 수 없다는 것도 납득하기 어렵다.

법률의 해석이나 적용은 각 조항이 학교폭력범죄에 관한 사항에 대해서 얼마나 구체적으로 규정하고 있는지와 예방과 사후절차·관리 등을 하는 주체를 누구로 정하고 있는지에 따라서도 그 해석과 적용이 달라진다.

이는 실제 학교폭력 사안절차 등이 운영되는 과정에서 사건 당사자들의 이의를 통해서 계속해서 드러나고 있는 해석과 적용의 문제점으로서 전담기구를 비롯하여 심의위원회의 심의에 이르기까지 사건 당사자의 인격권, 학습권, 사생활의 비밀 보장 등 기본적 인권을 침해하거나 과도하게 제한하고 있다는 점을 확인할 수 있다.

가) 불분명한 학교폭력범죄 개념

학교폭력예방법은 규정하는 용어에 대한 정의가 대단히 광범위한 영역의 사항을 하나의 용어로 표시하는 문제가 있다. 또한 학교폭력범죄에 관한 사항을 명확히 하는 실체법적 규정과 학교폭력범죄의 예방과 인지·조사 및 처분하는 과정을 정하는 절차법적 규정이 구체적이지 않거나 미비하다.

이와 같은 문제는 앞서 제2절 법률상의 문제점에서 검토한 사항과 직접적인 연관성이 있다.

먼저, 학교폭력범죄를 너무나 광범위한 개념을 포괄하는 용어로 정의함으로써 학교폭력범죄로 규정하였지만 정작 학교폭력예방법을 적용할 수 없는 예외 사항이 상당수 발생한다.

학교폭력범죄를 '학생 간에'에서 '학생을 대상으로'로 개정하면서 학교폭력범죄 행위의 주체에 대한 제한은 없다. 이 규정에 따르면 학생에 대한 교직원의 폭언이나 체벌 등도 학교폭력범죄에 해당하며 지역주민 등 다른 성인들의 폭행 등의 행위도 이에 해당한다. 그러나 교직원이나 지역주민 등 다른 성인에 의한 행위에 대해서는 어떠한 조치 및 처분을 할 것인지에 대한 규정이 없다.

둘째, 학교폭력범죄의 개념을 너무 광범위하게 규정함으로써 실질적으로는 규범력이 없는 규정으로 형해화 되고 있다. 예를 들어, 학교폭력범죄에 성폭력을 포함시키고 있지만 학교폭력예방법 제5조제2항은 성폭력에 대해서 다른 법률에 규정이 있는 경우 학교폭력예방법을 적용하지 않는다고 규정한다. 결국 「성폭력범죄의 처벌에 관한 특례법」(이하; '성폭력처벌법' 이라 한다)을 적용하기 때문에 성폭력 사안에 대해 학교폭력예방법을 적용할 여지는 없다.

학교폭력예방법의 조항 구성을 살펴보면 학교폭력범죄를 해결하기 위해서 대응·대책을 규정하지만 정작 이에 대한 실효적인 정책 방안들은 규정하지 않거나 앞의 대응·대책 조항의 효성을 무의미하게 하는 조항이 뒤따르는 불필요한 입법이 이어진다.

법률은 제정과정에서 그 입법의 효율성과 명확성을 확보하기 위해서 당해 법률에서 사용하는 용어에 대한 정의규정을 두어 법률의 해석과 적용을 분명하게 한다. 그러나 학교폭력예방법은 학교폭력범죄를 구성하는 주체,

행위 등에 대한 규정이 개정을 거치면서 불분명하게 되어 법률 제·개정에서 중시되는 명확성과 예측가능성이 훼손되어 있다. 법률이 적용되지 않을 영역의 사항을 포함하고 다른 조항에서 이 법률의 적용을 배제한다는 규정을 둠으로써 법률의 체계정합성에도 심각한 오류를 안고 있다.

나) 당사자의 주관에 따른 절차 진행

학교폭력범죄예방법은 사안처리에 관하여 당사자의 주관적인 의사에 편중하여 절차적 안정성을 확보하지 못하는 문제가 있다. 학교폭력범죄의 인지에서부터 진행 가능한 최종절차까지 살펴보게 되면 당사자의 주관적인 의사에 따라 가해학생 중 일부만 신고하고 다른 일부는 신고하지 않는 사례가 빈번하고, 학교장 자체해결 과정에서도 특정 가해학생의 사과를 진정성 있는 것으로 판단하여 합의하여 종결하는 경우와 다른 가해학생의 사과는 진정성에 대해서 다르게 판단하여 심의위원회의 개최를 원한다는 의사표시를 하는 사례도 왕왕 발생한다.

즉, 학교폭력범죄 사안처리 과정에서 사안의 종결이 당사자의 지극히 주관적인 판단에 따라 절차의 계속 또는 종결로 이어진다. 더욱이 심의위원회의 심의·의결에 대한 불복절차로써 행정심판이 있고 그 뒤를 이어서는 행정소송을 비롯한 민·형사상 1심에서 3심까지 제도적으로 마련되어 있기 때문에 학교폭력범죄에 대한 사안처리가 당사자인 학생들이 졸업한 이후까지 계속된다는 우려가 있다.

사안에 대해서 당사자인 피해학생과 가해학생의 의사를 존중하고 당사자에게 가장 이익이 될 수 있는 방안을 안내하고 이를 선택할 수 있도록 절차상에서 지원하는 것은 이상적인 일이다. 다만, 학교폭력범죄 사안처리 절차가 당사자의 주관적인 의사에 따라 절차의 개시나 종료가 오락가락하도록 두는 것은 사안처리 관련 절차의 안정성을 현저하게 해할 우려가 있다. 피해학생에 대한 보호처분이나 가해학생에 대한 처분이 법에서 정한 조사와 심의 등 절차를 통해 공정하게 사실관계를 바탕으로 시시비비를 가려 억울하거나 절차상에서 불공정함을 경험하지 않도록 엄격한 절차진행이 보장되어야 한다.

  피해학생으로부터 용서를 받아 합의에 이르면 절차의 진행 없이 사안을 종결시킬 수 있다는 기대 때문에 가해행위를 하지 않았거나 가해행위 특정에 오류가 있더라도 사실관계를 다투지 않고 무조건 사과의 뜻을 전하고 용서를 구하는 비교육적이고 인권침해적 상황을 보기도 한다. 그러나 가해행위보다 더 큰 가해행위를 하였다고 인정하거나 잘못이 없다고 생각함에도 불구하고 사과하는 것은 헌법상 양심의 자유와 인격권을 침해하는 일이다. 무엇보다도 학생이 성장하는 과정에서 정의롭지 않거나 공정하지 않은 절차를 경험하는 경우 우리 사회에 대한 부정적인 가치관을 형성시킬 위험이 있다는 점에서 학생들이 당사자인 사안일고 해서 절차를 가볍게 여기면 안 된다.

  피해학생도 자신이 경험한 억울한 일을 법률이 정한 절차를 통해서 본래의 생활로 회복할 수 있도록 필요한 지원을 받고 가해학생으로부터 진정성 있는 사과를 받고 이를 용서하여 원만한 관계회복에 이르는 경험을 할 수 있어야 한다. 그러나 피해학생이 피해자라는 지위를 이용하여 가해학생에게 피해당한 것에 대한 앙갚음 등 가해행위를 아무런 법적제재 없이 할 수 있도록 제도적 상황에 놓여 있다. 형법상으로도 친고죄나 반의사불벌죄를 규정하여 피해자가 가해자에 대한 소추 여부 등을 결정하는 규정이 있으나 이에 대한 사회적 해악이 드러나면서 점차 그 범위가 줄어들고 있다.

  사안에 대한 절차의 계속 및 종결 여부를 당사자의 주관에 맡기는 것은 어떠한 관점에서는 이 사안과 관련한 절차진행에 있어서 그 책임을 학교, 교육지원청(심의위원회)으로부터 '개인의 의사(판단)'에 전가하게 되는 부작용도 있다. 학교폭력범죄에 대한 사안조사 등 절차에 대해서 교육기관의 책임행정이 뒷받침되지 못하다 보니 그에 대한 당사자들의 불신은 계속해서 커지고, 이 때문에 학교와 교육행정기관 선에서 사안이 원만하게 해결되지 못하고 결국 사법부의 판단으로 미뤄진 것이다.104)

---

104) 최근 국가수사본부장 최종 후보에 올랐던 검사 출신 정모 변호사가 아들의 학교폭력범죄 사건으로 임명이 취소되면서 사회적으로 학교폭력범죄 사안처리에 대한 개선이 시급하다는 여론이 들끓고 있다. 본 연구에서 살펴볼 쟁점은 가해학생이 부모의 사회적·경제적 지위를 통해 가해처분을 피하고자 현행 사안처리절차와 국가의 사법절차를 악용하였다는 점에 있다. 학교폭력예방법을 근거로 하는 제도적 장치가 한 개인의 도전으로 너무나 무기력 하다는 점을 여실히 보여주는 사례이다. 이는 명확하게 현행 학교폭력범죄 사안처리 절차 등을 규정하는 학교폭력예방법의 규범력과 대응·대책의 실효성에 문제가 있음을 보여 준다.

학교폭력범죄로 인한 당사자 간의 분쟁을 국가 수사기관이나 법원 등 사법기관에 고소·고발하거나 소를 제기하기 전에 학교 3주체를 비롯한 교육공동체가 선도와 교육적 방법으로 해결하고자 하는데 학교폭력예방법의 제정 취지와 목적이 있다는 점에서 당사자 간의 화해나 합의가 사안을 원만하게 종료하는데 효력을 미치도록 할 필요가 있다.[105)

다) 교육·상담자로서 교사의 역할과 조사자 역할 간의 충돌

(1) 제14조 제3항 책임교사의 역할 충돌

학교폭력예방법 제14조 제3항은 학교폭력범죄에 대한 사실을 확인하고 학교장의 자체해결 부의 여부를 심의하는 등 학교폭력범죄 관련 업무를 수행하기 위해 전담기구의 운영을 규정하고 있다. 전담기구는 규정에 따라 교감, 전문상담교사, 보건교사 및 책임교사, 학부모 등으로 구성하고 학부모가 전담기구 전체 구성원의 3분의 1 이상으로 한다.

전담기구의 책임교사(이하, '책임교사'라 한다)는 학교폭력범죄에 관한 예방교육과 사안조사 및 관련 절차의 수행을 담당하기 때문에 사안의 당사자 및 목격자 등 참고인에 대한 조사업무를 수행하면서 또 본인이 담당하는 과목에 있어서는 수업연구와 수업 그리고 평가를 업무로 한다.

따라서 책임교사는 학교폭력범죄 사안에 대한 공정한 조사자로서의 역할과 책임교육을 실천하는 교육자로서의 역할이 요구된다. 그러나 책임교사 등은 학교폭력범죄 사안에 대해 조사 및 처리하는 과정에서 당사자 학생들과 정서적으로 많은 갈등을 겪고 있다. 더욱이 가해학생에 대한 선도·교육조치가 강화되면서 가해자로 지목된 학생이 가해행위를 강하게 부인하고 선행 진술을 번복하는 사례가 많아 원활한 조사가 이루어지지 못하고 교육자로서 회의감을 표하고 있다.[106)

구체적으로 학교폭력책임교사 및 담당교사는 담임교사, 교과 교사, 생활지도 교사의 역할을 하면서 사안 접수, 상담자, 판사의 역할을 동시에 수행하게 된다. 즉 책임교사 등은 학생을 조사하고 학생의 행동에 대해

105) 박상식, (2021), 「학교폭력예방을 위한 제언」, 『법학연구』 제29권 제2호, p. 19.
106) 한유경·이주연·박주형, (2013), 「학교폭력 대책 강화에 따른 단위학교 사안 처리 과정에서의 갈등 분석」, 『교육과학연구』, p. 83.

법령을 적용하여 판단하면서도 학교에서 학생들과 함께 생활해야 하는 교육자로서 역할을 해야 한다는 것이다. 사안이 종료되면 대면할 일이 거의 없는 경찰관이나 판사와는 전혀 다르다.[107]

여기서 문제는 조사자와 교육자의 역할 간 의무에 상충하는 점이다. 책임 교사가 수행할 두 역할은 기계적으로 구분할 수는 있겠으나 실제 업무를 수행하면서 두 가지의 역할 중 하나의 역할은 포기하거나 잠시 그 이행을 중지하게 된다.[108]

책임교사는 교육자로서 학생들의 학업뿐만 아니라 생활지도 등 학생의 학교생활 전반과 상담을 통한 가정환경, 진학, 진로 등의 상담을 한다. 그리고 교육활동을 수행하는 과정에서는 학업 증진 및 선행 등 모범적인 행동을 한 학생에게 칭찬하거나 바람직하지 못한 행동 등에 대해서는 이를 바로잡기 위해 훈계하기도 한다. 특히 학생이 다른 학생들과 관계가 좋지 않거나 다툼을 한 경우 화해하도록 돕고 관계를 회복하도록 교육적 차원의 지도를 하게 된다. 이는 교육자인 교사가 책임교육을 실천하는 모습이다.

교사들의 이와 같은 고민은 대부분의 가해학생이 보호자로부터 충분한 보호와 지지기반을 갖지 못하는 열악한 환경에 놓여 있다는 것에서 비롯한다. 학교에서조차 교사들이 가해학생을 돌보지 않는다면 이 학생들은 다른 학생들에 비해서 낙오되어 사회에 나아가서도 온전한 민주시민으로 성장할 수 없다. 교육자들이 가해학생에 대해 학교폭력예방법이 정하는 대로 조치 처분 하는 것이 교육자로서 학생에 대한 교육적 지도와 선도를 포기하는 것이라고 받아들이는 것과 같은 맥락이다.[109]

---

107) 이정민, (2021), 「개정 학교폭력예방법의 운영방향」, 형사정책 제32권 제1호, p. 30.

108) 책임교사의 업무 과중을 해소하고 학교폭력범죄의 예방 및 원활한 사안처리와 사후 관리를 위한 방안으로써 학교사회복지사가 전면적으로 채용되어야 한다는 의견이 있다. 의견에 따르면, 학교사회복지사의 경우 학교에서 발생하는 학생의 문제를 학생 개인의 차원에만 들여다보지 않고 학생 개인을 둘러싸고 있는 환경과의 상호작용을 고려 할 문제로 이해한다. 즉, 학생의 문제행동을 심리적·사회적 문제들과 연관되어 있다는 점을 고려하자는 것이다. 구체적으로 학생-학교-가정-지역사회로 연계하는 방법을 사용하여 폭력적 행동이 발현되는 것을 환경 전체적인 차원에서 예방하고 해결할 수 있기에 이 분야 전문가인 학교사회복지사로 하여금 이와 같은 역할을 수행할 수 있도록 제도적 뒷받침을 해야 한다고 주장한다. 이는 곧 학교사회복사의 채용이 우선되어야 함을 의미한다. 이은혜·성지은·황성환, (2019), 「학교폭력 문제 해결을 위한 접근 전략: 예방과 초기 개입 단계를 중심으로」, 『교정복지연구』 제60호, p. 137.

109) 한유경·이주연·박주형, 앞의 논문, p. 88.

그러나 학교폭력범죄 사안을 조사하는 책임교사는 당사자인 학생을 응대하는 과정에서 교육자의 역할을 중지하고 조사자로서 오로지 객관적인 시각에서 공정하게 사안의 사실관계에 대해 당사자 및 참고인 등 관계인을 조사해야 한다. 교사는 교육자로서 학생에 대한 교육활동을 하는 것이 본업이고 그에 대한 전문성을 인정받는다. 학교폭력범죄는 사안별로 상대적 의미에서 분명히 경중의 차이가 있고, 당사자의 의사에 따라서는 단순한 다툼에 지나지 않기도 한다.

교사는 교육자로서 학생들이 건전하고 바람직한 사회화를 통해 원만한 인간관계를 형성하고 학교생활에 전념할 수 있도록 하는 조력자 역할을 하는 지위에 있기에 학교 업무분장에 따라 전담기구 책임교사의 직위를 부여받았다고 하여 교육자로서 책임과 역할을 중지해야 하는 지금의 상황은 교육기관의 본연의 업무를 포기하는 것과 다름이 없다. 첨예하게 대립하는 양 당사자 사이에서 특정 사건의 사실관계를 밝혀야 내야 하는 책임 교사는 '공정하지 않은 조사'라는 민원이나 불만을 당하지 않기 위해 진술하는 학생이나 그 보호자를 두려워해야 하는 실정이다. 실제 학교현장에서 사안의 사실관계를 진술하는 과정에서 가해학생 등이 욕설하거나 탁상을 주먹으로 치는 상황에서도 책임교사는 학생을 진정시키기 위해 애쓸 뿐 교육적으로 잘못된 행동에 대해서 제지하기 어렵다. 또한 진술 중에 자신에게 불리한 증거가 나오는 등의 사정이 생기면 자리를 박차고 나가는 상황도 빈번하게 발생하는데 이러한 상황에서 사실관계를 확인하여야 할 책임교사는 그러한 폭력적인 행태를 보이는 학생에게 교육적으로 지도하거나 선도하지 못한다.

사안을 확인하기 위한 절차에서 교사의 말 한마디, 눈빛, 사안에 대한 개인적인 희망[110] 표시 등은 당사자와 그 보호자가 어떠한 의미·의도로 받아들이는지에 따라 공정성의 문제나 사안의 은폐·축소 의혹으로 번져 민원이나 수사기관에 고소하는 상황으로 이어지기도 한다.

---

[110] 책임교사 및 담임교사 등이 오랫동안 친분관계를 유지하여 라뽀가 형성된 가해학생과 피해학생에게 상호 사과와 용서를 통해 화해하고 사안 발생 전 원만한 관계로 회복하였으면 한다는 희망과 진로·진학의 성공을 위해 면학할 것을 당부한 경우에도 당사자 및 그 보호자의 입장에서는 학교폭력범죄 사안을 은폐·축소하거나 서둘러 봉합하려는 것으로 해석될 여지가 충분히 있고, 실제 교사의 의도와는 달리 당사자나 보호자는 합의하도록 회유하는 것으로 받아들여 사안과 별개의 민원을 제기하는 사례가 있다. 이러한 사례를 접한 교원 사이에서는 '(학교폭력은) 교사가 할 수 있는 일이 없다.', '담당자 외에 관여하지 않는 것이 상책이다'라는 의견이 꾸준히 제기되고 있다.

　학교폭력범죄 사안처리 절차와 관련한 이와 같은 일들은 비단 책임교사나 전담기구 소속 교직원에 그치지 않고 학교 소속 교직원 전체가 사안과 관련하여 사안조사의 공정성 문제, 권한 없는 사람의 개입 또는 관여라는 책임 추궁(국민신문고 등을 통한 민원제기 등)을 회피하기 위해 학교폭력범죄 당사자 및 목격자 등 관련 학생에게 생활교육을 비롯한 여러 교육활동을 포기하는 상황을 계속해서 심화시키고 있다.

　이는 곧 책임교육의 소멸이며 교육자의 교육활동을 민원을 당하지 않는 최소한의 범위에서 소극적으로 실행하게 한다. 그 피해는 고스란히 학습자인 미성년의 학생들이 안게 된다. 따라서 이와 같은 문제를 단순히 책임교사가 업무를 수행하면서 겪는 애로사항이나 고충으로 여기는 것은 바람직하지 않다.

(2) 제14조 제1항 및 제2항 전문상담교사 역할

제14조 제1항과 제2항에 따라 전문상담교사는 학교폭력범죄와 관련하여 피해학생 및 가해학생에 대한 상담을 진행하고 전담기구의 구성원으로서 사안의 단계별 절차를 수행한다.

전문상담교사는 학생을 대상으로 한 상담전문가로서 피해학생이 호소하는 고통과 슬픔에 공감하며 피해회복과 사실관계에 대한 정확한 확인을 한다.111) 또 가해학생의 가해동기 및 환경 배경 등을 파악하고 가해학생의 흥분된 감정을 안정시키고 위로와 공감을 통해 잘못된 행동을 선도하고 반성과 사과를 통한 관계회복과 치유가 이루어지도록 역할을 다한다.

이는 전문상담교사의 본질적인 역할이 당사자 학생들과 라뽀를 형성하여 정확한 사실관계를 진술하도록 유인하고 실체적 진실에 부합하는 사실을 확인하여 사안을 해결하는 것에 있지 않고 당사자인 학생의 치유와 회복 더 나아가 당사자 간의 화해를 통한 관계 회복을 우위에 두고 있음을 말한다.

학교폭력범죄 사안은 대부분이 미성년인 학생이 당사자이기 때문에 절차가 진행되는 것에 대한 두려움과 희망하는 방향으로 사안이 종결되지 않을 수 있다는 막연함으로 상당한 긴장에 놓여 있어 자신의 상황과 감정에 공감하며 다가서는 전문상담교사의 역할이 필요하다.112)

특히 가해학생에 대한 상담시 미성년인 학생은 자신의 진술하는 세부적인 내용이 어떠한지에 따라서 당해 사안의 심각성, 지속성 등의 지표에 어떠한 영향을 미칠지 잘 알지 못한다. 진술이나 상담과정에서 가해학생이 사용하는 거친 말투와 과격한 단어들은 실제 가해사실에 대한 동기나 행동을

---

111) 실제 학교 현장에서는 학교폭력범죄 사안과 관련하여 학생 또는 보호자의 요청이 있는 경우 책임교사, 전문상담교사, 그리고 당사자의 요청에 따라 담임교사 등의 참여하에 원만한 사안 해결방안에 대해서 협의하거나 절차의 단계적 진행에서 당사자나 그 보호자가 느끼는 불편한 사정을 청취하고 이를 해소하는데 도움이 되거나 당사자 등이 희망하는 내용을 수렴한다. 책임교사라고 하여 당사자 학생으로부터 사안 확인에 필요한 모든 정보를 진술받는다는 것은 불가하고 전문상담교사와의 라뽀를 통해서 사안의 구체적이고 명확한 진술을 확보하는 사례도 상당히 많다. 학교에서 책임교사와 전문상담교사는 당사자의 회복과 선도, 치유, 그리고 사안의 명확하고 원만한 해결을 위해 매우 밀접한 업무관계에 있다.

112) 본 연구자는 학생들에게 있어 책임교사는 수사관의 업무를 담당하는 사람으로 인식되고, 전문상담교사는 자신의 입장을 대변하는 등 도움을 주는 변호인 역할을 하는 사람으로 인식되고 있는 것으로 추정한다.

더욱 심각하게 왜곡할 소지가 충분하기 때문이다.

따라서 전문상담교사는 가해학생이 심리적 상황이나 가정, 학교 등 학생을 둘러싸고 있는 환경적 요인에 의해서 실제로 행한 가해행위에 대한 책임보다 더 큰 비난과 책임이 오지 않도록 교사로서 학생을 보호할 책임이 있다.113) 그러나 현행 법체계하에서 이러한 책임을 다하는 경우 사안을 처리하는 과정에서 공정성을 해하였다거나 일방에게 유리한 발언을 하였다는 이유로 문제 제기를 당하거나 피민원인이 되는 사례가 많다. 이러한 사례들은 교사로서 소신을 가지고 책임교육, 책임상담을 하려는 교사들이 피해학생 보호와 가해학생 선도에 적극적으로 나서지 못하게 하는 원인이 되고 있다. 결국 이러한 학교문화로 인한 피해는 학생이 받게 된다.

2) 다른 법률과의 관계

학교폭력예방법 제5조 제1항은 다른 법률에 특별한 규정이 있는 경우 다른 법률을 적용하도록 정하고 있다. 또 같은조 제2항은 '성폭력' 사안에 대해서 다른 법률에 규정이 있는 경우에는 학교폭력예방법을 적용하지 않는다고 규정하고 있다. 따라서 형법 등 형사에 관한 법령은 제외하고 학교폭력예방법 이외에 학교폭력범죄 사건을 처리하는데 적용되는 법률로서 「아동학대범죄의 처벌 등에 관한 특례법」(이하, '아동학대처벌법'이라 한다) 및 성폭력처벌법과의 관계에 대해서 검토할 필요가 있다.

가) 아동학대처벌법과의 관계

아동학대처벌법은 아동학대범죄의 처벌과 그 절차에 관한 특례를 규정하는 법률로서 피해아동에 대한 보호절차를 비롯하여 아동학대행위자에

---

113) 가해학생 중에서 책임교사 및 전문상담교사와 사안에 대한 사실확인을 위한 대화나 상담과정에서 씩씩거리거나 흥분을 이기지 못하고 탁상을 치는 행위, 대화하는 도중 상담실 등에서 퇴실해 버리는 등 불쾌한 마음을 여과 없이 드러내는 행동을 하는 사례가 있다. 이와 같은 행동은 가해행위 당시의 상황이 아님에도 불구하고 가해학생의 진술태도 등이 당해 사안의 심각성이나 반성정도, 화해의 가능성(화해정도) 등에 부정적인 영향을 미칠 현저한 가능성이 있다. 이러한 태도를 보이는 가해학생의 경우 법률이 규정하는 학교장 자체 해결 사안으로 부의할지에 대한 심의 여부를 판단함에 있어서도 불리하게 작용할 수 있으므로, 학생의 인권과 권익을 보호해야 할 책임이 있는 교사의 지위에 있는 책임교사, 전문상담교사는 사안에 대한 조사·상담자로서의 역할 간의 경계에서 혼란을 겪게 된다.

대한 보호처분을 정하고 있다. 특히 적용 대상인 '아동'의 정의는 「아동복지법」(이하, '아동복지법'이라 한다)제3조 제1항 규정에 따른 '18세 미만인 사람'으로 정하여 영유아에서부터 17세의 청소년을 적용범위로 한다. 초중등교육법에 따른 '학교'에 재학하는 등의 학생에 적용하면 고등학교 1학년 학생들까지 아동의 지위를 갖는다.

아동학대범죄114)는 보호자에 의한 아동학대로서 학교에서 학생이 보호자115)의 지위에 있는 교원 등에 의해 상해, 폭행, 유기, 혹사, 체포·감금 등 피해를 당한 경우에 성립하게 되고 신고가 접수된 사안의 경우 학교폭력예방법을 적용하지 않을 수 있다.

이러한 사정을 고려하면 학교폭력범죄는 교원에 의해 발생한 경우 학교폭력예방법이 적용될 여지가 없다. 학교폭력범죄를 학생에 대한 폭력 등의 행위라고 정의하여 행위의 주체에 제한을 두지 않음으로써 학교폭력범죄의 성립 범위는 확장시켜 놓았지만 수사기관에 신고접수된 사건은 아동학대범죄처벌법을 적용하여 사건조사 등을 수사기관이 진행한다.116) 이 때문에 학교폭력예방법에 따른 전담기구 등이 관여할 수 있는 범위는 피해학생에 대한 보호조치에 한정하는 등 극히 제한적인 역할밖에 할 수 없다. 피해학생에 대한 보호조치는 긴급하게 시행할 필요가 있는 보호조치 외에도 사건의 사실관계에 대한 정확한 확인을 거치는 과정에 그 필요성을 판단해야 하는데 사건에 대한 실체는 수사기관에서 조사하고 학교는 피해학생을 상담한 내용을 근거로 보호조치 결정을 하는 사정상 당사자 간 주장이 상반되는 경우 불공정한 절차 진행이라는 문제제기가 발생할 소지가 크다.117)

---

114) 아동학대는 아동학대범죄와 개념이 구분된다. 아동학대처벌법은 제2조 정의 규정에서 아동학대를 아동복지법 제3조제7호에서 "보호자를 포함한 성인이 아동의 건강 또는 복지를 해치거나 정상적 발달을 저해할 수 있는 신체적·정신적·성적 폭력이나 가혹행위를 하는 것과 아동의 보호자가 아동을 유기하거나 방임하는 것"이라 규정한다.

115) 아동학대범죄의 행위주체는 아동복지법에서 규정한 보호자로 친권자, 후견인, 아동을 보호·양육·교육하거나 그러한 의무가 있는 자 또는 업무·고용 등의 관계로 사실상 아동을 보호·감독하는 자를 말한다.

116) 교육부·이화여자대학교 학교폭력예방연구소, (2023), 전게 가이드북, p. 7.

117) 학교에서는 교사에게 꾸중을 들은 학생이 교사가 꾸중을 한 행위 자체나 과거 교사가 수업시간에 한 발언 등을 언어폭력, 성희롱으로 수사기관에 신고하거나 국민신문고 등에 민원을 제기하는 사례가 상당수 발생하고 있다. 언어폭력, 정서학대 등의 피해를 당하였다는 학생의 주장과 정당한 교육행위라는 교사의 상반된 주장이 첨예하게 대립하는 상황에서 교사와의 분리조치 등은 자칫 피해학생의 신고를 근거로 교사의 학교폭력범죄

이는 학교폭력예방법 제16조 제1항 단서조항에서 학교장이 학교폭력범죄 사건을 인지한 경우 학교폭력범죄의 가해자인 교사를 피해학생과 분리하도록 규정하기 때문에 당사자인 교사의 수업권과 다른 학생들의 학습권 보장의 문제와도 매우 밀접한 관계에 있다.

학교폭력예방법이 학교폭력범죄 사건에 대한 예방과 사후 상담 및 조사 등 전반적인 사항을 학교 및 교육행정 기관 중심으로 해결해 나가도록 규정 하고 있으나, 학생 가해자 이외에 다른 가해행위자에 대한 처분규정이 없다는 점이나 학교폭력범죄에 대해서 아동학대로 수사기관 등에 신고가 접수된 경우 학교는 조사할 수 없도록 하는 사정은 학교폭력예방법의 제정 취지나 목적뿐만 아니라 다른 법률 적용과 충돌을 일으키게 된다.

학교폭력예방법은 주요 규정마다 예외적인 규정을 다수 둠으로써 제·개정의 본질적인 목적들이 퇴색하고 교육현장 및 학생 등 당사자의 안전 하고 평온한 학교생활을 보장하지 못하는 오류를 범하고 있다. 학교 현장에 학교폭력범죄 사안절차로 인한 혼란과 고통을 가중하는 원인을 제공한다. 학교폭력예방법 적용의 예외를 인정하는 경우에는 아동학대범죄처벌법의 해석과 적용 관계를 고려하되 엄격한 요건을 구체적으로 규정할 필요성이 있으며 특히 학교는 학생의 학습권 및 안전하고 평온한 학교생활을 할 권리와 교사의 수업권 등이 과도하게 제한되거나 침해되지 않도록 좀 더 섬세한 입법과정이 필요하다.

나) 성폭력처벌법과의 관계

학교폭력예방법은 제5조 제2항에서 제2조 제1호 중 성폭력에 해당하는 학교폭력범죄는 다른 법률에서 규정하는 경우에 학교폭력예방법을 적용하지 않는다고 규정하고 있다.

성폭력 범죄의 특성[118]을 고려하여 성폭력 피해자에게 상담 및 치료 등

혐의를 인정하는 효과를 낼 수 있다. 수사기관에 접수된 사건은 수사기관의 수사결과가 나올 때까지 기다렸다가 이를 근거로 행정적인 절차를 진행하는 것이 통상적인 업무처리 방식인 것을 감안하면 학교 현장의 혼란은 더욱 가중될 것으로 보인다.
118) 우리나라의 사회문화적 특성은 성폭력 범죄에 대한 인식에 반영되어 나타나고 있다. 이는 구체적으로 성폭력 범죄의 발생원인이나 그 책임 그리고 비판의 대상이 피해자를 향한다는 독특한 경향으로 확인되는데 이 때문에 성폭력 범죄의 피해자나 그 보호자가 사건을 당사자 간의 합의 등에 따라 조속히 종결지으려는 사례가 다수 발생한다. 이

필요한 보호조치를 취하려는 목적에서 학교폭력범죄의 개념에 성폭력을 포함한 것으로 보인다. 그러나 이와 같은 입법은 학교폭력범죄의 개념을 너무나 광범위하고 포괄적으로 규정함으로써 발생할 수 있는 다양한 부작용과 그 영향을 신중히 고려하지 않은 오류가 있다. 학교폭력예방법은 제1조 목적조항에서 명문으로 밝히고 있듯이 학생에 대한 처벌이나 그 밖의 불이익한 처우를 하기 위함이 아니다. 피해학생을 보호하고 가해학생에 대한 선도·교육을 목적으로 하므로 교육기관인 학교에서 교원의 적극적인 관여와 보호자 등의 참여로 사건 전의 원만한 학교생활로 복귀할 수 있도록 교육적 차원에서 지원할 수 있는 업무 범위를 특정해야 한다.

학교폭력예방법은 학교폭력범죄의 개념을 너무나 광범위하고 포괄적으로 규정함으로써 정작 법의 제정목적과 취지에 부합하지 않는 법적용 사례들을 발생시킨다.119) 성폭력은 범죄의 특성과 피해학생의 사생활 보호라는 문제가 결부되어 있고 물적 증거의 조사와 진술조사를 통한 실체적 진실을 규명하기 위해 범죄 조사와 피해자 보호에 관한 전문성을 갖춘 인력과 필요한 장비를 갖춘 수사기관이 담당하는 것이 합리적이라 할 것이다.

법률의 개정과정에서 학교폭력예방법이 교육기관으로 학교의 특성과 교육자로서 교사가 학교폭력범죄에 관여할 수 있는 적절한 범위를 설정하는데 보다 진중하게 고찰하지 못한 점은 매우 안타까운 일이다.

학교폭력범죄를 다양한 유형으로 분류하고 각각의 범죄유형이 고유한 특성과 학교급별, 학생들의 연령, 발달 정도 등 다양한 요소를 고려해 세부적으로 분류하지 않은 탓에 수사기관이 관여할 사항임에도 교육기관이 관여하거나 교육적 차원에서 지도할 사안에 형사법이 개입하는 사례가 발생하고 있다.

성폭력처벌법이 성폭력 범죄에 관한 전문성을 갖추어 상세하게 규정하고 있으므로 피해학생에 대한 보호조치를 취하고자 학교폭력범죄에 성폭력을 포함시키는 것은 합리적인 입법이라고 보기 어렵다. 오히려 전담기구에서 피해학생에 대한 보호조치를 회의하는 절차를 거치면서 피해학생에 대한 정보가 노출될 위험성만 높아졌다. 수사기관의 수사 결과가 통보되는 등의

때문에 성폭력 범죄를 친고죄에서 제외하는 해당 법률이 개정이 이루어진 바 있다.
119) 이충민·박호정, 앞의 논문, p. 116.

사정이 있기 전까지 학교장 등은 사건에 대한 사실관계를 확인할 수 없을 뿐만 아니라, 법령에서 정하고 있는 보호조치 외에 다른 조치는 불가능하다는 점에서 실효성 없는 규정이라는 비판을 피할 수 없다.

학교폭력예방법 제2조와 제5조가 상호 조화롭지 못하다고 해석된다. 결국 다른 법률에 따라 처리할 사안을 개정을 통해 학교폭력범죄에 포함하였다는 점은 납득하기 어렵다. 또한 학교폭력범죄에 포함되는 범죄행위임에도 학교나 교원의 개입이 원천적으로 불가능한 영역이 있다는 것을 인정하는 것이다.

동시에 성폭력 등은 수사에 대한 전문성을 갖춘 수사기관의 업무영역이라는 점을 강조하는 것으로 보인다. 이처럼 피해학생에 대한 보호, 가해자에 대한 조사 그리고 사실관계를 입증하기 위한 채증 등은 수사기관이 담당할 영역이다.

다) 학교폭력예방법과 교육 관련 법률과의 관계

학교폭력예방법은 교육적 차원의 방법을 통한 선도와 당사자 간의 관계회복을 중시하고 있으나 정작 교사의 정당한 교육활동을 통한 사안의 해결에 있어서는 그 기회를 차단하거나 방해하는 문제점을 가지고 있다.

「교육기본법」(이하, '교육기본법'이라 한다) 제14조 제3항은 교원에게 교육자로서 학생에게 학습윤리를 지도하고 지식을 습득하게 하며, 학생 개개인이 적성을 계발할 수 있도록 노력해야 한다고 규정하고 있다. 학습윤리는 공부하는 모든 과정에서 학생에게 요구되는 윤리로서 수업시간을 비롯하여 과제를 수행하고 제출하며 정해진 시험 등에 응시하는 등 모든 학습활동에서 준수해야 할 윤리를 말한다.

또한, 「초·중등교육법」(이하, '초중등교육법'이라 한다) 제18조는 학생의 징계에 관한 사항을 규정하고 있는데, 제1항에서 학교장은 학생을 교육하는데 관련 법령과 학칙에 따라 학생을 징계하거나 다른 합리적인 방법으로 지도할 수 있다고 명시하고 있다. 또 징계 절차상에서 해당 학생이나 그 보호자에게 의견을 진술할 기회를 부여하도록 하는 등 적정한 절차에 관해서도 규정하고 있다. 제20조의2는 학교장과 교원에게 학생생활지도와 관련하여 학교장과 교원은 학생의 인권을 보호하고 교원의 교육활동을 위하여 법령과 학칙에 따라 학생을 지도할 수 있다고 규정하고 있다.

이처럼 교육기본법과 초중등교육법은 학교에서 교원이 학생을 정당한 교육방법을 통해서 학습윤리를 함양하고 실천할 수 있도록 하며 교육을 위해 필요한 경우 법령과 학칙에 따라 학생을 징계하거나 다른 합리적인 방법으로 지도하고 학교폭력범죄와 같은 사안이 발생할 염려[120]가 있거나 발생한 경우 사안의 경중과 해당 학교폭력범죄 유형 등에 따라 적절하게 개입하여 당사자인 학생뿐만 아니라 다른 학생들의 안전을 비롯한 인권을 보호하도록 의무를 부여하고 있다.

따라서 담임교사 등은 자신이 담당하는 학급의 학생들이 학교·가정·학교 밖에서 건강하고 바람직하게 성장할 수 있도록 폭넓게 관심으로 가지고 적극적으로 지도할 것을 사회로부터 요구받고 있다. 그리고 교사에 대한 이러한 사회적 요구는 '책임교육'의 부활과 필요성을 논의하는 가운데 중요한 사항으로 평가되고 있다.

그러나 학교폭력예방법 제12조가 심의위원회를 설치하고 제14조에서 학교폭력범죄 문제를 담당하는 전담기구 구성 등을 규정하면서 담임교사 등 일반 교사가 학생 간 학교폭력범죄를 사전에 강력히 억제하거나 발생 후 적극적으로 개입하여 사과와 반성, 관계회복을 위한 교육적 접근이 거의 불가능하게 되었다.

학교폭력범죄에 해당하는지에 대한 판단이 사안에 따라서는 조사과정 없이 판단하기 어려운 사례가 있고, 학교폭력범죄인지 여부는 전담기구의 조사를 거쳐 심의위원회에서 심의하여 판단할 사정이기 때문이다. 또 교사가 학생 간의 화해를 시도하고자 하는 교육자로서의 책임과 선의와는 관계

---

120) 예를 들어 학생 간에 의견이 달라 사소한 말다툼이 벌어진 상황이었으나, 상황이 격화되면서 자칫 학교폭력범죄 상황이 발생할 우려가 있다고 판단되는 경우 교사는 즉시 상황에 개입하여 당사자 학생 간의 긴장관계를 해소해야 할 것이다. 그리고 상호 간 이견을 대화와 타협의 과정을 통해 조정할 수 있도록 교육적인 방법으로 지도해야 한다. 어느 초등학교 교사는 1교시에 밀치고 당기며 싸운 학생들이 점심시간에 웃으며 함께 식사하는 모습을 보면서 오전의 일을 전담교사에게 학교폭력범죄로 신고를 해야 하는지 고민하였다는 사례가 있다. 이러한 사례는 학생 간의 다툼이나 갈등을 교사의 생활지도가 아닌 학교폭력범죄 사안여 관여할 권한이 있는 사람에게 '신고'하도록 하는 현행 법률이 교사로 하여금 적극적으로 학생 교육에 임하지 못하도록 하는 장애가 되지는 않은지 의심케 한다.

없이 자칫 어느 일방의 당사자에게는 교사가 학교폭력범죄 사건을 두고 당사자 간 화해를 종용한다고 주장할 수 있기 때문이다. 이 경우 해당 교사는 민원의 대상이 될 뿐만 아니라 고소·고발 여부에 따라서는 수사기관에 출석해야 하는 곤란한 상황에 놓이게 된다. 이러한 사례를 여러 차례 접한 뒤 학교 현장에서 대부분의 교사들이 본인이 담임을 맡은 학생 간에 학교폭력범죄가 발생한 경우 전담기구 책임교사에게 신고하는 등 최소한의 의무를 이행하고 이후로는 전혀 관여하지 않으려 한다.

이러한 사정은 학교에서 교육적 차원의 상담이나 관계회복을 위한 프로그램 진행에도 상당한 영향을 미친다. '관계회복을 위한 프로그램'은 학교폭력예방법 제13조의2 제1항에 따라 학교폭력범죄 사건을 학교장 자체해결로 종결하는 경우 필요하다고 판단하는 때에는 이 법 시행령 제14조의3에 따라 피해학생과 가해학생 및 그 보호자 간의 관계회복을 위해 운영할 수 있도록 하고 있다.

앞서 문제제기한 내용의 연장선에서 당사자 간 학교폭력범죄 사안이 학교장 자체해결로 종결되었다고 해도 이와 같은 사정은 당사자 간의 완전한 화해나 대립적 감정의 완전한 해소를 말하는 것은 아니다. 따라서 당사자 간의 어색한 관계와 아직은 풀리지 않은 화나거나 서운한 감정 등이 다시 부딪힐 수 있는 불편한 상황에서 관계 회복 프로그램 담당자 이외에 다른 교사나 담임교사조차도 관계 회복과 관련하여 학생상담을 하거나 그와 관련한 대화를 회피하게 된다.[121]

당사자의 관계 회복을 위해 상담하고 조력하는 등의 노력을 기울이는 선의를 어느 시각에서는 학교폭력사건을 당사자인 학생을 구슬려 적당하다고 생각하는 선에서 봉합하려는 것으로 판단할 수 있기 때문이다.

결국 학교폭력범죄 사건에 대해서 학교폭력 책임교사나 전담기구

---

121) 학교폭력범죄 사안이 원만히 해결되지 못한 사례에서 보호자 등이 담임교사에게 '선생님이 (원만한 해결을 위해서) 해 준 것이 뭐가 있어요?" 라고 항의하는 사례가 다수 발생한다. 보호자도 담임교사 등이 사안과 관련하여 학생 상담 등에 부담을 느끼고 일체 관여하지 않으려 한다는 점을 인지하고 있는 것으로 보인다. 그러나 양 당사자의 시각에는 분명한 차이가 있고 담임교사의 상담이나 관여의 정당성을 판단함에 있어 자신의 자녀에게 이익이 되는지 여부가 매우 중요한 요소가 되기 때문에 책임교사 등 당해 업무를 소관사항으로 하지 않는 담임교사 등은 관여하지 않는 것이 최선이라고 판단하는 것이 현재의 학교 상황이다.

소속 교사 등 권한이 있는 일부 교원을 제외하고 다른 교사는 학교폭력 범죄 사안처리 절차 전반에 관여할 여지가 없게 되었다.

학교폭력예방법이 학교폭력범죄 사안의 처리 등에 관하여 특별법적 지위를 가져 우선적으로 적용되는 것이 교육현장에서는 정당한 교육적 방법을 통한 원만한 해결과 정상적인 학교생활로의 복귀를 지원하고자 하는 교사들의 역할을 원천적으로 차단하는 부작용을 낳고 있는 것이다. 이와 같은 상황의 장기화는 교육기관의 붕괴를 가속화한다.

학교는 배움의 장소여야 하지만 지금 많은 학교는 학교폭력범죄 시비로 인한 진흙탕 싸움의 장이 되었다. 상당수의 교원들이 피민원인이 되지 않기 위해서 낭사자인 학생을 가까이 대하지 못하고 있음은 공지의 사실이다.

학생의 학교생활 등과 관련하여 필요시 징계 등 법령과 학칙에 근거하여 교육자의 합리적인 지도가 시행될 수 있도록 초중등교육법 등이 정하고 있음에도 불구하고 이에 대한 수정을 통한 보강이 아닌 법률전문가나 경찰 등 법집행자 등이 심의한 결과에 따라 학생을 행정처분하도록 학교폭력방법을 규정한 것은 학교의 본질적인 기능을 형해화 한다는 점에서 상당한 문제가 있다.

2. 기구 측면

가. 조사·상담 조항

1) 피해학생 및 가해학생 특정

학교폭력예방법 제11조의2는 제1항 제1호에서 교육감은 학교폭력 예방과 사후조치 등을 하기 위해서 피해학생 상담 및 가해학생 조사를 수행할 수 있도록 규정하고 있다.

피해학생 상담 및 가해학생 조사와 관련하여 '피해학생'과 '가해학생'을 특정하는 절차를 규정하지 않은 문제가 있다. 이는 절차적으로 당사자를 특정하기 위해서는 기본적인 사실관계를 확인하기 위해 기초를 해야 함에도 이에 대한 방법·방식 등을 규정하지 않아 피해학생과 가해학생을 특정하는 근거와 오인 신고, 무고 등에 따른 인권침해의 소지가 있다.

형사절차와 대조하면 형사절차에서는 피의자를 특정하고 수사를 개시하기 전에 수사기관의 인지, 신고, 제보, 고소, 고발 등에 대한 내사를 통해 혐의나 입증 관계에 대한 기초적인 사실관계를 확인하여 입건한다. 이는 착오 또는 무고 등에 의해 선량한 제3자의 법익이 침해되는 것을 방지하고 수사기관을 통한 국가의 공권력이 정당하게 행사되도록 하기 위함이다.

형사절차에서 각 단계마다 당사자의 지위를 내사단계에서 '피내사자' 또는 '용의자'로 하고 수사단계에서 '피의자'로 특정하는 것도 바로 이러한 명확한 구분의 필요성에 따른 것이다.

학교 현장에서는 오인, 무고에 따른 신고뿐만 아니라 전학 등을 목적으로 피해 신고를 악용하는 사례까지 다수 목격된다. 신고를 접수한 책임교사는 가해학생으로 지목된 학생을 학생부실[122]로 호출하여 사실관계를 확인하는 과정을 거치는데 학생이 혐의를 부인하는 과정에서 책임교사 등에게 '거짓말을 한다'라고 혼이 나거나 '제대로 혼나봐야 겠다'라고 협박을 당하는 등 교사에 의한 학교폭력범죄의 피해를 당하는 사례도 목격된다.

그리고 학교는 또래들이 제한된 장소에서 생활하기 때문에 학생부실로 호출이 된 사실이 전파되어 마치 학교폭력범죄의 가해자인 것으로 낙인되는 피해가 발생하기도 한다.

신고자의 일방적인 신고내용을 근거로 성급하게 피해사실을 특정하고 가해학생을 조사하는 것은 사안에 따라서 학생의 학습권과 휴식권을 비롯하여 명예훼손 등 인격권 침해의 소지까지 결부되어 있다. 학교의 특성상 다수의 또래에게 오인 신고에 따른 학생부 호출이었다는 사실을 일일이 해명하거나 공지할 수 있는 여건도 되지 않아 한 번 침해된 당해 학생의 법익은 회복하기 어려울 수밖에 없다.

또 마을 주민이나 우연히 지나치다 목격한 시민 등에 의해서 신고된 경우 신고 사실을 구체적으로 확인하기 위해서는 신고자에 대한 조사가 필요할 것인데 전담기구 차원에서 신고자의 진술을 듣기 위해 협조를 구할 수 있는 근거 규정이 미비한 상황이다. 자칫 신고자의 협조 여부에 따라 피해학생과 가해학생을 특정하지 못하는 상황이 발생할 위험이 있다. 이에 같은조

---

122) 학교마다 전담기구 책임교사가 소속된 부서의 명칭은 '학생생활안전부', '인성인권 건강부', '인성인권생활부' 등 다양하게 사용되고 있다.

제3항에서 교육감 및 단체장으로 하여금 위 조사·상담 등의 업무수행에 필요한 경우 관계 기관의 장에게 협조를 요청할 수 있도록 2021년 3월 개정을 통해 당해 조항을 신설하였다. 그러나 관할 수사기관으로 해석되는 관계 기관의 협조를 구하기 위해 내부적 회의를 거쳐 협조 요청 공문을 발송하고 그에 대한 회신을 받는 등에 소요되는 시간과 행정력 등을 고려하면 당해 규정이 학교 현장에서 적용될 수 있을지 의문이다.

따라서 이와 같은 피해를 방지하기 위해서는 가해학생으로 지목된 학생을 호출하여 조사하기 전에 피해 주장 학생 또는 신고자 등에 대한 진술조사를 통해서 피해사실을 특정하고 입증에 필요한 자료를 검토·확인하는 절차 규정을 두어야 한다고 본다. 누구든지 학교폭력범죄 사실을 신고할 수 있는 사정을 고려하여 일반시민 신고자의 협조를 구하는 등 관련 방법·방식에 대한 규정을 시급히 마련해야 한다.

2) 가해학생 학부모 조사

제1항 제2호는 학교폭력범죄의 예방과 사후조치 등을 위해 필요한 경우 가해학생 학부모에 대한 조사를 할 수 있도록 규정한다. 이 조항은 '연좌제의 금지'를 천명하는 대한민국 헌법 제13조 제3항의 규정에 따라 위헌의 소지가 있다고 본다. 학교폭력범죄에 대한 전담기구의 조사가 일반 형사절차와 성격을 달리하는 것은 분명하나 자기의 행위가 아닌 친족의 행위로 인하여 불이익한 처우를 받지 않는다는 헌법 규정에 부합하지 않는다고 해석될 여지가 충분하다.

가해학생이 미성년자이기 때문에 전문상담교사와의 상담에 학부모가 참여하여 문제행동을 개선하거나 정서적 안정을 도모할 수 있는 방법을 안내받는 차원이거나 전담기구의 조사에서 가해학생이 진술하는 경우 신뢰할 수 있는 보호자가 입회하여 변명의 기회를 충분히 보장하는 차원이라면 무방할 것이나 당해 조항은 보호자를 피조사자 자격으로 조사한다는 점에서 전혀 성격이 다르다.

또 당해 조항이 '필요한 경우'로 한정하여 가해학생의 학부모에 대한 조사를 일부 제한하고 있지만 필요한 경우가 구체적으로 어떠한 경우인지에 대해서 시행령 등 하위 규범에서 정한 바가 없어 임의적인 판단에 따라 가해학생 학부모를 조사하는 사례가 발생할 위험이 있다. 가사, 가해학생 학부모를 전담기구 조사를 위해 출석을 요구하고 학부모가 이에 응하기로 한 경우에 학부모는 종사하는 생업을 잠시 중단하거나 소속 직장에 근태신청을 해야 한다. 학부모의 경제적 여건이나 고용형태 등에 따라서는 상당한 손해를 감수하고 조사에 응해야 하는데 현행 규정과 같이 전담기구 등의 임의적인 판단에 따라 조사의 필요성을 판단하도록 하는 것은 보호자에게 과도한 의무를 부과하는 것이다.

한편 가해학생은 자신의 행위로 인하여 보호자가 학교에 소환되어 조사를 받았다는 것에 대해서 감당하기 어려운 수준의 심리적 압박감과 수치심을 느끼거나 상대방에 대한 증오심을 키울 위험성이 있다.

반성과 화해를 통한 관계회복을 곤란하게 하고 피해학생이나 신고자에게 앙갚음하기 위해 보복행위로 나아갈 위험성도 높아질 것이라 우려된다.

3) 조사 방법 및 절차 규정

학교폭력예방법 제11조의2 제1항이 교육감에게 학교폭력범죄 예방과 사후 조치 등을 위하여 각 호에서 정하는 조사·상담을 수행할 수 있다고 규정할 뿐 조사방법 및 그 절차에 대해 구체적인 내용을 규정하고 있지 않아 조사방법 및 절차가 임의적으로 결정·운영될 수 있다.[123]

전담기구의 조사는 기본적으로 당사자 및 참고인 등에 대한 진술조사 방법을 사용한다. 전담기구의 진술조사는 책임교사 등이 당사자 또는 참고인에게 구두로 질의하거나 진술서에 서술한 후 서명하는 방법을 사용하는데 진술에 따른 출석요구 및 당사자의 권리 등에 대한 고지 절차 등 인권보호를

---

123) 2024년 3월 1일부터 시행된 '학교폭력 전담조사관 제도'는 교원들이 교육에 충실하고 학교폭력 사안처리 절차에 따른 과중한 업무를 개선한다는 목적을 가지고 있다. 그러나 실제 제도 시행을 준비하면서 확인된 사항으로는 책임교사 등 교원이 사안접수 등 기초조사를 기존대로 하면서 당사자와 학부모, 전담조사관 간의 조사일정을 조율하는 것과 학교에 방문하는 전담조사관의 '아동학대 범죄경력' 조회를 추가적으로 수행하는 것으로 확인하였다. 또 학생들의 개인정보를 열람할 법적 권한이 없는 전담조사관의 조사업무를 지원하기 위해서 책임교사 등이 관련 서류를 준비해야 한다. 학교 현장에서는 업무경감의 효과가 없고 오히려 업무가 증가하는 반대작용이 크다는 목소리가 높다. 법령을 개정하여 관련 사항에 대한 근거를 마련하여 시행한다면 시행착오를 줄일 수 있을 것으로 보인다.

위한 규정이 없다.

조사자와 당사자 간 질의와 답변이 오가는 문답방식을 사용한다는 점을 고려하면 교사의 질의나 추궁에 대해 학생의 항변과 소명의 기회를 보호할 수 있는 장치가 미비하다.

범죄행위의 성립을 입증하기 위해서는 행위자의 주관적 구성요건 요소로서 고의를 입증해야 하고, 목격자, CCTV, 녹취 등 요증사실에 대한 입증이 필요하다.

그러나 이와 같은 입증 과정은 상당히 어렵고 복잡하기 때문에 책임교사 등 담당자가 학생 당사자에게 진술을 강요하거나 '솔직히 말해', '잘못을 인정해' 등 자백을 강요하는 일이 발생할 우려도 있다는 점에서 당사자의 인권을 보호할 수 있는 제도적 장치 규정의 부재는 심각한 문제다.

학교폭력범죄가 현실 공간이 아닌 온라인-사이버공간으로 급격히 옮겨지고 있는 현재의 시점에서 전담기구가 실행할 수 있는 정당한 조사방법과 그 범위에 대해서도 깊이 고민해야 한다는 비판도 있다.

실체적 진실규명에 대한 당사자 등의 정책적 요구나 민원이 계속되는 상황에서 디지털 포렌식[124] 등 전문적 수사 방법을 사용할 명확한 근거가 없고 전담기구가 요증사실의 입증에 필요한 수사장비나 강제적 조사기법을 사용할 수 있는 법적 근거가 없어 전담기구가 형해화 되어 가는 것이 아니냐는 의문도 든다. 또한 전담기구가 경찰서 등 조사·수사 전문기관으로부터 신원확인 등에 필요한 자료조회 등 외에는 협력받을 근거 규정이 없다는 점도 전담기구가 사안조사 및 해결을 위해 제대로 역할을 할 수 없는 원인으로 작용하고 있다.

다른 기관의 협조와 관련하여 제11조의3 제1항에서 학교폭력과 관련한 개인정보 등을 경찰청장, 시·도경찰청장, 관할 경찰서장 및 관계 기관의 장에게 요청할 수 있도록 규정하고 있으나, 학교폭력예방법 시행령 제12조

---

124) 디지털 포렌식(Digital Forensics)이란 디지털 기반 정보를 활용하여 범죄행위의 흔적이나 근거를 찾는 수사 기법을 말한다. 컴퓨터를 비롯하여 디지털 저장장치에 저장되어 있거나 온라인상에 있는 전자정보 중에서 필요한 정보를 식별해 취합·분석한 후, 이 결과를 증거자료로 제출하는 전 과정을 의미한다.

에서도 학교폭력범죄와 관련한 개인정보 등을 문서로 요청해야 한다는 내용 이외에 조사방법에 대한 협력을 규정하고 있지 않다.

당사자 등은 제11조의3 규정에 근거하여 전담기구나 심의위원회가 사안의 사실관계를 명확하게 확인하기 위해 관할 경찰서에 정보 요청을 함으로써 사실관계 확인이나 입증에 필요한 정보를 충분히 확보할 수 있을 것이라 기대하지만 실상은 경찰 차원에서 제공할 수 있는 개인정보는 수사상의 범죄와 관련된 정보에 국한된다. 경찰로부터 제공받은 자료보다 학교에서 보관하는 당사자에 평소 생활 관련 정보가 학교폭력범죄의 예방이나 사안 처리에 더 도움이 된다는 회의적 시각도 있다.[125]

전담기구의 조사가 행정조사로서 검찰 및 경찰의 수사와는 구분되나, 전담기구의 조사도 피조사자 등을 특정 일시와 장소에 출석하도록 하여 조사자의 물음에 구두 및 서면으로 답변하거나 필요한 자료 등의 제출을 요구한다는 점, 임의적인 방법뿐만 아니라, 강제적 방법을 통해서 체증을 하고 있다는 점을 고려할 때 조사행위의 근거와 조사에 응하는 당사자 등 의 인격권 및 학습권, 민감한 개인정보 등을 보호하기 위해서 전담기구의 조사방법 및 그 절차에 관한 규정이 필요하다.

현장에서는 사안에 따라 피조사자의 스마트폰 사용 내역을 확인하거나 당사자의 생활관(기숙사) 방실의 수색, 소지한 물품 확인 및 압수 등의 방법이 사용되고 있다.

이와 같은 조사방법은 수사기관의 경우 형사소송법 등에 근거하여 법원으로부터 영장을 발부받아 행하는 강제적 수사 방법으로써 당사자의 인권을 침해하는 문제가 있다. 또한 전담기구 책임교사 등이 절차를 진행하면서 임의적인 판단에 따라 실행하는 일이 만연하다 보니[126] 진술 조사 일정 등에 대한 사전 예고 없이 일방적으로 당사자를 호출한다는 부분에

---

125) 황정용, 앞의 논문, p. 277.
126) 학교 현장에서는 책임교사의 일정이 중요시되어 당사자에 대한 진술조사 등의 일정이 사전 예고 없이 당사자 및 목격한 학생에게 일방적으로 통보되고 있다. 다른 교사는 수업 시간에 출석을 확인하면서 수업에 참여하지 않은 학생에 대한 사유를 같은 학급의 다른 학생으로부터 확인해야 하는 상황으로 학교폭력범죄 사안의 발생과 당사자 등의 정보를 공연히 이야기하게 되는 상황이 발생하게 한다. 이와 같은 상황은 학생의 학습권뿐만 아니라 다른 교사의 수업권과 관련하여 특히 수행평가 및 모둠(조)별 디베이팅 수업에 상당한 차질을 발생하게 하여 정상적인 수업의 진행이나 평가를 방해하는 문제를 낳고 있다.

문제가 있다.

학교폭력예방법 제3조는 이 법을 해석·적용하는 경우 국민의 권리가 부당하게 침해되지 않도록 규정하고 있으나 이와 같은 선언적 성질의 규정만으로는 다양하고 복잡한 조사 방법과 사안에 따라 다르게 적용하는 절차에 대한 근거를 제시하지 못하는 부분도 문제가 있다.

전담기구의 조사결과는 학교장 자체해결 또는 심의위원회의 심의와 행정심판의 심의 및 판단의 근거자료로 활용되고 사안에 따라서는 차후 수사기관에 고소·고발하거나 소송제기의 원인이 될 수 있다는 점을 고려하면 당사자 등의 인권이 침해하지 않도록 근거 규정을 명확하게 마련할 필요가 있다.

나. 심의위원회의 설치·기능 및 구성·운영

1) 제12조 심의위원회의 설치·기능

학교폭력예방법 제12조 제1항은 학교폭력의 예방 및 대책에 관련된 사항을 심의하기 위해서 교육지원청[127]에 심의위원회를 설치하도록 규정하고 있다.

이와 같은 개정은 심의위원회의 설치에 대해 지난 2019년 8월 20일 학교폭력예방법을 일부개정함에 따라 기존 학교 내 학교폭력대책자치위원회(이하, '자치위원회'라고 한다)가 심의할 사건 수가 급증하면서 담당 교원과 학교의 업무 부담이 감당하기 어려운 정도의 한계에 이른 점과 자치위원회를 구성하는 전체 위원 과반수를 학부모 대표로 위촉하면서 학교폭력범죄 사안 관련하여 전문성이 부족하다는 문제를 해결하기 위한 배경에서 규정되었다.

심의위원회를 구성하는 학부모 구성 비율이 감소되면서 전문가의 참여 비율을 높일 수 있고, 자연스럽게 그동안 제기되었던 학교폭력범죄 사안 심의 및 조치 결정에 대한 불신과 이의제기율을 낮출 수 있을 것이라 기대하였다.[128]

---

127) 지방자치단체마다 '교육지원청'이 아닌 '화해중재원' 등 다르게 명명하기도 한다.
128) 성병창·이상철, (2019), 「학교폭력예방 및 대책에 관한 법률 개정 내용과 향후 과제 분석」, 『교육법학연구』 제31권 제3호, p. 31.

학부모는 학생, 교사와 함께 학교를 구성하는 주체로서 학생들의 안전과 면학을 위한 정책을 제안하는 등 정상적인 학교 운영에 적극적으로 참여할 권리와 의무가 있다고 평가한다. 이러한 측면을 중요하게 고려하여 학교폭력범죄 사건에 대한 예방과 사후 처리에 있어 공정하고 원만한 갈등 해결을 위해 필요한 역할을 다할 것이라는 기대가 담겨 있다.

그러나 자치위원회는 관련 법령에 대한 정확한 이해와 사안 처리에 대한 전문성을 바탕으로 공정하고 정확하게 판단하지 못하였고 그 결과 사건 당사자 및 그 보호자 등의 관계를 회복하는 것에도 기여하지 못했다.

오히려 자치위원회의 심의 절차상의 하자와 조치에 대해 상급기관에 이의제기가 폭증하는 부작용이 발생하였다.

자치위원회의 부작용을 해소하고 사안에 대한 공정성과 전문성을 보강하기 위해 설치한 심의위원회는 학교의 상급기관인 교육지원청에 설치하고 학교폭력예방법 시행령 제14조 제1항 각 호의 규정에 따라 학생생활교육이나 학교폭력 업무에 대한 경험과 전문성이 있는 사람, 교육전문직원, 판사·검사·변호사 등 법률전문가, 경찰공무원, 의사, 교수, 청소년보호에 대한 전문가 등을 심의위원으로 임명 또는 위촉하도록 규정하였으나 정작 심의위원으로 활동하는 법률전문가나 의사면허가 있는 의료인은 찾아보기 어렵다. 더욱이 자치위원회에서 지적되었던 사안 처리 절차상의 하자와 n차 피해[129]가 속출하고, 심의위원회의 조치에 대한 행정심판 등 이의제기는 줄어들지 않고 있다.

결국 자치위원회에서 심의위원회로 구성과 운영형태에 변화를 주었을 뿐 현장에서 학교폭력범죄 사안의 해결과 당사자 간의 원만한 관계 회복에는 도움을 주지 못하는 실정이다.

심의위원회의 개회 등 실무를 담당하는 교육지원청은 각급 학교에서 성급하게 판단하여 이관하는 사안에 대한 접수와 그 처리로 인해 다른 정상적인 업무는 불가한 상황이라는 비판도 일고 있는 시점이다.

---

[129] 특정 사안 심의 절차에서 심의위원이 혐의 전체를 부인하거나 일부 부인하는 취지로 진술하는 가해학생을 호되게 야단치고 잘못을 인정하라는 등 강요 발언을 하여 전담기구의 조사과정의 문제와 학교폭력에 해당하는 행위를 한 사실이 없다며 결백을 주장하는 학생을 윽박지르는 등으로 인권 침해한 사례도 목격한 바 있다.

학교폭력예방법 제12조 제1항을 통해 심의위원회로 하여금 학교폭력
범죄의 예방과 피해학생의 보호, 가해학생에 대한 교육·선도 및 징계,
피해학생과 가해학생 간의 분쟁조정 등 대단히 엄중한 사항을 심의하도록
역할을 부여하면서도 역할을 충실히 해내는 데 필요한 권한이나 기능은
없어 시행을 앞두고도 우려의 목소리가 있었다. 결국 우려한 상황이 현실
로 드러난 것이다.

2) 제13조 심의위원회의 구성·운영

심의위원회 관련하여 학교폭력예방법 제13조 제1항은 심의위원회의
구성인원을 10명 이상 50명 이내로 구성하도록 하되, 전체위원의 3분의 1
이상을 해당 교육지원청의 관할 구역 내 학교의 학부모로 위촉하도록 규정
하고 있다. 자치위원회의 경우 전체위원의 과반수를 학부모로 위촉하도록
한 것에 3분의 1로 인원수를 낮춘 것이다. 이는 무용한 개정이면서 실효
성이 없는 조항이라는 비판을 피할 수 없다.

학교폭력범죄 사안을 처리하기 위한 전문성의 문제는 비단 다수의 학부모
에게서 제기되는 문제는 아니며 경력이 많은 교사나 학교장이라고 해도
교사는 교육학을 전공한 교육자이지 조사관이나 수사관이 아니기 때문이다.

또 심의위원회가 여러 소위원회로 구성되어 운영되는 사정을 살피면 결
국 시간적으로 심의위원회의 회의 소집에 무리 없이 참여할 수 있는 위원
이 여러 소위원회에 소속될 수 있고 그에 비례하여 다수의 사안을 심의하
게 되기 때문이다.

특히 심의위원회 위원으로 다수 위촉된 학교장은 근무시간 중 출장 근태를
통해 심의위원회 회의에 큰 방해 없이 참여할 수 있는 상황에 있는 사람
으로 지역사회 내 선·후배이거나 동기, 과거 직장 동료였다는 등의 인적
관계로 말미암아 친분이 있는 학교장 소속 학교의 사건의 경우 원활하고
신속하게 심의가 마무리되도록 '묵인'이나 '비판 없는 찬성' 등의
방법으로 도움을 줄 수 있다는 우려도 제기된다.

무엇보다도 '학교폭력'의 본질은 범죄이고 범죄에 관한 이론과 사실
관계에 대한 조사, 증거를 통한 요증사실의 입증, 인정 사실을 근거로 한
처분 등의 판단은 관련 분야를 전공하고 실무적 경험을 통해 전문성을

담보할 수 있는 사람이 담당해야 한다는 사실을 간과하고 있다고 본다.

심의위원회의 주요 역할인 학교폭력범죄 사안에 대한 심의와 조치는 학생의 진학·진로에 엄중한 영향을 끼칠 뿐만 아니라, 조치 처분의 판단 절차 및 조치의 적정성 여부는 행정심판과 소송의 대상이 될 수 있다는 점에서 심의 절차는 투명하고 공정해야 하며 조치 처분은 구체적인 명확한 법령의 규정과 당해 분야 전문가의 명확한 적용이 뒷받침되어야 한다.

현행의 심의위원회 제도는 학생 당사자 등이 놓여 있는 가정환경 등 여러 폭력행위의 원인에 대한 진지한 관찰과 확인 없이 개별 사건에서 당사자에게 어떠한 조치처분을 할 것인지에 대한 대단히 지엽적인 범위에서 거수기 역할만 하는 문제가 있으므로 이의 본질적인 해결책을 시급히 찾아야 한다.

한편, 제13조에 대한 가지 조항으로 제13조의2를 규정하여 피해학생 및 그 보호자가 심의위원회의 개최를 희망하지 않는 경우로서 제13조의2 제1항 각 호[130]에 모두 해당하는 경우 경미한 학교폭력범죄로 판단하고 이를 학교장이 자체 해결할 수 있도록 한 것은 당사자 및 그 보호자, 교직원들이 심의위원회의 심의를 피하기 위한 각종 편법[131]을 자행하도록 하는 부작용을 발생시키고 있다.

학교장의 자체 해결에 대해 당사자의 서면동의가 없는 경우 다시 해당 사안을 심의위원회에 보고하여 심의·의결하도록 하고 있으나,[132] 심의위원회의 심의 결과에 대해 상대방이 행정심판 제기 등으로 이의제기하고 차후 소송까지 수행할 것으로 예상되는 경우 심의위원회의 심의를 포기하는 사례도 발생할 위험이 있다.

끝으로 학교폭력예방법 시행령 제26조는 심의위원회 구성의 공정성을

---

130) 제13조의2 제1항 각 호
  1. 2주 이상의 신체적·정신적 치료가 필요한 진단서를 발급받지 않은 경우
  2. 재산상 피해가 없거나 즉각 복구된 경우
  3. 학교폭력이 지속적이지 않은 경우
  4. 학교폭력에 대한 신고, 진술, 자료제공 등에 대한 보복행위가 아닌 경우
131) 진단서를 발급받지 않는 조건으로 웃돈을 얹은 치료비를 제시 또는 요구하는 사례, 재산상 피해가 있음을 인정하지 않는 사례, 학교폭력범죄의 지속성을 인정하지 않는 사례 등이 있다.
132) 앞의 가이드북, p. 31.

담보하기 위해 제척·기피·회피에 관한 사항을 규정하고 있지만, 우편을 통한 개최통보[133]에 제척 등에 관한 사항을 안내할 뿐이고, 성원이 되어 개회된 이후 전담기구 책임교사, 당사자의 보호자 등과 인적관계가 있음을 알게 된 경우 심의위원회 구성에서 공정성을 담보하기 위한 규정은 실효성을 잃는다.

소위원회의 위원장도 교육지원청 실무자가 작성한 심의위원회 진행 시나리오에 의존하여 심의를 진행하기 때문에 작성된 시나리오를 통해 교육지원청 및 학교의 행정편의[134]에 맞춘 심의가 진행될 우려가 있다.

다. 전담기구 구성의 문제

학교폭력예방법은 제14조에서 전담기구의 구성과 전문상담교사 배치에 관한 사항을 규정한다. 같은조 제3항은 학교장으로 하여금 교감, 전문상담교사, 보건교사 및 책임교사, 학부모 등으로 학교폭력범죄를 담당하는 전담기구를 구성하도록 하면서 전문상담교사 및 보건교사 등의 참여를 통해 사안 처리의 전문성을 높이는 동시에 학부모 위원을 일정 수 이상 확보함으로써 사안의 공정한 처리를 도모하려는 것으로 보인다.

전담기구는 학교폭력범죄를 조사하고 그 결과를 바탕으로 학교장 자체 해결 부의 여부를 검토하거나 교육지원청 산하 심의위원회에 이송하는 기능을 수행하는 기구이기 때문에 조사의 방법 및 절차에 대한 전문성을 갖추어야 한다. 당사자 간의 상반된 주장관계에 대해서는 입증을 거쳐 공정하게 처리하는 역할을 해야 한다. 또한 당사자 대부분이 미성년이고 초·중·고[135]에 걸쳐 다양한 연령층이라는 점과 개별적으로 다른 발달

---

133) 심의위원회 회의 개최통보의 문서명은 '학교폭력대책심의위원회 참석 요청서'로 붙임문서로 '사안개요'가 있는데, 사안개요를 통해 심의위원들이 처음으로 당해 사안을 접하기 때문에 사안개요는 양 당사자의 주장관계가 상호 균형적으로 기술하여 사안에 대한 예단을 갖지 않도록 해야 하는데 이에 관한 규정이 없어 심의위원이 심의전부터 피해학생의 주장대로 가해학생의 행위와 그에 대한 조치를 단정 지을 위험이 높다.
134) 특정 심의 사례에서는 전담기구의 조사과정에서 다수의 가해학생 중 일부가 심의 대상에서 누락된 사실을 목격자의 진술서를 통해서 확인하였음에도 '학교현장이 바쁜데 어떻게 재조사를 하냐'는 등 학교행정이나 전담기구 소속 교직원의 업무편의를 주장하는 사례가 제보되기도 하였다.
135) 학교는 초·중등교육법 제2조에 따른 초등학교, 중학교, 고등학교, 특수학교 및 각종 학교와 동법 제61조에 따라 운영하는 학교를 말한다.

과정을 거치고 있다는 점에 대해서 충분히 고려할 수 있는 역량을 갖추어야 한다.

그러나 법의 규정과는 달리 학교 현장 등에서 실질적으로 운영되는 상황을 살펴보면 사안처리를 위한 전담기구의 역량이 부족하다는 평가가 계속되고 판단 결과에 대해서도 당사자가 납득하지 못하고 이의제기하는 사례가 지속적으로 이어지고 있어 이의 해결을 위한 방안 마련이 시급히 요구되고 있다. 해결방안을 찾기 위한 현재의 문제 상황을 살펴본다.

1) 기피부서로 인한 조직구성

학교폭력범죄에 관한 사항을 담당하는 학교기구는 학생생활안전부, 인성인권안전부 등 다양한 이름으로 명명되고 있으나 모두 전담기구로서 기능과 역할을 한다.

전담기구의 기능과 역할은 교육학을 전공한 교사에게는 낯선 영역의 업무이다. 상반된 주장으로 첨예하게 갈등하는 학생 및 그 보호자 등 관계인의 진술에 대해 입증을 통해 인정사실을 특정해야 하는 특성상 불리한 입장이 된 당사자로부터 조사의 불공정 시비 및 학생인권 침해 등을 이유로 잠재적인 민원 대상이기도 하다. 전담기구의 이러한 사정 때문에 학교에서 매년 초 업무분장을 하는 시기에 교사들은 전담기구의 업무를 피하고자 한다.

전담기구가 대부분의 교사로부터 기피되는 부서로 전락하다 보니 책임교사 및 부원을 찾기 어렵다. 책임교사의 경우 다른 학교에서 전입한 일정 수준의 교육경력을 가진 남성 교사가 배치되는 일이 많고 부원은 연령대가 낮은 기간제 교사이거나 신규교사가 배치되는 경우가 일반적이다.

전담기구의 기능과 역할을 고려해 볼 때 학생의 심리 및 교우관계 그리고 가정과 사회에서 접하는 환경에 대한 종합적인 이해를 통해 교육적으로 접근할 수 있는 능력과 다양한 교육 경험이 필요함에도 이와 같은 사정이 업무분장에 전혀 반영되지 않는 문제가 있다.

타율적인 부서배치로 인해 교육자로서의 사명과 소신을 꿈꾸는 신규 교원들도 다른 교사들이 수사기관에 아동학대로 고소되거나 국민신문고에 민원 제기되어 교육자로서 능동적인 지위가 위축된다. 일부 사례에서는 교사가 '전담기구에 배치할 경우 휴직을 진지하게 고민하겠다'는 주장이 확인되기도 하고 전입요건을 갖추어 다른 학교로 떠나는 사례도 발생하고 있다.

이러한 업무환경은 책임교사 등 부원들이 학교폭력범죄 사안에 대해서 깊이 있게 살피지 못할 뿐만 아니라, 피해학생과 가해학생에게 필요한 적절한 조치 및 교육적 지도가 제대로 이루어지지 않는 결과를 발생하게 한다.

제14조 제3항에서 전담기구의 구성에 대한 세부사항을 학교폭력예방법 시행령 제16조에 규정하고 제1항에서 학부모 위원에 대한 위촉 요건을 학교운영위원회에서 추천한 사람으로 정한 것 외에 책임교사 및 그 부원교사의 자격요건에 대해서는 상세히 규정하지 않고 있다. 같은조 제3항에서 전담기구의 운영에 필요한 사항을 학교장이 정하도록 규정할 뿐이다.

전담기구에서 근무할 교사를 배치함에 있어서 해당 업무에 대한 이해와 경험 등 전문성에 근거하지 않고 상호 간의 힘겨루기에 의하거나 학교장의 최종 판단에 맡겨버리는 상황이 계속된다면 전담기구의 정상적인 업무처리도 기대하기 어렵다.

2) 조사 분야 전문성 및 조사장비의 부재

학교폭력범죄는 당사자 대부분이 미성년의 학생이라는 점에서 특수성이 있어 피해학생은 보호하고 가해학생은 선도·교육에 중점을 둘 뿐이지 그 행위의 본질은 범죄이다. 따라서 범죄의 성립요건 중 구성요건에 대한 충분한 이해를 바탕으로 각 사안마다 검토할 수 있는 업무능력이 요구된다.

또 학생은 초·중·고에 걸쳐 규정하고 있기에 대상인 학생의 연령 범위도 넓으며 교육 및 발달 과정이 천차만별이어서 일률적인 조치 규정을 적용하여 조치·처분하는 것은 합리적이지 않다. 학교폭력범죄에 관하여 영역을 세분화하여 교사에 의한 생활교육 중심의 절차와 조사 및 수사 중심 절차에 대한 구분이 필요하고 그 구분된 영역에서 필요한 전문성을 갖춘 인력의 투입이 시급하다.

학교폭력범죄 사건에서 당사자 간의 진실 공방은 일반적인 형사사건과 마찬가지로 치열한데 이는 학교폭력범죄 사안의 결과에 따라 당사자인 학생의 학교생활과 진학·진로, 취업 등 삶에 중대한 영향을 미치기 때문이다.

당사자와 보호자는 전담기구에 철저한 조사를 통해서 진실규명을 강력하게 요구하고 있으나, 학교폭력범죄가 지능적이고 은밀하게 이루어지며 발생하는 공간도 off-line공간에서 on-line상의 사이버공간으로 이동하고 있어 전담기구의 역량이나 장비로는 사전 억제나 사후 증거확보 등을 통한 명확한 사안 해결이 요원한 상황이다.

실무적으로 학교에서는 학교폭력범죄 당사자 및 목격자의 진술과 당사자가 제출하는 사진 등의 자료를 근거로 사실관계를 파악하는 실정인데 제출하는 사진 등은 직접적인 증거가 아닌 정황을 파악하는 간접증거로 상충하는 당사자 간의 주장관계에서 인정사실을 도출하는데는 충분하지 않다. 따라서 전담기구의 조사를 통한 입증이 필요한데 사건 발생지점 인근의 cctv 녹화파일을 확인하지 않는 등 업무에 대한 미숙으로 중요한 증거를 놓치는 사례도 발생한다.

진술 조사의 경우도 문답하는 형식에 따른 조사가 아니라 당사자에게 진술서 양식을 배부하고 자유롭게 기술하도록 하는 방법을 사용한다. 당사자가 자유롭게 서술하는 것은 주어진 물음에 답해야 하는 폐쇄성에 부담을 느끼지 않고 본인이 경험한 바에 대해 기억을 좇아 서술할 수 있다는 장점이 있지만, 책임교사 등이 사안의 불분명한 사실관계에 대한 정확한 확인과 쟁점을 파악하기 어렵다는 단점이 있다.

아무리 경미한 사건이라 할지라도 당사자의 인격과 기본적 인권이라는 민감한 사항과 밀접하게 연관된 만큼, 학교폭력범죄 사안 조사에 직접적으로 관여하는 전담기구는 조사전문가가 필요하다. 전담기구의 구성원인 교감은 교원으로서 교육행정에 관한 전문가일 수는 있지만 사건의 사실관계를 상반된 주장 관계 속에서 분석하고 검토할 수 있는 조사전문가는 아니다.

전문상담교사는 직위 그대로 상담에 관한 전문가로서 내담학생과 라뽀를 형성하고 내심의 깊은 대화를 이끌어 가는 영역의 전문가로 조사에 관한 전문가가 아니다. 보건교사는 학교의 보건분야를 소관으로 하고 보건교과 관련 수업을 진행한다. 책임교사는 새학년 새학기 초 업무분장 협의를 통해서 학교폭력범죄 전담기구의 책임 업무로 맡은 교사로 조사에 관한 전문가는 아니다.

결국 학교에 상시근무자로서 전담기구의 업무를 수행하는 구성원 중에 법령에 따라 조사하고 사실관계를 인적 증거 및 물적 증거를 통해 규명하는 조사전문가는 없다. 학부모 위원 중에 조사기관 또는 수사기관 출신이거나 관련 전문 경력이 있어 전문가로서의 역량을 발휘할 수 있는 경우라 하더라도 교내에 상시 근무하지 않는 이상 전담기구 구성원으로서 사안해결을 위한 전문성을 발휘하기는 어렵다.

학교폭력범죄는 교육적 지도를 통해서 학생 간 사과와 화해, 관계회복 그리고 재발방지를 도모할 수 있는 사안과 범죄로서 수사기관의 전문적인 조사 및 수사를 통해서 피해학생을 보호하고 가해자를 관련 법률에 따라 처분해야 하는 사안으로 구분할 필요가 있다.

현재처럼 경미한 사건인지 여부를 판단함에 있어서도 명확한 증거조사 없이 애매하고 모호한 진술 등을 토대로 결정하려 한다면 그 판단에 대해 당사자조차 납득하지 못할 것이며 당사자는 심의위원회에 심의 요청하고 학교에는 민원을 제기하는 등의 악순환이 계속될 것이다.

제14조 제4항의 "전담기구 또는 소속 교원"은 그 해석에 있어서 현실적으로 적용의 한계가 있다. 전담기구 구성원으로서 교원은 같은조 제3항에서 교감, 전문상담교사, 보건교사 및 책임교사로 명확하게 열거하고 있기 때문에 학교폭력범죄 사실관계에 대해 확인하라는 업무지시가 가능하겠으나, 전담기구의 구성원이 아닌 학교 소속 교원에게 이와 같은 업무지시를 하는 것이 학교 현장 상황을 고려하건데 과연 현실적으로 가능성이 있는 것인지, 이 규정에 따라 전담기구 구성원이 아닌 소속교원이 학교폭력 사실관계를 확인한 사례가 있을지 의문이다.

전담기구를 둔 취지와 목적은 학교폭력사건을 처리하는 기구로 하여금 당해 업무를 집중하여 처리하고, 학교폭력 당사자의 개인정보 및 프라이버시를 보호하며 사건처리에 있어 불필요하게 다수인이 관여하는 것을 방지하고자 한 것이다.

전담기구 소속 교원이 아닌 다른 교원에게 학교폭력범죄 사실을 확인할 수 있도록 규정하는 것은 전담기구를 두는 취지와 목적에 전혀 부합하지 않는다.

　학교폭력범죄의 사실관계에 대한 확인은 전담기구 소속 교원이 업무분장에 근거한 권한을 통해 접근할 사항이지 학교장이 임의로 전담기구에 소속하지 아니한 다른 교원에게 가해 및 피해사실을 확인하도록 지시하는 것은 적절하지 않다.

　전담기구에서 감당해야 할 사건이 많아 원활한 업무처리를 위해 지원이 필요하다면 조직진단을 통해서 부서의 인원을 증대하는 조치를 취해야 할 일이다.

　학교장이 임의대로 학교폭력범죄 사실관계를 확인할 교원을 전담기구 밖에서 정할 수 있도록 한다면 담당부서의 장이나 책임교사의 사건에 대한 소신 있는 조사를 어렵게 하고 사안 조사에 대해 당사자로부터 공정성이나 투명성에 대한 문제를 일으킬 수 있다. 무엇보다 계속해서 제기되는 학교폭력범죄 사안에 대한 전문성을 확보하기 위해 정해진 연수를 전담기구 소속 교원들이 받아 왔는데, 사안에 따라 학교장의 임의대로 담당 교원이 바뀌게 된다면 당해 업무에 대한 전문성은 어떻게 보장할 것인지도 문제다.

　학교에서 전담기구가 설치된 부서는 교사들이 가장 기피하는 부서로 잘 알려져 있다.

　새 학년 새 학기에 이 부서에서 근무하기를 희망하는 교사를 찾기 어려운 것이 대부분의 학교가 겪고 있는 현실이다.

　교직 경력이 대략 5년 이상 된 교사가 발령되어 온 경우 이 교사가 부장을 겸하여 책임교사를 맡고 나이가 어리거나 기간제인 교사, 임용하고 얼마 되지 않은 교사들이 이 부서에 소속되는 것이 태반이다.

업무분장의 전쟁터라고 비유되는 학교 현장에서 가장 기피하는 업무인 학교폭력범죄 사안에 대한 조사를 전담기구에도 소속되지 않은 교원에게 학교장 임의대로 업무지시 할 수 있을지와 그 실익의 유무에 대해서 의구심이 든다.

3) 전담기구의 공정성 확보 문제

전담기구의 공정한 구성은 조사에 대한 신뢰와 직결되는 중요한 사항이다.136)

---

136) 앞서 학부모위원을 전담기구 총 구성원의 3분의 1 이상으로 구성하도록 한 입법 취지와 배경을 학교폭력의 은폐나 축소 행위를 예방하기 위한 것이라 설명한 바 있다. 덧붙이자면 학부모는 학교의 1 주체로서 학교폭력 사건을 공정하게 조사하고 처리하기 위해 관여할 권한이 있고 적극적으로 학교폭력 처리절차에 관여할 수 있도록 독려할 필요가 있다. 학교폭력범죄의 유형과 경중, 당사자 사이의 원만한 사건 해결에 대한 희망여부 등에 따라서 사건 처리에 대한 방향은 천차만별로 다르기 때문이다. 중한 사건이라도 가해학생

같은 법 제14조제3항에서 전담기구 구성원으로 정하고 있는 교감, 보건
별개로 사건의 당사자와 책임교사 등에 대한 제척·기피·회피 사항에 대
한 처리규정이다.

학교폭력처리절차 경험이 있는 당사자 중 다수가 '전담기구 교사가 피해
학생 또는 가해학생 일방에게 유리하게 조사를 진행한다'는 등 불공정한
절차 진행에 대해서 문제를 제기하고 있다. 전담기구 소속 교사들은 학교
폭력범죄 사안 처리에 대한 업무만을 수행하지 않고 본인이 담당하는
과목의 수업과 평가 등의 교육활동을 한다.

교육활동 과정에서 본인이 담당하는 학년, 학급에서 수업연구와 수업
진행 그리고 평가를 하고 여러 학생들과 관계 형성을 하게 되는데, 이 때에
긍정적인 관계만 형성되는 것은 아니다. 학생과 교사의 관계 형성과정에서
불신과 불만 또는 민원 사항이 발생하는 경우가 일상적으로 존재한다.

사건 당사자인 학생의 입장에서 먼저 피해학생의 경우 본인이 경험한
학교폭력범죄 피해사실에 대해서 전담교사로부터 공감과 위로, 그리고
절차의 공정한 진행을 기대하는데 전담교사와의 관계가 앞의 사유 등으로
인해 원만하지 않은 경우 전담기구에 학교폭력범죄를 신고하기 어렵고,
117 학교폭력 신고전화를 통해 접수를 하여도 기본적인 사실관계 등에
대한 전담기구의 조사에 참여해야 한다는 부담을 갖게 된다.

공정한 절차에 대한 부담은 가해자로 지목된 학생의 입장에서도 문제된다.
가해 지목 학생이 전담기구 소속 교사로부터 학교생활규정 위반으로 벌점을
부여받거나 수업태도 등으로 꾸지람을 받은 경험이 있는 경우 등은 해당 교사의
학교폭력범죄 조사절차에 참여함에 있어서 자신에게 불리하게 판단하거나
선입견을 가질 것이라 생각하여 공정한 조사가 이루어지지 않을 것이라고
우려하게 된다.137)

측의 진정성 있는 사과(피해학생 측의 주관적 판단)와 적극적인 피해회복과 재발방지에
대한 약속 등이 이루어지는 경우 화해가 성사되고 반성의 정도에서 높게 평가되어 가해
학생에 대한 처분 수위가 상당 수준 하향되는 경우를 고려해 볼 때, 상대적으로 경한
사건임에도 불구하고 화해가 성립되지 않아 높은 수준의 처분을 받는 사례가 있다. 이는
많은 학교 주체들에게 학교폭력범죄 처리 절차와 그 결과에 대한 공정성 문제가 있다고
인식하는데 한 요인이 되고 있다.
137) 전담기구 소속 교사는 학교폭력범죄 사건을 관련 법령에 따라 처리해야 하나, 사건

전담기구의 조사 결과와 원만한 해결 노력 유무에 따라서 해당 사건의 학교폭력범죄 성립 여부에서부터 학교장 자체 해결 사안 인지 여부, 당사자 간의 화해 성사 여부, 교육지원청 학폭심의위원회 회부 희망 여부 등이 상당한 영향을 받게 된다.

사안이 더욱 심화되어 차후 행정심판이나 행정소송으로 이어질 경우 전담기구의 초기 조사결과가 판단에 필요한 자료로 활용되므로 공정한 전담기구의 구성은 사건 당사자에게 있어 매우 중요하다.

따라서 심의위원회의 회의구성에 참여하는 위원들에 대해서 이 법 시행령 제26조[138]가 심의위원회 위원의 제척·기피·회피에 관한 규정을 두고 것과 달리 사건에 대한 조사업무를 수행하는 책임교사 등 소속 교원에 대해서 제척·기피·회피 규정을 두지 않은 것은 입법상의 중대한 미비점이다.

한편 같은조 제3항 후문에서 전담기구 구성에 있어 학부모 위원을 구성원의 3분의 1 이상 포함하도록 하는 것은 이 법의 제정 당시 학교폭력범죄 사건을 은폐·축소하는 일부 학교들의 폐단을 방지하고자 한 목적에 따른 것이었다고 하나, 앞의 논의에서와 같이 위원의 전문성 확보와 공정성 담보라는 새로운 문제를 파생시키고 있다. 이 법 시행령 제16조는 전담기구의 운영 등에 관하여 제1항에서 전담기구의 구성원이 되는 학부모를 초중등교육법 제31조[139]에서 규정하는 학교운영위원회에서 추천한 사람 중에서 학교장이

당사자인 학생과 수업과 평가 그리고 생활지도 등의 과정에서 겪게 된 경험으로 형성된 관계가 부정적일 경우 학생에 대해 예단할 수 있는 위험성이 충분히 내재해 있다. 특히, 사건 당사자인 학생에 대한 부정적인 평가는 당사자 간에 상충하는 주장 관계 등을 조사하는 과정에서 일방에게 불리하게 해석하여 적용할 여지가 있으며, 이러한 절차에 대한 불공정성 다툼은 사안을 원만하고 신속하게 해결할 수 없게 만드는 주요 원인이 된다. 평소 말썽을 많이 부리거나 교사에게 대드는 성향이 있는 학생이 사건의 당사자가 된 경우, 이례적인 사례이기는 하나 전담기구 책임교사가 '이번 기회에 버릇을 고쳐놓겠다.' 라고 하는 등의 사례도 있다.

138) 살펴보면, 제1호는 위원이나 그 배우자 또는 그 배우자였던 사람이 해당 사건의 피해학생 또는 가해학생의 보호자인 경우 또는 보호자였던 경우이고, 제2호는 위원이 해당 사건의 피해학생 또는 가해학생과 친족이거나 친족이었던 경우이고, 제3호는 그 밖에 위원이 해당 사건의 피해학생 또는 가해학생과 친분이 있거나 관련이 있다고 인정하는 경우를 규정하고 있다.

139) 초·중등교육법 제31조(학교운영위원회의 설치) ① 학교운영의 자율성을 높이고 지역의 실정과 특성에 맞는 다양하고도 창의적인 교육을 할 수 있도록 초등학교·중학교·고등

위촉하도록 정하고 있다. 학교운영위원회(이하, '운영위원회'라 함)는 학교 운영의 자율성을 높이고 학교주체의 한 축을 담당하는 학부모가 지역의 실정과 특성을 고려하여 다양하고 창의적인 교육이 이루어질 수 있도록 정책을 제안 및 협의하고 학교 운영에 도움이 될 역할을 하는 학교 내 기구라고 할 수 있다. 이러한 측면에서 운영위원회 소속의 학부모 위원을 전담기구의 구성원으로 참여하도록 하는 것에 이견은 없으나, 그 구성원의 3분의 1 이상이 되도록 규정한 것은 계속해서 언급되고 있는 학교폭력범죄 사안처리에 대한 전담기구의 전문성 확보 문제와 결부되어 공정성에 대한 심각한 저해 위험이 있다.[140]

공정성을 담보하기 어려운 측면에 대해 살펴보자면 먼저, 학교장이 위촉하는 절차와 결부되어 학교장의 학교 운영 또는 교육방침에 찬동하는 운영위원회 위원이 전담기구 구성원으로 위촉될 가능성이 상당히 높다. 지금 학교의 실정은 발생한 학교폭력범죄가 모두 법령이 정하는 절차 등에 따라 처리되지 않는다. 이 법이 추구하는 이상적인 방법과 절차가 제대로 적용되지 않는 사례가 상당히 많다는 것을 의미한다.[141]

학교 및 특수학교에 학교운영위원회를 구성·운영하여야 한다.
② 국립·공립 학교에 두는 학교운영위원회는 그 학교의 교원 대표, 학부모 대표 및 지역사회 인사로 구성한다.
③ 학교운영위원회의 위원 수는 5명 이상 15명 이하의 범위에서 학교의 규모 등을 고려하여 대통령령으로 정한다.
140) 이 법 시행령 제16조 제1항 단서는 학교운영위원회가 설치되지 않은 학교의 경우에 학교장이 위촉하도록 규정하고 있다.
141) 사례를 찾아보면, A 특성화고등학교 기숙사에서 가해학생이 하급 학년 학생에게 버릇이 없다는 점을 꾸짖으면서 주먹과 발로 6~7차례 가격하는 등 폭행을 하여 학교폭력범죄로 신고가 되었다. 사안을 인지한 기숙사감은 가해학생이 진로와 관련하여 중요한 일정이 예정되어 있어 법령이 정하는 대로 절차를 진행하게 되면 희망하는 진로를 포기해야 하는 사정이 있음을 교장에게 보고하였다. 이에 더해 가해학생의 보호자가 친분 있는 운영위원회 위원을 통해 기숙사 사감에게 부탁하였고, 이에 기숙사 사감은 가해학생과 피해학생 간 분리 조치가 필요한 상황임에도 두 학생을 한 곳에 호출하여 사과하고 사과를 받아줄 것을 종용하였다. 당사자가 사건을 심의위원회에 이송하기를 원하지 않는 사유를 들어 학교장 자체해결로 종결되었으나, 이 사건을 보면 학교장이 이 사건처리에 있어 절차상의 하자나 피해·가해학생 분리 조치 위반 등을 인지하였다고 하여도 학교 운영 사항에 관하여 심의에 참여하는 운영위원의 부탁이나 이에 응한 기숙사 사감에 대해 적절한 조치를 할 것이라 신뢰하기 어렵다.

학교폭력범죄가 학교 현장에서 관련 법령에 따라 절차와 방법을 준수하며 학생의 인권 보장과 선도라는 목적에 부합하게 운영되기 위해서는 전담기구 구성원 개인의 양심과 공직윤리에 의존할 수 밖에 없다.

학교폭력에 대한 인지에서부터 그 처리 절차에 관한 모든 사항이 실시간으로 통보될 수 있는 시스템 등이 시급하게 구축되어야 한다.[142]

둘째, 전담기구 구성원에 위촉된 학부모의 자녀 또는 이에 친한 사람이 사건의 당사자가 된 경우에 이에 대한 공정한 절차 진행이 어려울 수 있다는 점이다.

우리 사회에서 사람 사이에 갈등이 발생하게 되면 이의 사과와 용서를 통한 관계 회복을 위해 주변 사람들이 특별한 계기를 마련하여 화해를 시도하는 것을 볼 수 있지만, 현행 학교폭력예방법의 규정상 사건 당사자 등이 상호 사과하고 원만하게 사건을 해결하도록 관여하는 것은 사건을 은폐 내지 축소하려는 행위로 의심될 수 있다.

이 법이 안고 있는 치명적인 오류이기도 한데 피해학생에 대해서는 상담과 지원 등을 통해서 회복을 도모하고 가해학생에 대해서는 선도와 교육 그리고 필요하다면 전문가의 상담과 치유까지도 고려하였지만, 정작 담임교사나 당사자인 학생과 평상시 신뢰 관계가 형성된 교사 등의 관여는 전혀 고려되지 않은 문제가 있다.

이러한 사정은 결국 당사자나 그 보호자가 학교장 등에게 상대방 당사자에게 일정한 사정을 요구할 수 있는 전담기구 구성원인 학부모에게 원만한 해결을 위해 힘써주길 바란다고 부탁하는 상황이 일어나게 한 것이다.

학부모들의 일반적인 심리도 본인의 자녀가 다니는 학교에서 학교폭력이 발생하였다는 소식이 지역사회에 널리 퍼져나가는 것을

---

142) 음주운전 단속에 관한 사항에서, 단속 수치에 해당하는 주취자와 단속 경찰관과의 부정한 거래로 인한 폐단을 막기 위해서 음주측정기기에 호흡을 불어 넣어 수치가 확인되는 즉시 관할 경찰서에 통보가 되도록 하고 있다. 경찰관에 대한 청렴성 등과 무관하게 음주 측정 수치를 바로 경찰서에 송신하여 보고하도록 하는 운영시스템의 성과이다. 즉, 전담기구 구성원 개개인의 양심에 의존하는 것보다는 공정성을 담보할 수 있는 시스템을 구축하는 일이 더 필요하다.

꺼려하는데 이는 학교장의 입장과도 자연스레 합치하는 경우가 많아 이와 같은 우려가 더욱 커지고 있다. 또한 학부모 사이에 이해관계를 달리하거나 자녀들 간의 진학·진로에 있어 치열하게 경쟁하는 관계가 있는 경우 등 학부모와 운영위원회 위원 사이의 정치적 관계 형성 등도 학교폭력범죄 처리절차의 공정성을 담보하기 위해서 회피해야 할 사항임에는 분명하다 할 것이므로 이에 대한 개선은 시급히 이루어져야 할 것이다.

3. 당사자 측면

가. 당사자 특정 및 조치·처분

사안의 당사자를 특정하는 일은 학교폭력범죄 사안처리절차에 참여하게 되는 학생 등을 확정하는 일이다. 따라서 당해 사안과 관련이 있는지, 가해행위를 한 사람인지 피해를 당한 사람인지 등에 대해서 명확한 사실관계를 통해서 특정하여야 한다.

또 당사자를 특정하기 위한 기초조사 단계에서 미처 확인하지 못한 피해학생이나 가해학생이 있는지 면밀히 살펴서 사안절차에 참여하여야 할 당사자가 누락되는 일이 없도록 해야 할 것이고, 오인 신고 등에 의해서 억울하게 절차에 들어오는 학생이 없도록 신중하게 업무처리가 되어야 한다.

이는 사안절차의 당사자로 특정되는지 여부에 따라서 학생이 가지는 학습권을 비롯한 학생인권에 대한 침해가 발생할 우려가 상당하고 학교폭력범죄 처리 절차에 대한 학교 주체들의 신뢰에 악영향을 미칠 수 있기 때문이다.

이처럼 당사자를 특정하는 문제는 절차 개시를 위해 기초가 되는 일이고 학생인권의 정확하고 신속한 보호를 위한 중요한 요소라는 점에서 당사자를 특정하기 위한 기초조사 및 사실관계에 대해 조사하여 확인할 수 있는 전문가가 필요하다. 그러나 현행 학교폭력예방법에 따른 학교폭력범죄의 처리를 위한 학교 내 전담기구의 구성과 교육지원청 내 심의위원회의 구성은 사실관계에 대한 입증을 통해 실체적 진실을 규명하는 것에는 한계를 드러내고 있다.[143]

절차의 흐름상 당사자의 잘못된 특정은 조치의 실효성을 확보하지 못하는 문제를 일으키므로 사안처리에 있어서 전문성의 확보는 필수적이다.

또한 당사자에 대한 조치 처분은 사안절차의 종료로써 이루어지게 되는데 이는 해당 절차에 한하는 것으로 확정 효과가 발생하려면 상급기관으로 이의신청이 이어지지 않아야 한다. 전담기구나 심의위원회의 조치 결정에 대해서 이의신청 건 수가 지속적으로 증가하는 것은 해당 절차가 사안의

---

143) 한재경, (2018), 「학교폭력예방법상의 학교폭력 처리절차에 관한 고찰」, 『공공사회 연구』 제8권 1호, pp. 139-140.

쟁점이나 당사자가 가지는 의혹을 명확히 해소하지 못하였다는 것을 의미한다. 이어지는 논의에서는 이와 같은 당사자 특정의 문제와 조치 결정에 따르는 문제점에 대해서 고찰하고자 한다.

1) 당사자 특정 절차

가) 당사자 특정을 위한 기초조사 부실

학교폭력범죄 사안 처리에 대한 자조적인 목소리로 '먼저 신고한 사람이 피해자다'라는 말이 학교 현장에서는 공연하게 이야기되고 공지의 사실처럼 되었다.

학생뿐만 아니라 보호자와 현직 교사 심지어 심의위원들 간의 대화상에서도 이와 같은 말이 오가는 실정이다. 이러한 상황은 전담기구가 학교폭력범죄의 당사자를 특정하기 위한 기초조사조차 제대로 수행하지 못하고 있다는 것을 말하는 것이며, 당사자를 비롯한 학교주체 및 관련자들도 사안처리 전반에 대해 불신하고 있다는 것을 말한다.

사안 초기에 사실관계에 대한 조사가 제대로 이루어지지 않는 경우 가해학생과 피해학생이 바뀌는 경우가 발생할 위험이 있고 실제 이와 같은 사안이 발생한 바 있어 이에 대한 염려와 문제 제기는 계속 이어지고 있다.[144]

학교폭력예방법 제11조의2 제1항은 교육감이 학교폭력범죄의 예방과 사후조치 등을 위해 조사와 상담을 수행할 수 있다고 하면서 각호를 규정한다. 같은조 제1호는 학교폭력범죄 피해학생 상담 및 가해학생 조사에 관한 사항을 규정하는데 사안을 신고 등을 통해 처음 인지한 전담기구 책임교사 등은 사실관계 확인을 위한 조사와 요증사실의 입증에 필요한 채증활동을 통해 사실관계를 밝히고 이를 근거로 피해·가해사실을 정확히 특정하는 절차를 거쳐야 한다.

이러한 절차를 거치기 전에 당사자 일방의 신고나 제3자의 신고내용을 바탕으로 피해학생과 가해학생을 특정하는 것은 무고나 오인 신고 등으로

---

144) 김갑석, (2018), 「소년법을 통해서 본 학교폭력예방법의 문제점과 개선방안」, 『교육법학연구』제30권 제2호, p. 10,

인해 가해학생으로 지목된 학생의 인격권을 침해거나 명예를 훼손할 심각한 위험이 있기 때문이다.

더욱이 최근에는 학교폭력범죄에 관한 신고와 처리절차를 집과 가까운 학교로 전학하거나 희망하는 전공과로 옮기기 위한 수단으로 이용하는 사례가 발생하고 있다는 상황과도 직접적인 관련이 있다.

이와 같은 사정은 학교폭력범죄의 신고 시점에서부터 피해사실의 주장 등에 대해 철저하게 사실관계를 확인하는 조사가 필요하다는 것을 보여준다.

기초조사를 부실하게 하거나 신고자의 일방적인 주장을 기정사실로 추정하여 다음 절차를 진행되는 사례가 다수 발생하다 보니 사안 처리 절차에 대한 당사자 등의 불신이 해소되지 않는다고 생각한다.

피해자의 착오, 목격자의 오인, 책임교사 등 실무자의 과실 등으로 피해 학생과 가해학생이 제대로 특정되지 못하는 사례가 학교 현장에서는 심심치 않게 발생하고, 사건에서 누락된 피해학생, 가해학생을 절차상에 포함 시킬 수 있는 장치도 현실에서 작동하지 않고 있다. 이에 대해 책임을 묻는 근거 조항도 학교폭력예방법에 규정되어 있지 않다. 학교 및 교육 행정의 편의를 중심으로 학교폭력범죄 처리 절차가 운영되고 있다는 점은 학교폭력범죄로 고통받고 신음하는 당사자 및 그 보호자의 기본권과 파생되는 법률상의 권리와 권익을 심각하게 침해하는 일로 시급히 개선 해야 할 사항이다.

학교의 이와 같은 관행적 사안처리 방식은 최초 신고자나 피해를 주장 하는 학생 측의 주장에 의존하여 사건을 신속하게 처리하는 일에 급급하게 되는 방향으로 폐해를 더욱 심화시킨다. 그뿐만 아니라 가해학생으로 지목된 학생이 가해행위의 고의를 부인하거나 가해사실을 부인하면 사안처리를 지연시키는 행위로 몰리거나 잘못을 반성하지 않고 거짓말 하는 것으로 평가되어 더욱 엄중한 조치를 받는 등 불이익한 처우를 받는 상황으로 이어진다는 점에서 심각한 문제로 제기되고 있다.

또한 목격자 등 제3자의 신고로 전담기구에 접수된 사안의 경우 신고자의 착오로 피해학생 또는 가해학생을 잘못 특정하였음에도 기초조사 과정에서 정확하게 바로잡지 못하고, 가해자로 지목된 학생과 그 보호자에게 관련 사실을 통보하는 사례도 확인되고 있다.

학교는 다수의 학생들이 생활하는 공간적 특성을 가지고 수업시간 등에 학교폭력범죄 사건에 대한 상담이나 조사를 이유로 위클래스나 전담기구에 호출되는 경우가 많은데 이와 같은 다양한 상황들로 인해 발생할 수 있는 학생의 인격권 침해나 사생활의 비밀 침해를 방지할 수 있는 규정이 명문화되지 않았다는 것은 입법상의 흠결이 아닐 수 없다.

나) 심의위원회에서 당사자 특정 절차 부재

당사자 특정과 관련한 문제는 심의위원회의 심의과정에서도 제기된다. 학교의 전담기구가 사안에 대한 조사와 그 결과를 토대로 심의위원회 부의를 판단하는 과정에서조차 학교폭력범죄 사안과 관련 있는 당사자를 특정하는데 오인이나 누락사항을 정정하지 못하는 사례가 발생하고 있다. 더욱이 당사자를 정확히 특정하지 않은 상태에서 시급하게 심의위원회에 사건을 이송하는 사례가 발생하여 심의위원회의 심의가 정상적으로 진행되지 못하는 상황도 발생한다.

이와 같은 상황은 앞서 전담기구가 사안을 인지하고 기초조사를 통해 신속하고 정확한 사실관계 확인을 수행하지 못하는 것과 오류를 바로잡을 수 있는 장치가 없거나 제대로 작동하지 않는 것에서 비롯되는 것으로 보인다. 그러나 비단 전담기구의 문제뿐만 아니라 심의위원회의 심의에서 당사자 및 사건관계인의 진술을 통해 당사자 목록에 추가하거나 삭제해야 하는 사항들을 확인한 경우 이에 대한 합리적인 후속조치가 명확하지 않아 문제가 된다.

예를 들어 당사자가 다수이고 사실관계가 복잡하게 얽혀 있는 사안에서 당사자에 대한 오인 및 누락이 발생하고 있는데, 피해학생이 다수의 가해학생으로부터 장시간 동안 동시 또는 이시에 폭행을 당한 사안의 경우 공포와 두려운 상황에 놓인 피해학생은 여러 가해학생 중에서 한 사람 한 사람 마다 어떠한 가해행위를 하였는지와 가해행위의 시간적 순서, 장소 등에 대해서 정확하게 진술할 것을 기대하기 어려우므로 가해학생의 특정과 관련하여서는 전담기구의 철저한 조사가 선행되어야 할 것이고 심의위원회의 심의과정에서 오인 및 누락이 발견된 경우, 오인에 의한 당사자는 절차상에서 신속히 삭제하고 누락된 당사자는 절차에 참여시킬 수 있어야 한다.

그러나 현재는 심의과정에서 이러한 당사자 오인 및 누락에 따른 당사자 목록를 정정할 수 있는 관련 근거 규정 및 장치가 마련되어 있지 않아 학생과 보호자 등이 피해를 당할 위험이 있다.

실제 심의위원회 심의과정에서 가해학생이 누락된 상황이 확인되어 해당 학생들을 심의절차에 참여시키려 하였지만 누락된 가해학생들을 절차에 참여시키기 위해서는 그 학생들에 대한 별도의 신고가 진행되어야 한다는 이유로 당해 학교장에게 재조사 요구에 대한 찬반을 다수결로 결정하는 사례도 확인된다. 관련 규정이 미비한 탓에 누락된 당사자를 당해 절차에 참여시킬지 여부에 대한 결정은 심의위원들의 거수를 통해 다수결로 결정하는 상황이 벌어지고 있어 심의위원회의 사안에 대한 공정하고 명확한 심의 결과도 보장할 수 없는 상황에 놓여 있다.

전담기구의 과오나 성급한 이송이 이어지는 상황이라고 하더라도 상급 기관인 교육지원청의 심의위원회의 심의 과정을 통해서 절차상의 흠결을 치유할 수 있는 법적 근거와 장치를 마련해야 당사자인 학생과 그 보호자가 납득할 수 있는 조치처분이 결과로 도출될 수 있다.

심의위원회의 판단에 대한 이의제기는 행정심판 청구인데 납득하기 어려운 조치처분에 대해서 이의제기를 준비하는데 소용되는 시간과 노력 등은 당사자인 학생의 조속한 회복과 선도에도 부정적인 영향을 끼친다. 따라서 심의위원회의 심의과정에서 전담기구의 조사 및 보고결과상 발견된 흠결을 치유하는 등 공정성과 전문성을 바탕으로 정확한 조치판단이 이루어질 수 있도록 관련 규정의 정비와 장치의 마련이 시급하다.

또한 전담기구 차원에서도 심의위원회에 이송한 후라도 보고결과에 대한 정정이나 추가적인 특이사항을 발견한 경우 이를 신속하게 보고할 수 있는 지침 등도 함께 마련할 필요가 있다.

부연하자면 학교폭력예방법이 당사자들의 피해회복과 보호, 선도와 교육을 목적으로 명시하고 있다는 점을 고려하면, 수사기관에 고소·고발에 따른 형사절차에 따라 사안을 처리하는 것과 비교하여 상대적으로 가해학생에게 잘못을 인정하고 반성하여 행정적 처분으로 선처받을 기회가 주어지는 것이다.

앞서 예시한 사례 중에 다수의 가해학생 중 일부가 누락된 것에 대해서 재조사를 지시하는 것은 학교폭력예방법의 제정 목적 중 하나인 가해학생에 대한 선도와 교육을 위해서도 필요하다. 누락된 가해학생에 대해서 피해학생의 보호자가 수사기관에 고소를 하겠다는 의사표시를 심의 중에 한 상황이라면 가담 정도 및 가해행위 정도에 따라 소년법, 형법 또는 폭력범죄행위 등 처벌에 관한 법률 등의 적용에 비해 상대적으로 선도와 교육을 통한 조치로 선처를 구할 수 있는 학교폭력예방법에 근거한 학교폭력처리 절차에서 심의와 조치처분을 받는 것이 가해학생에게 유리한 사정이다.

학교폭력범죄 처리 절차를 회피하기 위해서 피해자를 회유하거나 협박, 누락시키는 등의 행위를 억제할 방안도 함께 시급히 고려해야 한다.

다) 피해학생 측의 임의적인 당사자 특정의 문제

현재 학교폭력범죄에 다수의 당사자가 관련 있는 사안에서 피해학생이나 그 보호자가 다수의 가해학생 중에서 화해나 합의 성사 여부에 따라 신고 여부를 임의적으로 판단하는 문제가 있다. 전담 기구는 신고를 통해 접수된 당사자에 대해서만 관련 절차를 진행하기 때문에 피해자가 신고를 원하지 않는 가해학생에 대해서는 조사를 진행할 수 없다.

이와 관련하여 형사소송법 제233조는 친고죄의 공범 중에서 1인 또는 수인에 대한 고소나 그 취소는 다른 공범자에 대해서도 효력이 있다고 규정하고 있다. 이른바 고소 불가분의 원칙을 규정하여 피해자가 고소 등 당시 인지하지 못한 가해자를 조사나 수사 과정에서 확인하게 된 경우 피해자의 고소 효력이 미치도록 하여 피해자의 피해를 명확히 파악함과 동시에 공범들에게도 형평성 있는 처벌이 이루어지도록 한다.

학교폭력예방법은 피해학생에 대한 보호와 완전한 피해회복을 목적으로 하고 가해학생에 대해서는 처벌이 아닌 필요한 교육과 선도조치를 통해서 건전한 민주시민으로 성장하도록 돕는 것을 목적으로 한다는 점에서 동일 사건에 가담한 다수의 가해학생들이 당사자와의 화해나 합의 여부 등에 의해서 신고대상에서 일부는 제외되고 다른 일부는 절차가 개시되는 방식과는 상호 부합하지 않다고 본다.

또한 이와 같은 사안처리 방식은 가해학생의 관점에서는 피신고 및 절차 개시를 막기 위해서 피해학생 및 그 보호자에게 무리하게 접근을 시도하거나 화해나 합의를 강요하여 2차 피해를 낳는 등의 부작용의 원인으로 지목되고 있다.

또 피해학생 측은 합의에 따르는 손해배상액을 결정하는 과정에서 주장을 관철하기 위해 유리한 위치를 확보할 방안으로 절차를 개시하여 전담기구의 조사 종료 전이나 심의위원회에 이송여부를 결정하는 시점에서 상대방과 취소를 논의하는 절차 악용사례도 심각히 우려되는 상황이다.[145]

사안에 대한 사실관계를 명확히 하기 위해서는 당사자 전원에 대한 조사가 전제되어야 함에도 일부 당사자가 처음부터 절차에 들어오지 않거나 절차진행 중 제외될 수 있도록 하면서 사안에 대한 정확한 확인이 어렵다. 가령 절차상에 참여하는 가해학생이 절차에서 제외된 가해학생에게 가해행위에 대한 예비나 모의, 권유, 강요 등의 책임이 있다는 등의 주장이 있는 경우, 사안의 신속하고 정확한 해결은 더욱 요원해지고 당사자 간의 추가적인 갈등관계가 발생한다.

특히 상대방과 화해나 합의에 적극적으로 나서줄 보호자가 없는 학생은 상대적으로 전담기구의 조사에 응해야 하는 노력과 비용이 커지는 것이고 학교폭력범죄 사안절차에서 부당한 차별을 겪게 된다. 선도와 교육을 통한 가해학생의 반성과 성찰을 도모하고자 하는 입법의 제정 목적에도 부합하지 않는다.

2) 가해학생에 대한 조치·처분

학교폭력예방법 제17조 제1항은 심의위원회의 가해학생에 대한 조치로 피해학생에 대하여 서면사과(제1호), 피해학생 및 신고·고발 학생에 대한 접촉, 협박 및 보복행위의 금지(제2호), 학교에서의 봉사(제3호), 학내외

---

[145] 피해학생 측이 합의금의 액수 등 사안 처리에 따르는 주장을 상대방에게 관철하기 위해 유리한 위치를 확보하려는 여러 시도가 발생한다. 특히 위자료를 포함한 손해배상금과 장래 발생할 수 있는 장해에 대한 위험부담을 주장하면서도 발급받은 '2주 이상의 치료를 요하는 상해진단서'를 전담기구에 알리지 않고 당사자 간 협의에서 손해배상금을 정하는 협상 조건으로 활용하는 사례가 학교 현장에서 다수 목격되고 있다. 결국 피해학생 측에게 충분한 손해배상을 해 줄 수 있는지에 따라 학교폭력범죄에 대한 사안처리 절차의 개시 여부가 결정되고 있다.

- 121 -

전문가에 의한 특별 교육이수 또는 심리치료(제5호), 출석정지(제6호)를 규정하고 있다.

그러나 제17조 제1항 각 호의 조치를 검토해 보면 법의 제정 목적과는 달리 피해학생의 보호와 가해학생의 선도 간의 균형이 맞지 않다는 비판이 계속되고 있다. 특히 가해학생에 대한 조치사항은 선도와 교육을 통한 당사자 간의 관계회복과 정상적인 학교생활로의 복귀라는 관점에서 개별 조치 자체가 학생에게 도움이 되지 않고 오히려 다른 권리침해를 유발하는 것으로 보인다.

학교폭력범죄에 대한 대응·대책이 강화됨에 따라서 가해학생에 대한 선도와 교육의 목적으로 이루어지는 '학교폭력 가해사실 학생부 기록'이 일정기간 동안 유지된다는 점에서 징벌적 성격으로 이해하고 있다.[146] 이러한 인식으로 인해 피해학생 측은 피해 배상 등에 있어 더 유리한 입장을 확보하기 위해서 행정심판을 비롯하여 민사소송 등 강력한 사법적 수단을 동원하기도 하며 가해학생은 이를 방어하기 위해서 맞서게 되는 상황이 발생하고 있다.

이에 가해학생에 대한 조치 중 제1호 서면사과, 제2호 피해학생 및 신고·고발 학생에 대한 접촉, 협박 및 보복행위의 금지, 제5호 학내외 전문가에 의한 특별 교육이수 또는 심리치료, 제7호 학급교체의 문제점과 한계를 '호 순'에 따라 검토한다.

(가) 피해학생에 대한 서면사과

제17조 제1항 제1호에서 규정하는 서면사과는 가해학생의 가해행위에 대한 반성과 피해학생이 입은 피해에 대해서 지면에 잘못을 고하고 용서를 구하는 내용을 서술하여 전하는 조치를 말한다. 서면사과는 가해학생에 대한 조치로서 심의위원회의 심의를 통해 조치가 필요하다고 인정되는 경우 가장 기본적으로 이루어지는 처분이다.

이는 피해학생이 학교폭력범죄 피해를 회복함에 있어서 가해학생이 잘못을 인정하고 용서를 구하는 사과를 받음으로써 인격체로서의 자존감을 회복하고 보복에 대한 두려움 등 심리적 고통으로부터 벗어나 안정을

---

146) 한유경·이주연·박주형, 앞의 논문, p. 80.

찾는 것에 도움을 주기 위함이다. 가해학생도 피해학생의 권리를 침해하고 고통을 가한 행위에 대해서 진심으로 반성하고 피해학생에게 용서를 받음으로써 사안을 원만하게 종결지을 수 있고 궁긍적으로 당사자 모두 정상적인 학교생활로 복귀하는데 도움이 된다는 점에서 매우 중요한 사항이다.

다만, 서면사과에 이르는 과정에 있어서 다툼이 되는 가해사실의 유무와 행위태양 등이 입증을 통해 명확히 확인되고 가해학생이 인정하며 스스로 피해학생에게 사과의 뜻을 전하고자 하는 의사가 형성될 것이 전제된다.

가해학생이 가해사실의 전부 또는 일부를 부인하거나 반성하지 않음에도 불구하고 심의위원회가 심의결과에 따라 가해학생에게 서면사과를 조치처분하는 것은 가해학생의 양심의 자유를 침해할 상당한 위험이 있다. 양심의 자유는 인간이 가지는 내면의 사상과 양심을 자신의 의사에 반하여 외부에 표명하지 않을 자유라고 보아야 한다.

헌법 제19조는 모든 국민은 양심의 자유를 가진다고 명시하고 있다.

여기서 양심이 의미하는 바에 대해서 헌법재판소는 '양심'이라 함은 헌법상 보호되는 양심은 어떤 일의 옳고 그름을 판단함에 있어서 그렇게 행동하지 않으면 자신의 인격적인 존재가치가 허물어지고 말 것이라는 강력하고 진지한 마음의 소리로서 절박하고 구체적인 양심을 의미한다고 결정[147]하고 있다. 헌법재판소가 양심의 범위를 너무 협소하게 판단하고 있어 양심의 자유를 보장하는데 실효성이 부족하다고 본다.

최근 대법원은 학생에 대한 징계처분으로 교사에게 '사과편지'를 작성하도록 조치한 것에 대해 '학생의 본심에 반하여 사죄의 의사표시를 강제하는 사과편지 작성이 언제나 그 작성자의 심성에 유익할 것이라거나 교육의 목적에 부합할 것이라고 추단할 수 없다'고 판시하였다.[148]

강제적인 사과가 가해학생에 대한 교육과 선도에 유익하다는 근거가 부족하다. 또한 강제적으로 서면사과 하도록 하는 조치는 학생의 기본권을 침해할 위험이 있다.

---

147) 헌법재판소 2004.8.26., 2002헌가1 결정, 헌법재판소 1997.3.27., 96헌가11 결정
148) 대법원, 2022.12.1., 2022두39185

(나) 접촉 및 협박·보복행위의 금지

제17조 제1항 제2호는 피해학생 및 학교폭력을 신고하거나 고발한 학생에 대해서 가해학생이 접촉하거나 협박 또는 보복행위를 금지하는 조치를 규정하고 있다.

그러나 접촉금지는 피해학생과 가해학생 간의 화해 성립을 위하 노력과 기회를 차단한다는 점에서 문제가 있고 협박 또는 보복행위를 금지하는 조치는 금지한다는 규정 이외에는 피해자를 포함한 신고자, 목격자, 신고의무자 등(이하, '피해자 등'이라 한다)에 대한 실효적인 신변안전조치에 대한 규정이 없다는 문제가 있다.

먼저 접촉금지 처분은 피해학생과 가해학생 간의 분리조치와 명확히 구분할 필요가 있다.

분리조치는 제16조 제1항에 따라 심의위원회 또는 학교장이 필요하다고 인정한 경우 피해학생과 가해학생을 분리하는 조치를 교육장에게 요구하거나 직접 조치하는 사항이다.

단서조항에서는 학교장의 인지에 따른 분리조치의 경우 피해학생이 분리조치에 반대하는 의사 유무를 고려하도록 하여 피해학생이 분리조치에 반대할 경우 가해학생과 분리되지 않도록 한다. 이는 피해학생의 의사를 존중하여 가해학생의 반성과 진심 어린 사과를 통해 원만한 관계회복을 도모하고자 하는 입법목적이 반영된 것으로 보인다.

반면 접촉금지는 가해학생이 피해학생에게 추가적인 위해를 가할 염려가 있는 등 위험이 확인되어 온·오프라인 상에서 허락되지 않은 방법으로 찾아가거나 의사를 전달하는 행위 자체를 금지하는 것이다.

따라서 학교장의 인지에 따른 분리조치의 경우 당사자인 학생들의 심리·신체적 안정을 위해 충분한 시간을 부여하되 반성과 사과, 화해하고자 하는 의사가 양자 또는 일방의 의사가 있는 경우에는 교섭할 수 있는 기회가 충분히 보장되어야 한다. 그러나 현장에서는 분리조치가 접촉금지조치와 명확하게 구분되지 못하고 혼재되다 보니 당사자 간 화해하여 관계를 회복할 수 있는 기회가 부당하게 박탈되는 사례가 발생하고 있다.

분리조치에 대한 구체적인 규정이 마련되지 않은 탓에 분리조치가 필요한 시점과 종료시점을 정하기 어렵고, 2차 피해 주장이나 화해할 기회를 보장해 주지 않는 것에 대한 민원이 지속적으로 제기된다고 본다.

무엇보다도 분리조치의 잘못된 적용 및 운용으로 가해학생은 사과를 하고 싶어도 하지 못하는 상황이 발생하고 피해학생은 가해학생이 잘못을 인정하고 용서를 구하지 않는다는 오해가 증폭되어 원만히 해결할 수 있는 사건도 상급 기관에 이송된다는 점에서 매우 시급히 해결할 필요가 있다고 본다. 이는 후술하는 가해학생에 대한 선도조치 판단 요소에 있어 화해정도, 반성정도를 판단하는 근거와 관련하여서도 밀접하게 연관된다.

두 번째, 협박 및 보복행위를 금지한다는 규정만을 두고 있는 법체계에 한계가 있다. 협박 및 보복행위는 심의위원회에 계류하는 사건에 대해 취소를 하거나 가해학생에 대해 선처를 구하는 의사표시 또는 합의를 강요하는 과정에서 일어날 수 있다. 또 처음부터 학교폭력범죄를 전담기구 등 관련 기관에 신고한 것을 이유로 할 수 있다.

학교폭력범죄를 피해학생이나 목격자 등 제3자가 신고하지 못하는 주요한 이유로 '보복에 대한 두려움' 때문이라는 점은 매년 실시하는 학교폭력범죄에 대한 실태조사 결과를 통해서 확인하는 사항이다. 따라서 협박 및 보복행위를 금지한다는 규정만으로는 피해자 등을 보복행위로부터 실질적으로 보호하기 어렵다.

제17조 제7항에서 학교장이 그 필요성을 인정하여 제1항 제1호부터 제3호까지, 제5호 및 제6호의 조치를 가해학생이 거부하거나 회피하는 경우 초중등교육법 제18조에 따라 징계할 수 있도록 하고 있으나 그 징계 역시 가해학생이 절차를 통해 이의제기를 할 수 있고 실질적으로 피해학생 등에게 보복행위를 하지 못하도록 억제하는 실효는 없다. 관련하여 제11항에서 제1항 제2호부터 제9호까지의 처분을 받은 학생이 조치의 이행을 거부하거나 기피하는 경우 심의위원회가 추가로 학교폭력예방법 시행령 제22조에 따라 다른 조치를 교육장에게 다른 조치를 요구할 수 있도록 규정하고 있는데 무용한 조치 처분에 대한 근거 규정이라는 한계가 있다.

(다) 학교에서의 봉사

제17조 제1항 제3호는 가해학생에 대한 조치로 학교에서의 봉사를 규정하고 있다. 학교에서 봉사활동 처분을 이행함에 있어서는 가해학생이 입을 수 있는 심리적인 상처와 수치심, 낙인 등의 문제가 제기된다.

초·중·고등학생은 연령대가 8세에서 19세 범위에 있어 대체로 신체와 정신적으로 한창 성장기에 있는 사람으로, 특히 학생은 자기정체성과 가치관을 정립해 나가는 시기적 특성을 가진다.

이와 같은 특성은 학교폭력범죄와 관련하여 작은 자극에도 크게 자존감에 상처를 받을 수 있고, 심리적으로 위축되거나 분노감정이 분출되어 과격한 행동으로 발현될 수 있다.

이러한 학생의 심리적 특성을 고려하여 조치를 이행하는 과정에서 가해학생이 수치심을 느끼거나 자존심에 상처가 될 위험성에 대해서 더욱 섬세하게 살펴야 할 필요가 있다.

학교장의 징계처분과 심의위원회 조치 처분을 받았다는 사실은 가해학생이 불이익한 처분을 받은 사실로서 민감한 개인정보에 해당한다.

또 사생활의 자유와 직접적으로 관련이 있으므로 이의 외부로 유출을 방지하고 비밀을 유지할 수 있도록 필요한 조치를 갖추어야 한다.

그러나 현행 교내봉사 조치는 이러한 안전장치 없이 가해학생이 재학하는 학교에서 청소 등의 형태로 이행되면서 다른 학생뿐만 아니라 교직원 및 학교에 방문하는 외부 강사, 방문객 등에게 노출되어 개인정보 노출에 따른 사생활의 비밀 침해의 위험성이 심각한 상황이다.

그동안 학교폭력범죄는 사건 당시에 목격자가 많다는 특징을 가졌으나, 최근 사이버상으로 공간이 이동하는 경향이 뚜렷하게 나타나고 있다는 점을 고려하면 사안의 내용 및 당사자 등에 대한 정보는 점점 사건 당사자 및 사건과 밀접하게 관련을 맺고 있는 사람에 한정될 것으로 보인다.

이는 곧 그동안 학교폭력범죄의 당사자와 사건 내용에 대해서 학교공동체 다수가 알고 지낸 것과는 달리, 사안 관련하여 비밀이 유지가 강화될 것을 의미한다.

학교폭력예방법도 제22조 벌칙 조항에서 유일하게 벌칙 대상으로 규정하는 것이 제21조 제1항의 비밀누설금지 의무를 위반한 경우로 정하고 있다.

학교폭력범죄의 예방 및 대책과 관련한 업무를 수행하면서 알게 된 정보는 당해 업무를 그만둔 이후에도 그 비밀을 유지할 의무로 정하고 있다. 이를 어길 시 해당 조항은 1년 이하의 징역 또는 1천만 원 이하의 벌금에 처한다고 규정하고 있다. 이처럼 학교폭력범죄 당사자의 인적사항을 비롯하여 사건 관련 사실관계 등은 민감한 개인정보로서 철저하게 비밀 유지가 되어야 한다.

학교에서의 봉사와 관련하여서는 구체적으로 학생의 초상권과 성명권, 가해학생이 처분 받은 조치사항과 구체적인 사실관계 등이 공개되는 문제가 있으므로, 이를 개선할 수 있는 합리적인 방안이 필요하다.

(라) 특별 교육이수 또는 심리치료

제17조 제1항 제5호는 학내외 전문가에 의한 특별 교육이수 또는 심리치료를 규정하고 있다. 법문상 학교 내부와 외부의 전문가로 규정하고 있어 학교 내에 특별교육 또는 심리치료 업무를 수행할 수 있는 전문가가 있다면 교내에서의 이행도 가능하다. 또 외부의 심리상담 기관 등 전문기관과 관할 교육지원청이 업무협약을 맺어 조치 이행을 위한 업무를 수행하고 있다.

심의위원회 심의에서 가해학생에게 심리치료가 필요한지에 대한 판단 근거와 이를 검토하여 판단할 전문가가 미비하다는 점은 별론으로 하더라도 심의 과정에서 가해학생에게 심리치료가 필요하다는 점이 발견되었다고 하더라도 가해학생 또는 그 보호자의 경제적 여건을 고려하여 비용이 발생하는 심리치료 처분을 하지 않고 특별 교육이수 처분을 결정하는 사례가 발생하고 있다.

심리치료는 기본적으로 10회기를 처분하는데 1회기 당 7~10만 원으로 전체 이수에는 70만 원에서 100만원의 비용이 발생한다. 가해학생 및 그 보호자는 제16조 제6항에 따라 피해학생이 전문단체나 전문가로부터 학내외 전문가에 의한 심리상담 및 조언, 일시보호, 치료 및 치료를 위한 요양을 하는데 발생하는 비용을 부담할 의무가 있어, 가해학생이 이행할 심리치료 비용을 더하면 상당한 경제적 부담이 발생하는 구조로 되어 있다.

가해학생에 대한 조치는 가해학생이 처한 상황적 환경을 개선하고 병리적인 부분에 대한 전문적 치유를 통해 가해행위의 재발을 방지하는데 목적을 두어야 한다.

현행처럼 심리치료가 필요한 가해학생을 정확히 판단할 수 있는 전문적 기준이 없고 전문가의 적극적인 관여가 보장되지 않는 상황은 학교폭력범죄를 완화하고 해소하는 대응·대책이 될 수 없다.

또한 필요한 상담 및 치료에 소요되는 비용을 가해학생 및 그 보호자가 부담하도록 하는 것은 학교폭력예방법이 가해학생에 대한 선도와 교육에 중점을 두면서도 개별 조항에서는 징벌적 성격의 조항을 운영한다는 비판을 피하기 어렵다고 본다.

(마) 학급교체

학교폭력예방법 제17조 제1항 제7호는 가해학생에 대한 조치로 학급교체를 규정하고 있다. 학급교체는 피해학생과 가해학생을 학교생활 중에 공간적으로 분리하여 피해학생의 심리적 안정과 조속한 회복을 도모하고, 가해학생의 반성과 선도, 재발방지를 목적으로 하는 처분이다.

피해학생과 가해학생 양 당사자의 교육환경을 변화시킴으로써[149] 학교생활을 하면서 안정을 찾고 면학에 대한 동기를 부여할 것을 기대한 조치이다.

그러나 심의위원회가 학급교체 조치가 필요하다고 논의하는 과정에서 학교의 규모나 당사자가 소속된 학년이나 학과의 학급이 1개 반으로 구성된 사정 등이 확인되어 처음부터 학급교체 조치가 불가능한 사례가 발생한다.

학년당 학급이 1개인 소규모 학교에서 발생하는 문제이면서 특히, 전공반을 운영하는 특성화 고등학교의 경우에 같은 전공, 같은 반 학생 사이에 학교폭력범죄가 발생한 경우, 가해학생에 대한 '학급교체' 처분에 해당하는 심의위원회의 의결이 있어도 학교 현장에서는 그에 따른 조치를 할 수 없게 된다.

---

149) 피해학생의 경우 같은 학급에서 가해학생과 함께 생활하지 않는다는 점에서 새로운 관계 형성을 위한 환경이 마련되는 것으로 이해한다.

학급이 한 개이기 때문에 가해학생이 이동할 학급이 없는 상황에 놓인다.[150] 또 특성화 고등학교의 특성상 실습과 기능대회 출전, 취업 훈련 등이 있어 학급교체를 통해 분리된 피해학생과 가해학생이 불가피 하게 한 공간에서 실습하거나 기능대회 출전을 위한 준비를 하는 경우가 있고 희망하는 진로가 같아 동일의 산업체에 취업 훈련을 나가야 하는 경우도 발생하고 있다.

피해학생과의 분리가 필요한 상황에서 학교의 상황으로 인해 제7호 조치인 학급교체가 불가하다면 더 무거운 조치인 제8호의 '전학' 조치 처분을 고려하게 되는데, 이는 절차적으로 흠결이 발생한다. 심의위원들의 의결 결과인 '학급 교체'보다 더 무거운 조치를 의결하기 위해 다시 거수할 수는 없기 때문이다. 반면에 '학급 교체' 조치를 이행할 수 없는 상황을 고려 하여 제6호 조치인 '출석정지'로 의결하고자 한다면 이는 처음부터 피해학생과 가해학생에 대한 분리의 필요성을 반영하지 않아 실효성 없 는 조치 처분이 된다.[151]

심의위원회가 학급교체를 단일 조치로 부과하지 않고 서면사과 및 접촉금지 등과 병과 조치를 하더라도 궁극적으로 피해학생과 가해학생을 공간적으로 분리하여 피해학생에 대한 심리적 안정과 개선된 교육환경을 제공하고자 하는 규정의 목적은 달성할 수 없다.

결국 학교급별이나 규모, 학교의 종류에 따른 다양한 상황에 대한 고려 없이 가해학생에 대한 조치 규정을 마련하였다는 비판을 피하기 어렵고 여러 차례의 개정을 거쳤음에도 불구하고 학급교체 조치가 학교 현장에서

---

150) 교육지원청에서 학교폭력 사건에 대한 심의위원회의 의결은 학교폭력의 심각성, 지속성, 고의성, 반성정도, 화해정도의 5가지 항목에 대해서 위원장의 거수 요청에 따라 각 항목별로 점수를 매겨 총점을 산출하고 총점에 해당하는 조치를 의결한다. 심의위원회 '학급 교체' 조치 처분의 통지를 받은 학교는 같은 전공 1개 학급인 상황에서 심의위원회의 조치 처분을 어떻게 이행해야 하는지에 대해 고심할 수밖에 없고, 결국 신속한 이행이 어렵게 되고, 그로 인한 피해는 당사자인 학생들이 입고 있다.

151) 학급교체는 피해학생과 가해학생 간 교내에서의 완전한 분리를 의미하지 않는다. 대부분의 학습이 이루어지는 학급에서 분리를 통해 양 당사자에게 교육환경의 변화를 제공하고 피해학생이 심리적 안정을 가질 수 있도록 돕는 차원이다. 따라서 의도적으로 가해학생이 피해학생을 찾아가는 것이 아닌 우연히 복도나 계단, 화장실 등에서 마주치는 것까지 금하는 것은 아니다.

실질적으로 운용될 수 있도록 세부적인 사항들을 마련하여 개선하려는 노력을 하지 않았다는 비판을 피할 수 없다.

한편 학교 현장 상황과 일치하지 않는 가해학생에 대한 조치 규정은 심의위원회의 공정한 조치 결정을 어렵게 한다는 중대한 문제를 가진다.

가해학생에 대한 조치를 결정하기 위한 의결 과정에서 학급교체에 해당하는 점수가 산정된 경우, 앞서 살핀 사항과 같이 당사자가 소속된 학년이나 학과가 한 개 반인 경우, 산정된 점수를 높이거나 낮추어서 학급교체 조치를 회피해야 한다.

학급교체보다 중한 조치에 해당하는 의결은 기존 조치보다 가해학생에게 불리한 조치이므로 불합리한 결과가 되고, 학급교체보다 경한 조치에 해당하는 의결은 가해학생이 져야 할 책임을 합당한 근거 없이 낮추는 결과가 되어 이 역시 불합리한 조치를 결정한 것이 된다.

심의위원회의 심의를 통해서 필요하다고 인정하여 내린 조치가 정작 학교 현장에서는 실행이 원시적으로 불가능하거나 심의위원회가 필요한 조치를 결정하는데 논의가 아닌 학급교체에 해당하는 산정점수를 피하도록 사전에 정해 놓고 심의하는 불공정·불합리한 상황이 발생하도록 한다.

교육의 다양성을 표방하여 학교의 형태나 교육환경은 천차만별이고 크게 변화하였다. 이러한 현재의 학교 현황에 대한 깊이 있는 논의 없이 획일적이고 단편적인 규정을 적용하여 학교폭력범죄에 대한 대책으로 활용하려 했던 것 자체가 큰 착오였다고 생각하며, 완전하지 않은 학교폭력범죄 처리 절차로 인해 많은 당사자와 그 보호자 등이 피해에 노출되어 있다.

3) 학교장의 긴급조치

제17조 제4항은 학교장이 가해학생에 대한 선도가 긴급하다고 인정하는 경우 제1호, 제2호, 제3호, 제5호, 제6호의 조치를 할 수 있다고 규정하고, 이 경우 심의위원회에 즉시 보고하고 추인받아야 한다.

특히 출석정지에 대한 긴급조치에 대해서는 이 법 시행령 제21조 제1항에서 해당하는 경우를 정하고 있는데 <표 6>과 같다.

표 6 학교폭력예방법시행령 제21조 제1항의 각호

각호	규정 내용
1호	2명 이상의 학생이 고의적·지속적으로 폭력을 행사한 경우
2호	학교폭력을 행사하여 전치 2주 이상의 상해를 입힌 경우
3호	학교폭력에 대한 신고, 진술, 자료제공 등에 대한 보복을 목적으로 폭력을 행사한 경우
4호	학교의 장이 피해학생을 가해학생으로부터 긴급하게 보호할 필요가 있다고 판단하는 경우

학교장의 긴급조치 권한에 대해서는 여러 가지 논쟁 사항이 있다. 전담기구 및 심의위원회의 도입 취지와 목적에 반할 수 있다는 문제와 긴급조치 결정에 대해 심의위원회에 즉시 보고하여 추인을 받는 일의 현실가능성, 전담기구의 면밀한 조사와 그 조사결과를 바탕으로 하지 않는 결정이라는 점에서 공정성 보장과 가해학생의 방어권 문제 그리고 심의위원회가 추인하지 않는 경우 이미 불이익한 조치를 받은 학생들의 권리와 정당한 이익을 구제할 수 있는 절차가 규정되지 않은 점 등 인권침해 소지가 있다.

먼저, 심의위원회 제도의 도입 취지 및 목적과 관련하여 심의위원회 제도는 교육 및 법률, 의료, 상담·심리, 경찰관 등 학교폭력범죄 사항에 관한 전문가들을 위원으로 위촉하여 심의에 대한 전문성과 공정성을 담보하기 위함인데, 심의위원회가 심의를 열기도 전에 학교장이 긴급조치를 실행하게 되면 심의위원에게 사건에 대한 예단을 갖게 할 위험성이 높고 사후 추인 여부를 검토하는데 추인하지 않는 결정을 하기 어렵다.

심의위원회가 학교장의 가해학생에게 처분한 긴급조치에 대해서 추인을 하지 않게 되면 당해 학교는 긴급조치 결정에 대해서 재조사를 통해 소명하거나 잘못된 조치 결정에 대해서 책임져야 한다. 당사자로부터 행정상의 민원 제기 및 손해배상을 구하는 소송에 피소될 가능성도 높다.

또 학교장의 다수가 위촉되어 운영되는 심의위원회에서 당해 학교의 장이 결정한 긴급조치에 대해서 추인 여부를 엄격히 심의할 것이라 기대하기 어렵다.

사실상 심의위원회가 추인을 하지 않는 결정을 할 가능성이 현저히 낮다. 이는 곧 조치처분을 받은 가해학생이 절차보장을 통한 방어와 항변권을 제대로 보장받지 못하는 불합리한 상황을 낳는다.

심의위원회 제도는 학교폭력범죄의 정의에서도 확인하고 있는 것과 같이 이를 구성하는 행위가 형법에서 규정하는 범죄이기 때문에 상담과 치유, 치료, 조사, 관계 회복, 복지 등 관련 분야 전문가의 참여가 이루어지도록 2021년 9월에 개정을 통해 도입한 제도이다.

심의위원회가 법률 개정의 취지에 맞게 다수의 전문가로 구성되고 전문성을 발휘하고 있는지는 별론으로 하더라도 전담기구의 심의와 결정이 있기도 전에 학교장에게 긴급조치 권한을 부여하는 것은 사건의 실체적 규명을 통해 피해학생과 가해학생 모두의 인권을 보호하기 위한 관점에서 적절하지 않다고 본다.

전담기구의 심의 결정이 있기 전이라도 증거관계 또는 가해사실을 인정하는 등으로 긴급조치의 요건이 충족되었음을 명백히 확인할 수 있는 사례에 대해서는 그 적용의 합리성이 회복될 여지가 있겠으나, 학교폭력범죄 사건의 특징 중 하나인 내밀성과 전담기구가 조사에 대한 비전문가로 구성되었다는 점을 고려해 볼 때 실체를 파악하기 어렵고, 사이버공간에서 시·공간의 제약 없이 일어나는 학교폭력범죄 사건의 실체를 규명하여 전담기구의 심의와 의결 전에 긴급조치를 한다는 것은 현실적으로 학생들의 인권을 보호하는 합리적인 규정은 아니다.

한편, 긴급조치 이후 심의위원회에 즉시 보고하여 추인받도록 하고 있으나, 예고 없이 발생하는 추인 건에 대해서 다양한 분야에서 생업과 사회생활을 영위하는 심의위원들이 지체없이 소집되어 사안을 검토하고 추인 여부를 의결할 수도 없는 일이다.

실제 학교장의 긴급조치에 대해서 심의위원회의 추인 여부 검토는 학교장의 긴급조치 이후 몇 주가 지난 심의위원회 회의일에 이루어진다.

그리고 학교장의 긴급조치권은 피해학생 측의 강력한 민원제기가 있거나 추가되는 상황을 예방하기 위한 사정 또는 교사의 정당한 지도를 잘 따르지 않은 학생이 가해학생인 경우 '손봐주기'나 겁박하기로 남용될 우려가 있다.

결국 심의위원회의 추인을 장치로 하여 학교장의 긴급조치를 통제하는 것은 현실적으로 기대하기 어렵고, 긴급조치가 심의위원회에서 추인되지 않는 경우 이미 불이익한 긴급조치를 받아 침해된 학생의 권리를 어떻게 회복시킬 것인지에 대한 문제가 발생한다. 침해된 권리에 대한 보상이나 회복 규정이 부재하다는 것도 문제가 된다.

긴급조치를 받은 가해학생 또는 그 보호자의 관점에서는 심의위원회의 추인 여부 결정 등에 대해서 학교장이 인정하여 결정한 사항을 같은 교육공무원으로 구성된 교육지원청과 교육장의 위촉을 받은 위원으로 구성된 심의위원회에서 추인하지 않는 경우가 있을 것인지에 대해서 의문을 가질 수밖에 없다.

추인이 받아들여지지 않는다는 것은 학교장이 긴급하다고 인정하여 조치한 긴급조치가 절차상 흠결이 있거나 긴급성이 인정되지 않는 등의 이유로 학교장의 긴급조치에 대해 심의위원회가 동의하지 않는다.

이는 학교장의 긴급조치가 잘못된 것으로 당사자가 받아들일 여지가 있어 학교장이 긴급조치를 결정한 이후에는 사안을 조사 중인 전담기구가 긴급조치의 필요성을 뒷받침하는 방향으로 갈 것이라는 위험도 크다. 결과를 정해 놓고 조사를 하는 일이 발생할 수 있다.

학교폭력범죄의 처리절차에 대한 불신이 크다는 것은 최근 학교폭력예방법의 개정 전에도 확인된 사실이며 이의 회복을 위한 심의위원회 제도의 취지마저 훼손되는 상황에서 심의위원회의 조치결정에 대해 이의제기로 행정심판 등의 불복절차 신청 사례는 증가할 것으로 보인다.

마지막으로 학교장의 긴급조치는 우리 헌법의 '무죄추정의 원칙'에 따라

보호되고 보장받아야 할 국민의 기본권을 침해할 위험이 있다.

서두에서 이 법 시행령 제21조 제1항이 가해학생에 대한 우선 출석정지 조치에 대한 요건을 확인하였는데, 제1호에서 요구하는 고의성과 지속성, 제2호의 학교폭력 가해행위와 전치 2주 이상의 상해 간에 상당한 인과관계, 제3호 보복 목적에 대한 규명을 입증할 수 있는지가 문제다.

제4호가 규정하는 내용은 '학교의 장이 피해학생을 가해학생으로부터 긴급하게 보호할 필요가 있다고 판단하는 경우'라고 되어 있어 이 법 제17조 제4항의 문구를 그대로 옮겨 적은 것으로 시행령에서 따로 정할 실익이 있는지 의문이다.

학생은 대한민국 국민으로 헌법상 기본권의 주체이기 때문에, 학생 이외의 다른 국민과 합리적 이유 없이 다르게 처우하거나 불리한 법의 적용을 받을 이유가 없다.

학교폭력예방법 제3조도 이 법을 해석·적용함에 있어서 국민의 권리가 부당하게 침해되지 않도록 주의하여야 함을 규정하고 있다.

미성년의 학생이고 초·중등교육법이 정하는 학교에 재학하는 학생의 지위를 가진다고 하여 법이 정하는 전담기구 및 심의위원회의 심의·의결 없이 학교장이 출석정지 등의 불리한 조치 처분을 할 수 있도록 한 규정은 위헌 여부도 다투어질 여지가 충분하다.

우선 출석정지 조치를 받을 정도의 가해행위를 한 학생이라면 이 법의 제정 목적과 취지에 부합하도록 적절한 선도와 교육, 상담 등이 즉각적으로 강도 높게 실행되어야 할 것으로 보이는데 오히려 등교하지 못하게 함으로써 책임교사, 담임교사, 상담교사 등과 만나지 못하는 등 법의 취지와 전혀 맞지 않는 상황이 발생한다.

출석정지를 당한 학생이 가정이나 다른 기관에서 적절한 상담이나 선도조치를 받을 수 있고 학교 급식을 대체할 수 있는 식생활 보장 등을 위한 장치 없이 학교장이 조치의 긴급성 등을 들어 일방적으로 판단하도록 한 이 규정은 상당한 흠결이 있어 개정이 필요하다.

4) 심의위원회 회의 개최 통보

심의위원회 회의의 개최 일정 및 심의 대상 사건에 대한 안내는 교육지원청이 '심의위원회 회의 개최 통보'를 발송하여 당사자 및 그 보호자 그리고 심의위원 등에게 전달하고 있다.

개최 통보는 '학교폭력대책심의위원회 참석 요청서', '사안개요', '심의위원회 위원회 제척·기피 및 회피' 문서가 각 1부씩으로 구성된다.

심의위원회 회의 개최 통보는 회의일 전에 심의위원의 회의 참여 가능 여부를 통해서 성원을 확인하고 원활한 심의 진행을 위해 사안에 대한 기본적인 정보를 제공하는 목적을 가진다.

다만, 사안에 대한 기본적인 사실관계 등을 기술하여 제공하는 사안개요는 사건에 대한 심의위원들의 예단을 방지하고 공정한 심의를 담보하는 체계를 갖추기 위해 작성에 대한 세부규정을 마련하는 일이 시급한 상황이다.

심의위원은 대개의 경우 사안 개요를 통해서 사건을 처음 접하기 때문에 사안개요에 기술된 당사자의 주장 및 전담기구가 인정하는 사실관계 등이 어떻게 기술되었는지에 따라 예단을 가질 우려가 있다.

사안개요는 검사의 수사종결 처분의 하나로 법원에 재판을 열 것을 요청하는 공소장과 대조하면 사안개요에 작성할 사항이 무엇인지에 대해 명확하게 규정하고 있지 않다.

공소장의 경우 형사소송법 제254조 제3항은 각호에서 공소장에 피고인의 성명 등 피고인을 특정할 수 있는 사항, 죄명, 공소사실, 적용법조를 기재하도록 하고 있다. 또한 공소제기 시 공소장 하나만을 법원에 제출하고 다른 서류나 증거물은 일체 첨부 및 제출하지 못하도록 한다.

법관이 재판 전 사건에 대해 예단을 갖는 것을 방지하기 위한 것으로 이를 '공소장 일본주의'라고 한다.

실제 교육지원청에서 심의위원에게 발송한 다수의 사안개요를 검토해 보면 사안마다 상호 다른 양식과 기술방식이 사용되고 있음을 확인할 수 있다.

　　사안개요는 교육지원청 소속 심의위원회 운영 담당자가 각 학교로부터 이송받은 서류의 내용을 근거로 작성하는데 여기에서 확인되는 문제점을 구체적으로 살펴보면 조사행위의 주체인 전담기구가 양 당사자에 대한 진술 및 증거조사를 통해 객관적으로 입증된 사실을 서술하지 않고 피해학생이나 가해학생이 주장하는 사실관계를 선택적으로 적시하거나 어느 일방의 주장을 중심으로 서술하고 있고, '여러 차례 구타를 당함'이나 '누군가에게 전화해서' 등 관련 행위의 횟수나 통화를 한 대상 등에 대한 확인 없이 가해학생의 행위를 서술하여 통보하고 있다.

　　당사자의 성명이 익명으로 작성되기도 하고 실명으로 작성되기도 한다.

　　사안개요를 작성하는 사람이 누구냐에 따라서 작성방법이 달라지는 것은 당해 기관자체에 대한 신뢰도에도 부정적 영향을 미친다. 사안개요의 내용이 학교폭력범죄 양 당사자 중 어느 쪽의 주장을 일방적으로 서술되는 경우 다른 일방에게는 불리하게 작용할 수 있다. 또 가해학생의 행위를 '여러 차례', '누군가' 등 정확히 특정하지 않고 통보함으로써 심의위원마다 불확실한 자료를 통한 심증을 갖게 할 수 있다는 문제도 있다.

　　심의위원회는 심의를 통해서 학교장의 긴급조치에 대한 추인에서부터 전담기구의 학교폭력 여부 결정에 대한 사항까지 의결해야 하므로 정확한 사실관계의 파악이 중요하고 입증을 통한 객관적 사실을 판단의 근거로 공정성을 확보해야 한다.

심의위원이 사안 관련하여 처음으로 확인하게 되는 사안개요의 작성 방식과 방법 및 필요적 기재사항과 임의적 기재사항 등에 대해서 상세하게 규정을 마련할 필요가 있다.

5) 선도 조치 판단 요소

　　가해학생에 대한 조치 결정은 학교폭력예방법 시행령 제19조 제1호와 제2호, 제4호에 따른 당해 학교폭력범죄의 '심각성', '지속성'과 당사자의 '고의성'[152], 당사자 사이의 '화해정도'를 판단 요소로 규정하고 있다.

---

152) 내심의 영역인 고의성에 대해 판정 점수를 결정하는 사항도 판단의 근거가 분명하지 않아 심의위원들의 애로사항이 되고 있다. 학교폭력범죄 가해자의 고의성을 단계별로 판단할 수 있는 지표·지수에 대한 연구 없이 너무 성급하게 입법한 것이라는 의구심이

심의위원회는 심의·의결 과정에서 <표 7>과 같이 각 기본 판단 요소에 따른 판정점수를 거수 등의 방법으로 산출하고 이를 총합한다.

표 7 학교폭력 가해학생 선도 조치 기본 판단 요소(예시)

판정점수	기본 판단 요소				
	심각성	지속성	고의성	반성정도	화해정도
4점	매우 높음	매우 높음	매우 높음	없음	없음
3점	높음	높음	높음	낮음	낮음
2점	보통	보통	보통	보통	보통
1점	낮음	낮음	낮음	높음	높음
0점	없음	없음	없음	매우 높음	매우 높음
총점	-				

<출처: 학교폭력 가해학생 조치별 적용 세부기준 고시(제2020-227호)>

산출된 총합은 판정점수로 <표 8>의 기준에 따라 조치 사항을 결정하는 근거가 된다.

표 8 판정점수 별 조치사항(예시)

판정점수 별 조치 사항		
각호	처분명	산정점수
1호	서면사과	1 ~ 3점
2호	접촉금지	피해학생 보호에 필요하다고 의결할 경우
3호	교내봉사	4 ~ 6점
4호	사회봉사	7 ~ 9점
5호	특별교육이수 또는 심리치료	가해학생 선도(교육)에 필요하다고 의결할 경우
6호	출석정지	10 ~ 12점
7호	학급교체	13 ~ 15점
8호	전학	16 ~ 20점
9호	퇴학처분	16 ~ 20점

<출처: 학교폭력 가해학생 조치별 적용 세부기준 고시(제2020-227호)>

든다. 심의위원회를 구성하는 위원들의 상당수가 조사와 징계 처분에 대한 비전문가라는 사정을 고려하고, 당사자가 신뢰할 수 있는 조치 결정이 도출될 수 있도록 시급히 개정할 필요가 있다.

형사절차에서는 피고인 등의 고의를 범죄 성립에 있어서 구성요건에 해당하는 요소로 파악하고 있으며, 그 판단에 있어 구체적인 증거관계와 더불어 간접증거 등을 종합적으로 검토한다. 확정적 고의와 미필적 고의로 구분되고 있다.

　문제는 이와 같은 조치 결정을 정하는 판단 요소가 명확하지 않고 또 운영상 모순이 있다는 점이다.

　선도 조치 평가에 대한 기본적인 판단 요소 중에 특히 반성정도와 화해정도를 판정함에 있어서는 그 근거가 명확하지 않다.

　심의위원회 회의에서도 이와 같은 판단 요소에 대해 판정 점수를 내기가 상당히 곤란하다는 의견이 계속해서 제기된다.

　먼저, 반성정도를 판정함에 있어서의 문제를 살펴보면 반성은 가해학생의 내심의 영역에서 일어나는 자기 행위에 대한 성찰과 뉘우침인데 이와 같은 내심의 사항을 심의위원회 위원들이 수치화하여 평가하는 것이 합리적인 방법으로는 상당히 어렵다는 점이다.

　반성문을 몇 회 작성하였는지, 작성하였다면 친필로 작성하였는지 여부, 반성문에 담긴 문장의 수는 몇 개인지 등이 반성에 대한 진정성을 판단하는 근거로서 합당한지에 대한 의구심이 든다.

　심의위원이 현실적으로 확인할 수 있는 이러한 정보들은 반성정도를 판단하는 객관적인 자료가 될 수 없다. 반성정도를 기본 평가 요소로 운영하기 위해서는 반성정도를 판단할 수 있는 세부항목이 명문으로 규정되어야 할 것이다. 그와 같은 규정이나 장치 없이 운영하는 현행의 판단요소 규정은 공정한 선도 조치 결정을 담보하지 못한다.

　두 번째, 화해정도를 판정함에 있어서 제기되고 있는 문제를 살펴보면, 이 법 제16조 제1항 단서에 따라 학교장이 가해학생과 피해학생을 지체 없이 분리조치를 한 사건의 경우, 가해학생이나 그 보호자는 피해학생에게 직접적인 접촉이나 편지 전달이 불가할 뿐만 아니라, 전화나 문자메시지, E-mail 등 정보통신망을 이용한 접촉 시도가 불가능하다.

　분리조치는 피해자의 심리적 안정을 위하고 학교폭력 신고에 대한 보복 행위를 방지하기 위해서라도 꼭 필요한 조치이며 피해자 보호에 있어 기본적인 사항이다.

　이러한 사정을 모두 고려해 보면 가해학생에게 피해학생과 화해할 수 있는 적극적인 방법은 법령으로 모두 막혀 있고, 적극적으로 화해를 시도할 경우 자칫 2차 가해 혐의가 추가될 위험이 있는 상황에서 당사자 간의 화해 정도를 판단요소로 규정하는 것은 가해학생에게 부당하게 불리한 조치 처분을 받게 할 가능성을 높인다.

간접적으로 사과의 편지나 반성문 등을 교감 또는 피해학생의 담임교사, 책임교사, Wee클래스 상담교사 등을 통해 전달하려는 노력을 현장에서 시도하는 사례도 있다. 이와 같은 방법은 피해학생이 교감이나 담임교사, 책임교사 등과의 인간적 관계를 고려하여 가해학생이 보낸 편지등을 마지못해 수령하는 사례로 나타나기도 한다. 따라서 편지 등의 문서를 수령하였는지 여부도 가해학생과 피해학생 사이에 화해가 어느 정도 성립되었는지를 판단하는 근거로는 활용될 수 없다.[153]

이처럼 불분명한 평가 요소를 기준으로 삼아 판단하다 보니, 심의위원회에 출석한 위원들이 지극히 주관적인 경험이나 가치관 그 밖의 이해관계에 따라 각 항목을 평가하는 일이 발생하고 결국 공정한 심의를 어렵게 한다. 명확하지 않은 평가 기준은 사건과 직접적인 관련이 없거나 부차적인 사항들이 조치 결정에 반영되는 불공정한 조치 결정으로 이어질 위험이 크다. 동일한 심의위원회라고 하여도 유사한 사건에 대한 조치 판단이 크게 달라지는 사례도 있다.[154] 이러한 사정은 조치 판단의 기준이 될 판단 요소에 대한 문제와 요소별 세부적인 사항을 규정할 필요성이 있음을 말한다.

한편 가해학생의 학교폭력범죄 사실에 대해 학교생활기록부에 기재[155]

153) 심의위원회에서 심의하게 되는 여러 사례 중에는 피하학생 측과 가해학생측이 어렵게 마련된 대화 기회에 상호 치료비 및 위자료 등의 손해배상 문제에 대한 합의가 이뤄지지 않아 오히려 감정의 골이 더욱 깊어지고 상황이 더욱 악화되는 경우가 많았다. 이 때문에 피해학생 측은 "화해한 바가 전혀 없고, 화해할 생각이 없다" 고 의견진술을 하는 반면에 가해학생 측은 "화해를 하려고 백방으로 알아보고 노력하였지만 피해학생 측이 과도한 요구를 한다." 고 진술한다. 많은 위원들이 이와 같은 상황에서 화해를 하려고 노력을 하였으니 반성정도에 반영을 해야 하는 것인지 의문을 갖기도 하고, 일방이 화해할 의사가 전혀 없는 경우 화해 정도를 평가 요소로서 반영하는 것은 가해학생에게 너무 과도한 조치 결정이 내려질 것이라 우려한다.
154) 이것은 전국적으로 형평성을 담보할 수 있는 조치 결정이 될 수 있도록 통합사례관리가 필요한 것으로 대책 운영의 부분에서 살펴볼 사항이기도 하다.
155) 학교폭력범죄 가해학생이 받은 조치사항을 학교생활기록부에 기재하는 방안은 2012년 2월 발표한 '학교폭력 근절 종합대책' 의 주요 사항으로 조치사항을 학교생활기록부에 기록하여 향후 대학입시에 반영하려는 것과 학교폭력범죄 사실을 은폐·축소하는데

하고 일정 요건의 충족 여부에 따라 삭제하는 등의 제도는 학생의 진학 또는 취업에 상당한 불이익으로 작용하게 되는데, 이는 학생들에게 학교폭력범죄에 대한 경각심을 가지게 하고 타인에 대한 폭력을 예방하려는 목적을 가지므로 학교생활기록부가 학생의 전인적 발달을 확인할 수 있는 공적 장부라는 점을 고려하면 관련 법령에 명시적 조항이 없어도 가능한 조치라고 판단된다.[156]

관여한 교사 등에 대한 처벌 규정을 두었다(남유진, (2023), 「학교폭력 대응 및 조치에 대한 비판적 담론 분석: 학교폭력 근절 종합대책 관련 쟁점을 중심으로」, 『교육과학연구』 제54집 제2호, p. 101.

156) 신강숙, (2020), 「학교폭력예방법 개정과 행정심판 청구의 문제점」, 『교육법학연구』 제32권 제3호, p. 65-66.

나. 피해학생 보호조치

1) 학교장의 피해학생 긴급보호 조치

학교폭력예방법 제16조는 피해학생의 보호에 관한 조치를 규정하고 있다.

제1항 본문은 심의위원회가 피해학생의 보호를 위해 필요하다고 인정하는 경우 제1항 각호에 규정된 조치를 교육장에게 요청하도록 한다.

단서 규정에는 학교의 장이 학교폭력사건을 인지한 경우 피해학생이 반대하는 등 특별한 사정이 없다면 지체 없이 가해학생과 분리하도록 규정하고 있다. 그리고 피해학생이 '긴급보호'를 요청하는 경우에는 제1항 제1호, 제2호 및 제6호의 조치를 할 수 있도록 하고 있다.

학교의 장이 결정하는 긴급보호 조치는 심의위원회가 심의를 거쳐 피해학생에게 필요하다고 인정되는 보호조치를 하는 것과 달리 학교의 장이 학교폭력사건을 인지한 경우 조치를 결정한다는 점에서 구분된다.

학교폭력범죄를 인지하고 즉각적으로 피해학생의 의사에 따라 분리조치를 결정하여 보호가 필요한 피해학생이 심리적으로 안정을 취하고 안전을 확보할 수 있도록 한 취지로 이해한다.

그러나 법문상 '학교폭력사건을 인지한 경우'에서 학교의 장이 당해 학교폭력범죄에 관하여 당사자의 특정, 사건의 내용 등에 대해서 어느 정도까지 확인이 되어야 하는지에 대한 구체적인 규정은 없다.

이는 앞의 제6항에서도 살펴본 바와 같이 당사자를 특정하는 과정에서 야기되는 오인 신고, 허위신고 등에 따른 문제와 연결되어 가해학생 및 선의의 제3자 학생들에게 회복하기 어려운 피해를 줄 우려가 높다.

분리조치의 특성상 피해를 주장하는 학생과 가해자로 지목된 학생이 특정된 후 서로 공간적으로 마주치지 않도록 최대한 조치를 취하게 된다. 이 때 오인신고 및 허위신고로 인해 분리조치 대상자가 된 학생은 학급 및 학년 전체에 가해학생으로 알려져 명예가 훼손될 위험이 있다.

학교폭력범죄의 당사자라는 정보 등은 민감한 개인정보로서 그 법익을 보호하기 위해 업무담당자 등이 당해 업무를 수행하면서 알게 된 정보를 누설하지 않도록 규정하고 있지만, 정작 분리 등 같은 학급·학년의 학생들에게 쉽게 알려질 수 있는 조치를 취함에 있어서는 정확한 사실관계 확인을 통한 당사자 특정이 제대로 이루어지지 않는다는 점에서 문제가 있다.

제16조 제1항 단서 규정의 법문은 학교폭력범죄 사안에 대해서 학교장이 인지한 경우 당사자 간의 분리 조치를 실행할 수 있다는 것으로 해석되고 그대로 적용될 여지가 충분하기 때문에 '피해학생의 반대의사 등 특별한 사정이 없는'으로 규정한 분리 조치의 요건을 구체적으로 규정할 필요가 있다.

한편, 학교폭력예방법 제16조 제1항 각 호 외의 부분 단서에서 '피해학생의 반대의사 등 대통령령으로 정하는 특별한 사정'이라고 정하는 것에 대해 시행령 제17조의2는 가해자와 피해학생 분리 조치를 하지 않는 경우로 제2호에서 가해자 또는 피해학생이 「학교안전사고 예방 및 보상에 관한 법률」 제2조 제4호에 따른 교육활동[157] 중이 아닌 경우를 규정하고 있는데 이 규정은 학교폭력범죄에 대한 정의 규정을 깨뜨리고 불합리하게 분리조치의 예외를 규정하는 것이다.

학교폭력범죄는 교내와 교외라는 장소적 개념과 무관하게 학생을 대상으로 법이 규정하는 가해행위가 있는 경우에 성립하는 것이고 분리조치는 가해행위가 일어나고 있거나 가해행위 직후 추가적인 피해가 발생하지 않도록 피해학생과 가해자를 분리하는 조치라는 점에서 가해행위가 교육활동 중에 일어난 것인지 여부는 피해학생의 보호 등과는 직접적인 관계가 없다.

이는 학교의 장이 학교폭력범죄의 사실에 대한 인지 가능성과 분리조치를 취하였는지에 대한 사후 책임소재를 가리는 절차에서 유리하게 법 적용을 받을 수 있도록 한 것으로 해석된다.[158]

---

157) 「학교안전사고 예방 및 보상에 관한 법률」 제2조 제4호
4. "교육활동"이라 함은 다음 각 목의 어느 하나에 해당하는 활동을 말한다.
  가. 학교의 교육과정 또는 학교의 장(이하 "학교장"이라 한다)이 정하는 교육계획 및 교육방침에 따라 학교의 안팎에서 학교장의 관리·감독하에 행하여지는 수업·특별활동·재량활동·과외활동·수련 활동·수학여행 등 현장 체험활동 또는 체육대회 등의 활동
  나. 등·하교 및 학교장이 인정하는 각종 행사 또는 대회 등에 참가하여 행하는 활동
  다. 그 밖에 대통령령으로 정하는 시간 중의 활동으로서 가목 및 나목과 관련된 활동
158) 학교폭력예방법 제16조 제1항 단서규정에 학교의 장이 학교폭력범죄를 인지한 경우 분리조치를 취할 수 있도록 규정하고 있는데요 시행령 제17조의2 제2호에서 교육활동 중이 아닌 경우는 분리조치에 대한 시행의무를 부여하지 않는 것은 법의 취지와 목적과

2) 일시보호

제16조 제1항 제2호는 피해학생을 보호하기 위해 일시보호를 조치할 수 있다. 피해학생은 학교폭력범죄의 피해자이면서 신고자이기 때문에 가해학생으로부터 피해사실을 신고하지 않도록 강요당하거나 신고하는 경우 협박을 당할 위험이 있다. 따라서 피해학생은 전담기구 등에 신고한 이후에도 가해학생 등으로부터 2차 가해를 당하거나 신고에 대한 보복행위를 당할 우려가 있는 경우 신변의 안전을 보장받을 수 있어야 한다.

그러나 해당 법문은 '일시보호'라고 규정할 뿐, 구체적으로 보호조치를 받을 수 있는 기간이나 장소적 범위, 방법 등에 대해서는 정하고 있지 않다. '일시'라는 보호기간이 종료하면 그 뒤부터는 피해학생에 대한 보호의무도 같이 종료하는 것인지 의문이 든다.

현장의 실무자들도 '일시'라는 법문이 의미하는 시간적 범위가 구체적이지 않고 이에 대한 판단기준이 제시되지 않아 규정의 실효성이 적다.

사안에 따라서는 당사자 간 당해 문언에 대한 해석으로 민원이 발생하기도 한다. 또 '보호'에 대한 구체적인 조치 내용이 규정되어 있지 않아 교내에서 수업시간, 쉬는시간, 점심시간, 방과후 활동 시간 등 다양하게 분화된 활동 중에 취해야 할 보호조치와 등·하교 및 테마학습 등 교외 활동에서 취해야 할 보호조치의 구체적인 방법과 방식에 대한 규정이 없어 실질적인 보호조치를 원하는 피해학생 측의 민원이 발생한다.

학교 현장의 특수성과 다양한 교육환경에 대한 고려가 없거나 현저히 부족하다는 입법이라는 비판을 피하기 어렵다.

또 시행령 제18조 제1항 제2호는 '교육감이 정한 기관에서 일시보호를 받는데 드는 비용'을 피해학생에 대한 지원 범위로 규정하고 있는데, 교육감이 정하는 기관에서 일시보호를 하는 경우는 피해학생이 거주지에서 보호자 등으로부터 안전하게 보호받지 못하는 상황 등이 결부되어 있으므로 더욱 '일시'적으로 보호조치를 하는 것은 부적합하다. 구체적인 사례로 가해학생과 같은 통학버스 및 같은 노선의 버스를 이용하는 경우 등 피해학생이 2차 가해 및 보복행위를 당할 위험에 노출된 상황에서도 신변안전을

관계 없이 학교의 장의 책임을 감면해 주기 위한 것이다.

위한 보호조치가 실행되도록 관련 규정에 대한 보강이 필요하다.

한편, 범죄를 신고한 사람 등의 신변보호에 관하여 「특정범죄신고자 등 보호법」(이하, '범죄신고자법'이라 함)이 시행 중인데, 범죄신고자법 제2조 제1호에서 정하는 특정 범죄에 한하여 적용되고 신고자가 보복을 당할 우려가 있는 경우 검사 또는 경찰서장은 검찰청 또는 경찰서 소속 공무원이 신고자의 신변안전을 위해 필요한 조치를 할 수 있도록 규정하고 있다. 범죄신고자법 제13조의2에서 정하는 신변안전조치에는 일정기간 동안의 특정 시설에서의 보호, 일정 기간 동안의 신변경호, 참고인 또는 증인으로 출석·귀가 시에 동행, 대상자의 주거에 대한 주기적 순찰이나 폐쇄회로 텔레비전의 설치 등 주거에 대한 보호, 그리고 그 밖에 신변안전에 필요하다고 인정되어 대통령령으로 정하는 조치를 포함하고 있다.

범죄신고자법에서 정하는 신변안전조치는 '보복을 당할 우려가 있는 경우'를 전제로 하고 있다는 점과 보호 등 조치의 기간을 '일정 기간'이라고 한정하고 있다는 점에서 학교폭력예방법 제16조 제1항 제2호와 같은 문제와 한계를 보인다.

피해자 및 신고자에 대한 보복행위 금지 사항을 담은 규정은 제17조 가해학생에 대한 조치에서 확인할 수 있는데 이 역시 피해학생이나 신고, 고발한 사람의 신변안전을 위한 구체적이고 실질적인 보호 장치에 대한 규정 없이 가해학생에게 보복행위 금지의무를 부과하는 형식적 규정만을 두고 있어 실효성이 없다고 판단된다.

무엇보다 가해학생이 이 조치를 위반하고 보복행위를 한 경우에 같은조 제2항은 제17조 제1항 각호의 조치를 동시에 부과하거나 조치 내용을 가중한다고 기술한 것 외에 구체적으로 규정하지 않아 보복행위가 피해자 및 신고·고발한 사람에게 미치는 폐해와 학교폭력범죄에 대한 국가의 대응·대책을 무력화하는 엄중한 사항임에 비추어 행위에 대한 비난과 책임을 제대로 묻지 않는 것에 대해 비판을 피하기 어렵다.

앙갚음을 목적으로 한 보복행위를 할 수 없도록 억제하는 방안 마련과 함께 보복행위에 대해서는 무관용의 관점에서 엄격하게 책임을 물어야 할 필요성이 있다. 이러한 관점에서 학교폭력예방법 제22조 벌칙 조항에 보복행위에 대한 처벌 사항을 규정하고 있지 않은 점은 매우 안타깝다.

학교 현장에서 실제 발생할 위험이 있는 보복행위 등에 대해서 이를 강력하게 억제할 수 있는 장치[159]가 없다는 사정은 피해학생이나 목격자 등이 학교폭력범죄에 대해 신고를 하지 못하는 요인으로 작용할 여지가 충분하다.[160]

3) 학급교체

제16조 제1항 제4호는 피해학생에 대한 보호조치로써 학급교체를 규정하고 있다. 학급교체는 같은 학급에 소속된 학생 간에 학교폭력범죄 사건이 발생하고 상호 공간적으로 분리하고 교육환경을 개선할 필요가 있다고 판단하는 경우 취해지는 조치이다.

피해학생에 대한 보호조치로써 학급교체는 가해학생에 대한 처분조치가 학급교체에 미치지 않은 사례에서 피해학생이 가해학생과 같은 교실에서 생활하는 것에 심리적 고통과 상당한 거부감과 두려움을 느끼는 등 교육환경을 개선할 필요성이 있다고 보일 때 이에 대한 적절한 조치로서 운용이 가능할 것이다.

학교폭력범죄를 원인으로 하여 당사자 간에 공간 분리가 필요한 사정은 충분히 고려되어야 하고 특히 피해학생이 학급교체 등을 희망할 경우 그 의사를 존중하여 학교 현장에서는 이를 적극 수용할 수 있는 환경이 마련되어야 한다.

그러나 앞서 제17조에서 검토한 가해학생에 대한 학급교체와 같이 학년 당한 학급만 있는 경우에 피해학생을 위한 학급교체도 그 실효성이 없다. 학교의 특성상 학생들이 공동으로 사용하는 화장실, 식생활관(급식실), 운동장, 1개실인 음악실·미술실·실습실, 복도 및 계단 등 이동통로 등에서 당사자 간에

---

159) 제17조 제1항 제2호의 규정이 피해학생이나 신고, 고발한 사람에 대해 가해학생이 접촉하려 하거나 협박 등 보복행위를 방지하기 위한 목적이라면 문언상 규정을 두는 형식적 차원에 그쳐서는 안 되고 피해학생 등의 신변을 보호할 수 있는 실질적인 장치 규정을 두어야 할 것으로 보인다. 신변경호 인력을 배치하거나 등·하교 시 신변보호조치를 요구하는 피해학생등과 동행할 수 있는 인력을 확보하기 위한 근거 규정이 매우 아쉽다. 이를 위한 보다 세부적인 방안은 해당 장에서 서술하고 있다.

160) 교육부·이화여자대학교 학교폭력예방연구소 (2023), 「학교폭력 사안처리 가이드북」, p. 19.

마주치는 상황까지 차단할 수 있는 것은 아니다.161)

피해학생의 학급교체는 피해자가 그동안 생활하던 공간에서 벗어나 익숙하지 않은 다른 공간으로 이동하는 피해를 감수한다는 점에서 사회통념상 정의 관념에 부합하지 않고, 새로운 학급환경에 적응해야 하는 부담을 져야 한다는 문제가 있다. 또 가해학생은 소속된 학급에 그대로 남아 있게 되면서 소문이 많고 와전되기 쉬운 학교의 특성으로 말미암아 피해학생이 추가적인 피해를 당할 수도 있다.162) 또 가해학생의 반성과 성찰의 기회를 제공하는 측면에서도 비교육적이라는 문제가 있다.

다. 학교폭력범죄에 대한 신고의무와 보복행위

1) 신고의무 규정

학교폭력예방법 제20조 제1항은 학교폭력범죄 현장을 보거나 그 사실을 알게 된 사람은 학교를 비롯하여 학교폭력범죄 업무와 관계있는 기관에 이를 즉시 신고하도록 의무를 부여하고 있다. 같은조 제4항은 누구라도 학교폭력범죄의 예비·음모에 관한 사실을 알고 있는 사람이 학교의 장이나 심의위원회에 고발할 수 있도록 규정하여 예비·음모단계에서부터 고발할 수 있는 근거를 제시하고 있다.

학교폭력범죄의 사실에 대한 신고의무를 규정하고 예비·음모에 대해 고발할 수 있도록 입법한 취지는 은밀하게 이루어지는 학교폭력범죄에 대한 국민의 관심을 높여 범죄를 억제하고 발생한 사안에 대해서는 신속하게

---

161) 학급교체는 공간적으로 분리가 필요한 피해학생과 가해학생이 같은 학급에 있지 않도록 조치하는 것으로 학교에서 생활하는 동안 얼굴을 마주치지 않게 하는 완전한 분리는 아니라는 측면을 고려해 볼 때, 학교폭력예방법의 취지와 목적에 부합하도록 양 당사자의 관계회복을 위한 프로그램에 참여할 수 있는 기회를 지속적으로 제공하여, 한정된 공간에서 최소한으로 접촉하되 기본적인 학교생활을 영위할 수 있는 방안 마련이 시급해 보인다.

162) 학교폭력범죄의 다양한 유형 중에서 특히 학급내 편을 가르거나 (사이버)따돌림을 하는 사례가 상당수인데 피해학생이 다른 학급으로 이동할 경우 따돌림 가해학생들이 통쾌해하거나 '이제 속이 쉬원하다'는 등의 행동을 발현하는 것을 현장에서 목격하고 있기에 기존 학급에서 피해학생이 다른 학급으로 이동하는 조치는 피해학생이 추가적으로 겪게 될 피해를 예방하고 가해학생의 반성과 성찰, 피해학생에 대한 진심어린 사과가 이어지도록 수정할 필요가 있다.

필요한 조치를 다 하려는 것으로 이해한다. 실제 범죄에 대한 시민의 집중적인 관심과 높은 범죄 신고율은 범죄를 예방하는 효과가 있다.

미국과 호주의 경우 아동, 장애인, 노인 등 사회적 약자에 대한 학대 범죄, 가정폭력범죄와 같이 외부에 알려지기 어려운 영역에 대하여 직무상 관련 범죄의 발생 여부 등 범죄정보에 쉽게 접근할 수 있는 사람에게 신고의무를 부과하고 있다. 학교폭력예방법도 이러한 직무 관련자 등에 대한 신고의무 규정을 두어 범죄의 예방을 도모하는 것으로 이해된다.

그러나 매년 실시하는 교육부 주관 '학교폭력 실태조사' 보고서[163]를 검토해 보면 학교폭력범죄의 피해를 당한 피해 당사자 조차 더 괴롭힘을 당할 것을 우려하여 피해사실을 알리지 않았다는 응답이 있다. 이는 목격자 등의 관점을 고려하면 학교폭력범죄 사실을 신고한 것을 이유로 겪을 수 있는 보복행위에 대한 염려와 위험을 회피하려 할 것임을 추정할 수 있다.

무엇보다도 범죄의 예방과 발견 그리고 사후 수사를 통한 조치는 국가의 일반통치권에 따른 경찰권에 따라 수행되어야 할 국가 및 지방자치단체의 사무로서 일반 국민에게 범죄 사실의 인지에 따른 신고의무를 부여하여 수행하는 것은 적절하지 않다.

이는 자칫 국가와 지방자치단체에게 주어진 범죄예방 및 치안에 관한 책임을 일반 국민에게 전가하는 것으로 해설될 여지가 충분하며 또한 변질의 소지도 있다고 본다.

신고의무 미이행에 따른 교직원 등의 행정처분은 별론으로 하고 학교폭력예방법에서 신고의무 불이행 행위에 대해서 벌칙 규정이나 과태료 부과를 규정하고 있지 않다. 다만 법률로써 국민에게 의무를 부과하는 입법을 하는 경우 합리적인 범위에서 규정하는 노력이 필요하다.

특히, 신고의무자가 학교폭력범죄 사실을 신고하였으나 오인에 의한 것으로 피신고자에게 피해를 입힌 경우 이에 따른 민·형사, 행정책임을 지지 않도록 명확히 규정하지 않고 의무만을 규정하는 것은 선의의 신고의무자가 신고 행위로 인해 겪을 수 있는 여러 법적 책임을 등한시한 입법이라는 비판을 피하기 어렵다.

---

163) 한국교육개발원 (2023), 『2022년 1차 학교폭력 실태조사 분석보고서』, p. 21.

2) 신고자 등에 대한 신변안전조치

학교폭력범죄의 신고에 따른 보복범죄의 심각성은 지속적으로 제기되어 왔다. 2021년 10월 31일 제주특별자치도에서는 여고생이 남학생을 폭행하는 두 명의 청소년을 신고하였다가 가해학생들로부터 보복폭행을 당하였고, 여고생의 보호자는 가해학생들로부터 협박성 전화를 받았다.164)

학교폭력범죄에 대한 신고의무를 강조하고 있지만 선의의 신고자들이 신고당한 가해학생들로부터 갖은 욕설과 협박을 당하는 상황이다.

2022년 1차 학교폭력 실태조사 결과 발표에서는 2021년 1차 조사 결과와 비교하여 학교폭력 피해 후 '주위에 알리거나 신고했다'는 응답이 89.3%에서 90.8%로 1.5%, 학교폭력 목격 후 '알리거나 도와줬다'는 응답이 69.1%에서 69.8%로 0.7% 증가한 것으로 확인된다. 그러나 이는 피해학생이나 목격자 등이 보복에 대한 두려움을 오롯이 감내하는 차원에서 이루어진 신고 또는 도움이기 때문에 보복행위로 인한 위험이 감소하거나 신변에 대한 안전 보장이 강화된 것과는 관련이 없다.

피해학생이 제2호의 일시보호 조치를 통해 제한된 시간적 범위에서라도 신변안전에 필요한 지원을 받을 수 있는 것과는 대조적으로 신고·고발한 자에 대한 실질적인 안전조치 규정은 없다.

제13조 제2항 제5호에서 심의위원회 회의 소집의 사유로 '가해학생이 협박 또는 보복한 사실을 신고받거나 보고받은 경우', 제13조의2 제1항 제4호에서 학교장의 자체해결 요건으로 '학교폭력에 대한 신고, 진술, 자료 제공 등에 대한 보복행위가 아닌 경우', 제17조 제1항 제2호에서 가해학생에 대한 조치로써 '피해학생 및 신고·고발 학생에 대한 접촉, 협박 및 보복행위 금지', 같은조 제2항에서 '보복행위일 경우 각 호의 조치를 병과하거나 조치 내용을 가중'하는 사항에 관해서만 규정되어 있을 뿐이다.

결국 학교폭력예방법은 신고의무를 부여하거나 고발의 근거를 두면서도 선의의 신고자 등이 가해학생 등으로부터 보복당할 우려나 현실적인 위험으로부터 신변안전을 보장해 주지 못하는 중대한 흠결을 가진다. 학교폭력

---

164) KBS, (2021), 학교폭력 신고하자 보복폭행. 학부모에 협박성 전화까지, 2021.11.8.(검색: 2023.6.13).

범죄의 신속한 인지를 통한 억제를 위해 다른 범죄피해자를 유발하는 것은 아닌지 신고의무에 대해서 진중하게 살펴보아야 한다.

3) 가해학생에 대한 신변안전조치 규정

학교폭력예방법은 가해학생이 미성년자이고 초·중등교육과정에서 민주시민으로 성장하는 과정에 있는 학생이라는 점을 중시하여 형사처벌보다는 교육과 선도를 통한 개전에 중점을 두고 있다. 잘못된 행동을 하였으나 반성과 성찰의 기회를 주고 우리 사회의 건전한 구성원으로 성장할 수 있도록 교육하고 지원하는 것이다.

그러나 학교폭력예방법은 목적조항에서 밝히는 입법취지가 무색할 정도로 곳곳의 가해학생에 대한 징벌적 내용을 담은 조문이 있다. 이미 앞서 살펴보았던 가해학생에 대한 학교장의 긴급조치나 심리치료가 필요한 가해학생이 당해 치료를 받는데 발생하는 비용을 지원하지 않는 등 여러 조항의 규정이 그러하다. 그리고 가해학생이라고 하여 학교폭력범죄 사안과 관련하여 피해학생의 보호자 등으로부터 보복을 당할 위험으로부터 보호하는 장치를 두지 않고 있다.

학교 현장에서는 피해학생의 보호자 등이 가해학생에게 전화를 하여 '가만 두지 않겠다'는 등의 협박과 욕설을 하는 사례도 목격된다. 가해학생도 피해학생의 보호자 등 성인의 폭력에는 피해자가 된다. 가해학생에 대한 '괘씸죄' 시각은 벌을 받아야 할 행위와 보호받아야 할 신분을 혼재하게 만들어 가해학생의 인격권이나 안전에 대한 권리가 존중받지 못하는 상황으로 심화시키기도 한다.

형법은 '자기구제금지'의 대원칙하에 운영된다. 이는 범죄의 피해를 당한 것에 대해 피해자 등이 직접적으로 가해자를 벌하거나 피해에 상응하는 보복을 금지하는 것이다. 형법 제23조는 엄격한 요건에 따라 예외적으로 자구행위를 인정하고 있지만 예외의 정도를 초과한 경우에는 그에 상응하는 처벌을 부과한다.

그러나 학교폭력범죄 사건의 경우 피해학생의 보호자 및 일가 친척 등으로부터 가해학생이 협박 및 폭행 등을 당하는 사례가 종종 발생하고 있다는 점에서 가해학생도 잘못한 행위에 대한 처벌과는 별개로 협박 및 폭행 등으로부터 신변안전을 보호받을 수 있도록 관련 규정을 마련할 필요가 있다. 이는 학교폭력범죄의 사안처리 절차에서 '피해학생이 가해학생으로 전환'165)하는 문제를 사전에 예방하는 것과도 밀접하게 관련이 있다.

학교폭력예방법은 가해학생에 대한 조치 관련한 제·개정의 입법과정에서 가해행위에 대한 비난과 책임추궁에 중점을 둔 나머지 가해학생도 피해학생 및 그 보호자로부터 보복성 모욕, 명예훼손, 협박, 폭행 등을 당할 위험이 있다는 것을 간과한 문제가 있다.

심의위원회에서 진술하는 상당수의 가해학생 및 동행한 보호자가 피해학생 및 그 보호자 등으로부터 학교폭력 사건 처리 과정에서 언어폭력과 모욕, 협박 등을 당하고 있다고 호소하고 있는 사례는 학교폭력예방법이 가해학생의 선도와 교육을 목적으로 하면서도 구체적인 규정에서는 이에 부합하는 내용을 충분히 규정하고 있지 않다는 점을 밝혀준다.

제 3 절 소결

1. 규정의 문제

규정 측면에서 검토한 주요내용으로 먼저 '학교폭력'이 가지는 본질적 성질인 범죄성을 표지하지 않은 문제가 있다. 범죄성의 미표지로 인해 '학교폭력'에 대한 안일한 인식이 만연하고 미온적으로 대응하는 문제점이 있음을 확인하였다.

두 번째 '학교폭력'의 개념에 너무나 많은 사항과 광범위한 적용을 담음으로써 학교폭력 개념이 작용하는 인적·장소적 적용 범위에 대한 경계가

---

165) 학교폭력범죄 사안을 처리 절차에서 가해학생이 피해학생에게 용서를 빌고 화해하기를 구하는 과정에서 상대적으로 아쉬움을 토로하는 위치에 놓이고 피해학생은 가해행위로 인하여 받은 정신적 피해와 모욕감 등을 가해학생에게 폭력적으로 발산하는 사례가 다수 확인된다. 즉 당사자 간의 화해를 위한 과정이 가해학생에 대해 과도한 망신주기 등을 통해 인격을 침해하는 형태로 변질되는 일이 발생하는데 이는 당사자 간의 원만한 관계 회복에 도움이 되지 않고, 오히려 또 다른 학교폭력범죄 또는 민·형사, 행정 사항으로 다툼이 확대될 수 있기에 학교폭력범죄 사안처리를 위한 전 과정에서는 상호 간의 인격을 존중하고 추가적인 문제가 발생하지 않도록 법령에서 필요한 사항을 구체적으로 정해야 한다.

모호하다는 것이다.

세 번째 형법 외 다른 형사특별법상에서 규정하는 사항까지 포함하면서도 정작 규범력은 가지지 않는 등의 사항이 있었다.

네 번째는 학교폭력범죄에 관한 사안조사 등 절차를 규정할 필요가 있음에도 구체적인 방법이나 방식 등 절차에 관한 사항을 구체적으로 규정하지 않은 문제가 있었다.

학교폭력범죄의 예방과 사후처리에 관한 검토에서는 학교폭력예방법이 정하는 각 규정들이 현실에 실질적인 규범력을 가지지 못한 점이 있다는 것이 확인된다. 규범력이 없는 학교폭력예방법은 학생들이 건강하고 안전한 학교문화에서 인권을 보장받으며 생활하는 것에 기여할 수 없다는 점에서 분명한 문제제기가 있어야 한다.

2. 기구의 문제

기구 측면에서는 전담기구와 심의위원회 두 개의 기관으로 구분하여 검토하였다. 두 개의 기구 모두 전문성과 공정성을 확보해야 하는 측면에서 문제점을 확인하였다.

전담기구 관련하여 확인한 사항으로는 먼저, 전담기구가 학교 내 기피 부서인 이유로 책임교사 등 전담기구의 업무를 맡을 교원을 신규 또는 기간제 교사 등으로 안일하게 구성하는 문제가 있었다. 이는 풍부한 교육 경험을 통해서 학생의 문제적 행동이나 원인이 되는 주변 환경의 개선을 위해 일선에서 상담하고 사안을 조사할 수 있는 역량을 갖추어야 할 전담 기구의 기능을 해하는 일이다.

두 번째, 사안조사와 관련하여 학교폭력범죄 사안의 당사자 등은 사안에 대해서 전담기구가 조사를 통해 실체적 진실을 규명을 요구하고 있으나 전담기구의 조사 역량 및 인적·물적 여건은 그에 미치지 못하고 있다. 학교폭력범죄가 현실공간에서 사이버공간으로 이동하는 경향을 보이는 상황에서 사이버상에서 관련 증거관계를 조사해야 하는 사안이 많아지고 있는 점도 전담기구의 전문성에 문제가 있음을 보여주고 있다.

세 번째, 전담기구 책임교사 등 부원은 모두 교원으로 사안과 무관하게 평상시에도 교과목에 대한 수업과 평가 등을 하고 있는데 사안 관련하여 당사자인 학생을 조사하는 업무를 겸할 경우 전담기구 소속 교원과 당사자 학생 간의 관계가 조사의 공정성을 해할 수 있다는 문제가 확인되었다.

심의위원회 관련하여 확인한 사항으로는 먼저, 심의대상인 당사자를 특정하는 절차가 부재하다는 문제가 있었다. 심의위원회는 각 급 학교에서 이송된 사안에 대해서 수동적으로 심의하는 역할만을 하는 것이 아니라, 사안의 '학교폭력' 여부 자체를 판단하는 역할을 수행하는 책임을 갖는다는 점에서 안건에 상정된 사안의 당사자가 누락 되거나 불필요하게 참여하게 된 학생 등은 없는지 사실관계 등을 꼼꼼히 살펴야 하는 등 막중한 책임이 있다.

네 번째, 심의위원 개개인의 학교폭력범죄 사안에 대한 전문성을 담보해야 하는 문제를 확인하였다. 학교3주체를 구성하는 학부모의 참여를 이끌어 사안의 은폐·왜곡을 방지하면서도 사안에 대한 검토와 적절한 처분을 내리는데 전문성을 갖춘 학부모의 위원 위촉이 필요하다는 점을 확인하였다.

3. 당사자의 문제

당사자 측면에서는 먼저, 당사자 특정의 문제가 있었다. 학교폭력범죄에 관하여 누구라도 이와 관련된 사실을 알거나 알게 된 경우 신고할 수 있도록 하는데 문제는 오인 신고에 따른 당사자 특정의 오류가 발생할 경우 이에 대한 정정절차 등의 방법이 제대로 갖추어져 있지 않다는 문제가 있었다. 또 전학·전과 등 원하는 진학·진로를 선택하기 위해서 학교폭력범죄의 사안처리절차를 악용하는 사례도 발견되고 있어 당사자를 특정하는 사항에도 문제가 발견되었다.

두 번째, 당사자에 대한 보호조치의 실효성의 문제가 있었다. 피해학생에게는 보호조치를 하는데 보호조치를 통해서 피해학생에 대한 심리적 치유와 정서적 안정을 도모하고 신체의 건강을 보호할 수 있는 체계가 미흡하다는 문제가 확인되었다.

세 번째, 당사자에 대한 선도·교육조치의 실효성에 문제가 있었다. 가해학생이 가지는 기본적 인권을 보호하고 학교폭력예방법이 지향하는 처벌이 아닌 선도·교육을 추구할 수 있는 방안으로 개선해야 필요성이 확인되었다.

법 관점의 대응전략

| 제 4 장 | 학교폭력범죄에 대한 법적 대응전략 |

제 1 절 학교폭력예방법의 전면개정

1. 목적의 재정립 및 정의 규정의 명확성 보강

가. 목적조항의 재정립

제1조는 학교폭력예방법이 학교폭력범죄의 예방과 대책에 필요한 사항을 규정함으로써 피해학생을 보호하고 가해학생을 선도·교육하며 당사자 간의 분쟁조정을 통해서 학생의 인권을 보호함과 동시에 학생을 건전한 사회구성원으로 육성하는 것을 목적으로 규정한다.

법률의 목적은 이 법을 제정하게 된 사회적 배경과 필요성, 국민의 법감정 및 입법요구, 현안의 해결 및 장래 현상에 대한 대비·대응 실효성 등을 종합적으로 고려하여 규정한다는 점에서 목적 조항이 제정 당시나 현재의 학교폭력범죄 상황에 비추어 유효하고 합리적으로 설정되었는지 고찰할 필요가 있다.

앞 장에서 학교폭력예방법의 개별 조항이 가지는 문제점이나 한계를 면밀히 살피면서 법률의 목적이 사회변화와 학교 현장의 특수성을 제대로 반영하고 있는지에 대한 의구심이 들고 학생을 대상으로 벌어지는 폭력 등의 범죄행위에 대해서 제정취지는 교육적 방법으로 해결·해소하고자 하는 것이었으나 결과는 사법적 판단으로 이어지는 불합리한 사례들이 반복되어 당사자뿐만 아니라 학교 3주체도 학교폭력예방법이 정하는 규정으로 권리를 침해당하거나 정당한 주장이 제대로 반영되지 못한다는 등의 민원으로 이어지고 있다.

학교폭력예방법은 폭력 등 범죄행위와 이에 대한 조사 및 처분에 이르는 사항을 규정하는 법률이므로 사회전반 및 학교현장에서 요구하는 기능과 역할은 학교폭력범죄의 실체적 진실을 통해 사건의 사실관계를 파악하여 책임의 소재를 분명히 하고 피해학생과 가해학생을 특정하여 각 당사자에게 필요한 보호 및 조치를 정확하게 실행할 수 있도록 근거가 되는 것이다.

현재 학교폭력범죄에 대한 실체적 규정과 인지·접수 및 사안의 조사와 긴급조치, 처분, 교육지원청 이송에 이르기까지의 과정을 규정하는 절차적 성격을 모두 지니는 독특한 체계로 이루어진 법률이라는 점에서 그 목적은 제정시의 사회적 배경과 필요성을 충실하게 반영해야 할 것이다.

그러나 현행 학교폭력예방법의 제정목적은 교육기본법 제2조의 교육이념에서 규정하는 인격도야, 민주시민으로서 필요한 자질, 인간다운 삶의 영위, 민주국가의 발전과 인류공영에 이바지 등 추구하는 이념과 가치에 관한 사항을 그대로 옮겨 담은 것으로 보인다. 후속하는 개별 조항이 학교현장에서 당사자들에게 체감할 수 있는 보호나 교육적 효과를 발하도록 뒷받침을 전혀 하지 못하고 있다.

학교폭력예방법은 개개의 학교폭력범죄 사안 관련하여 상반된 주장의 충돌과 첨예하게 대립하는 심각한 갈등관계를 해결하기 위한 사항을 규정하고 또 사안에 따라서는 사법절차의 사전적 절차의 성격을 가진다는 점에서 좀 더 현실 상황에 적극적으로 관여하는 방향으로 규정될 것이 요구된다.

이에 학교폭력예방법의 목적을 '이 법은 학교폭력범죄의 예방 대책 및 학교폭력범죄 사안처리 절차에 관한 사항을 규정함으로써, 피해학생에 대한 실질적 보호와 가해학생에 대한 적정한 처분 및 교육·선도를 통하여 학생의 인권보호와 평화롭고 안전한 학교를 조성하는데 이바지 함을 목적으로 한다.'로 개정하여 현행 법률 문제점을 개선해야 한다.

학교폭력예방법의 목적조항이 학교폭력범죄의 예방과 원만한 사후처리를 고심하는 학교현장의 애로사항을 실질적으로 해소하는 것을 목적으로 한다면 학교폭력범죄에 대한 교사와 학교의 역할, 경찰 등 유관기관의 역할 분명해 지고 그 책임 소재 또한 명확해 질 것이기에 신속하고 정확한 예방활동 및 사안처리가 이루어질 것이라 생각한다. 또한 역할과 책임이 분명해 진 만큼 불분명한 책임관계를 다투기 위해 제기되어 온 민원 등도 해소될 수 있을 것이다.

표 9 신·구조문대비표

현 행	개 정 안
제1조(목적) 이 법은 학교폭력의 예방과 대책에 필요한 사항을 규정함으로써 피해학생의 보호, 가해학생의 선도·교육 및 피해학생과 가해학생 간의 분쟁조정을 통하여 학생의 인권을 보호하고 학생을 건전한 사회구성원으로 육성함을 목적으로 한다.	제1조(목적) 이 법은 학교폭력 및 학교폭력범죄의 예방 대책 및 학교폭력범죄 사안처리 절차에 관한 사항을 규정함으로써, 피해학생에 대한 실질적 보호와 가해학생에 대한 적정한 처분 및 교육·선도를 통하여 학생의 인권보호와 평화롭고 안전한 학교를 조성하는데 이바지 함을 목적으로 한다.

나. 정의 규정의 명확성 보강

1) 학교폭력범죄의 정의

제2조 제1호는 개정을 거치는 과정에서 학교폭력범죄의 개념이 학교 내에서 '학교 내외'로 공간적 범위가 확장되었고 학생 간에서 '학생을 대상으로' 개정되어 인적 범위가 확장되었다. 학교 밖과 사이버공간 상에서 발생하는 학교폭력범죄는 단속과 적발 그리고 전담기구의 조사역량이 미치기 어렵고 이를 업무로써 정상적으로 감당할 수 있는 인적·물적 자원이나 조사·수사에 대한 전문성도 턱없이 부족하다는 지적이 계속되고 있다. 또 학생 이외의 사람을 가해자의 범위에 포함하였으나 학생 아닌 가해자에 대해서 전담기구나 심의위원회에서 조사를 위해 출석요구를 하거나 조치 처분할 수 있는 근거가 없어 실효성이 없다.

무엇보다도 이와 같은 학교 중심의 사안처리 방식은 학교폭력범죄의 당사자를 비롯하여 학교 3주체의 평온하고 안전한 학교생활을 저해하고 있다는 점에서 학교폭력범죄의 개념을 현실 상황에 맞게 개정하여 실효성을 확보해야 할 필요가 있다.

이를 위해 학교폭력범죄의 개념을 구성하는 내용으로서 먼저 인적 범위를

'같은 학교에 재학하는 학생과 학생 사이'로 규정하고 공간적 범위는 '학교 내'로 개정해야 한다. 교내는 전담기구 소속 교직원이 업무를 수행하는 곳으로 학교폭력범죄에 대한 예방 및 사안조사, 사후관리에 필요한 교사의 지도권한과 업무역량이 실질적으로 미치는 범위에 있으므로 소속 교직원으로 하여금 교내에서의 예방 및 조사, 사후 관리 등의 업무에 집중할 수 있도록 제도적 환경을 조성하는 것이 합리적이다.

학교폭력범죄의 성립요건을 교내에서 발생하는 사안으로 한정함으로써 명확하고 한정된 업무관할에 따라 학교도 학교폭력범죄의 예방 및 입증을 통한 명확한 사안 해결, 당사자들의 신속하고 완전한 학교생활 복귀를 위해 구체적이고 현실적인 업무추진이 가능할 것으로 기대한다. 또한 인적범위에서 '학생이 아닌 사람'을 가해자의 범위에서 제외하여 학교 전담기구는 학생을 교육하는 교육기관으로서 본연의 역할에 충실할 수 있다.

한편 학교폭력범죄는 초등학교 1학년에서부터 고등학교 3학년에 이르는 광범위한 연령층의 학생을 대상으로 개념 정의를 하고 있는 탓에 대상에 따라서는 불합리한 적용이 되고 있다. 이에 형사미성년자 연령을 기준으로 하여 연령 미만자의 사안은 '학교폭력'이라 규정하고 연령 이상자의 사안은 '학교폭력범죄'로 규정하여 개념을 이원화하고 사안처리의 방법과 방식에 있어서 보다 세부적으로 구체화할 필요가 있다.

초등학교 저학년 및 형사미성년 등 폭력 사안에 대해서는 교사의 생활지도와 징계벌 등을 통해서 반성과 화해를 도모해야 한다.

교사의 생활지도 등으로 해결할 수 없는 사항은 수사기관 등 다른 전문기관이 처음부터 사건해결에 관여해야 한다. 형사미성년자가 아닌 학생이 당사자인 사안에 대해서는 행위의 '범죄성'을 표지하여 폭력행위에 대한 경각심을 가지도록 하고 책임성을 강조해야 한다.

한편 학교폭력범죄가 포함하는 여러 범죄행위에서 학교 전담기구 또는 심의위원회 차원에서 진실에 부합하는 사실관계의 확인이나 증거확보 등이 현실적으로 어려운 범죄행위나 이미 다른 기관의 절차에 따라 조사와 처리가 이루어지는 성폭력 등은 개념 정의에서 제외하는 방향으로 개정하여야 한다.

표 10 신·구조문대비표

현 행	개 정 안
제2조(정의) 이 법에서 사용하는 용어의 정의는 다음 각 호와 같다. 1. "학교폭력"이란 학교 내외에서 학생을 대상으로 발생한 상해, 폭행, 감금, 협박, 약취·유인, 명예훼손·모욕, 공갈, 강요·강제적인 심부름 및 성폭력, 따돌림, 사이버 따돌림, 정보통신망을 이용한 음란·폭력 정보 등에 의하여 신체·정신 또는 재산상의 피해를 수반하는 행위를 말한다. <신 설>	제2조(정의) ---. 1. "학교폭력"이란 학교 내에서 14세 미만인 학생 간에 발생한 상해, 폭행, 협박, 명예훼손·모욕, 강요 및 따돌림 행위를 말한다. 1의2. "학교폭력범죄"란 학교 내에서 14세 이상인 학생 간에 발생한 상해, 폭행, 협박, 명예훼손·모욕, 강요 및 따돌림 행위를 말한다.

2) 따돌림의 정의

현행 제2조 제1의2호에 규정하는 '따돌림'은 피해를 주장하는 학생의 지극히 주관적인 느낌과 의견에 의존하여 성립 여부를 다투게 되는 불합리한 점이 있다. 법문을 살펴보면 '2명 이상의 학생들이 특정인이나 특정 집단의 학생들을 대상으로'라고 규정하고 있는데 이와 같은 현상은 학교에서 학생들 사이에 친한 친구나 친하게 지내고 싶은 학생들 사이에 의사의 합치 등에 의해서 상대적으로 친분이 두터운 그룹이 형성되는 것을 마치 다른 그룹의 학생들이나 학생을 괴롭히는 행위로 특정 짓는 위험이 있다.

학생들이 성장하는 과정에서 발달의 정도에 따라 상호 어울리고자 하는 친구는 다를 수 있고 어떠한 친구와 친하게 지낼 것인지는 학생 개인의 자유로운 의사에 따라야 한다. 따라서 따돌림에 대한 정의는 '2인 이상의 학생이 다른 학생이나 학생들을 대상으로 지속적 반복적으로 신체적 또는 심리적 공격을 가하는 행위'로 정의할 필요가 있다. 다만, 전담기구 차원에서 따돌림의 성립 여부를 현실적으로 구분하는 일은 어려울 것으로 보여 따돌림의 성립 여부를 입증하기 위해 인력과 노력을 투여하는 것보다는 담임교사 등의 학생에 대한 상담과 생활지도를 통한 학생 간의 관계 회복의 방안을 내실 있게 마련하는 것이 더 실효적이고 학생에게 도움이 되는 방안이 될 것으로 판단된다.

표 11 신·구조문대비표

현 행	개 정 안
제2조(정의) 이 법에서 사용하는 용어의 정의는 다음 각 호와 같다.	제2조(정의) ------------------------------------.
1. (생 략)	1. (현행과 같음)
1의2. "따돌림"이란 학교 <u>내외</u>에서 2명 이상의 학생들이 특정 인이나 특정집단의 학생들을 대상으로 지속적이거나 반복적으로 신체적 또는 심리적 공격을 <u>가하여 상대방이 고통을 느끼도록 하는</u> 모든 행위를 말한다.	1의2. "따돌림"이란 학교 내에서 '2인 이상의 학생이 다른 학생이나 학생들을 대상으로 지속적·반복적으로 신체적 또는 심리적 공격을 가하는 모든 행위를 말한다.

3) 피해학생 및 가해학생의 정의

학교폭력예방법은 제2조 제4호에서 '피해학생'을 규정하고 같은조 제5호에서 '가해학생'을 규정하고 있는데 명확하게 피해학생과 가해학생의 지위가 확정되기 전의 절차적 단계에서의 지위와 구분지을 필요가 있음을 확인하였다. 이에, 피해사실을 주장하는 학생에 대해 전담기구가 사실관계를 확인하고 확정하기 전의 지위로 '피해주장학생'이라 하고, 가해행위를 하였다고 지목된 학생을 '가해지목학생'이라고 정의하는 것을 개정안으로 제시한다.

　전담기구는 피해사실이 있다고 주장하는 학생의 주장을 접수한 상황에서 가해행위를 하였다고 피신고된 학생을 바로 '가해학생'으로 특정할 수 없다. 이는 일방의 주장만을 근거로 하여 다른 상대방을 학교폭력범죄의 가해자로 특정하는 것이기 때문에 인권침해의 위험이 있다.

　이와 같은 신설 규정은 허위신고 및 오인 신고로 인해 선의의 제3자가 낙인효과 등의 피해를 당하지 않도록 하고, 전담기구가 오인 신고 등에 따른 불필요한 절차 개시를 줄여 업무에 대한 피로도를 낮추고 예방과 관계 회복에 더 많은 역량을 투여할 수 있도록 한다.

　한편 가해학생의 정의에서 '가담한 학생'을 규정하는데 '가담'이 의미하는 행위의 정도와 범위가 명확하게 규정되어야 다수의 학생이 연루된 사안에 있어서 가해학생을 특정할 수 있다. 형법 제30조는 2인 이상이 공동의 범행의사와 공동의 실행행위를 충족하는 경우 이를 '공동정범'으로 인정하여 각자를 그 죄의 정범으로 처벌한다.

다수의 가해학생이 연루된 학교폭력범죄 사안에서 가해학생을 특정할 때에도 형법의 공동정범 규정을 차용하여 해당 가해행위를 함에 있어서 공동의 가해의사가 있었는지와 공동의 가행행위가 있었는지를 조사하여 명확히 구분한다면 사안을 신속하고 정확하게 파악하고 적절한 조치 처분할 수 있다.

　따라서 가해학생이 다수인 사안을 고려하여 가해학생 규정의 가지 조항으로써 '공동가해학생'을 신설하고 이에 대한 정의를 '2인 이상의 학생이 공동하여 가해행위를 한 때에는 각자를 가해학생으로 한다'로 규정해야 한다.

표 12 신·구조문대비표

현 행	개 정 안
제2조(정의) 이 법에서 사용하는 용어의 정의는 다음 각 호와 같다.	제2조(정의) --.
3. "가해학생"이란 <u>가해자 중에서</u> 학교폭력을 행사하거나 <u>그 행위에 가담한</u> 학생을 말한다.	3. ----------- <u>학교폭력범죄를 행위를 한</u> ----------------------------.
<신 설>	<u>3의2. "공동가해학생"이란 2인 이상 공동하여 가해행위를 한 학생을 말한다.</u>
<신 설>	<u>3의3. "가해지목학생"이란 학교폭력범죄 행위를 하였다고 지목되거나 신고된 학생을 말한다.</u>
4. "피해학생"이란 <u>학교폭력으</u>로 인하여 피해를 입은 학생을 말한다.	4. ----------- <u>학교폭력범죄</u>-------------------------.
<신 설>	<u>4의2. "피해주장학생"이란 학교폭력범죄 행위로 인해 피해를 당하였다고 주장하거나 신고된 학생을 말한다.</u>
5. (생 략)	5. (현행과 같음)

2. 객관적 해석·적용 및 다른 법률과의 관계 정리

가. 객관적 해석과 적용

1) 당사자의 주관에 따른 절차 개선

학교폭력범죄 사안처리 절차가 당사자의 주관적 판단에 따라 절차의 개시, 절차 참여 대상자의 선택, 학교장 자체해결 부동의 등이 이루어지다 보니 사안 처리에 따르는 절차적 안정성을 확보하지 못하는 문제점이 있다는 점을 논의하였다.

학교폭력범죄의 처리 절차상에서 피해학생 및 그 보호자의 의사를 존중하여 절차 개시 여부 등 전반적인 사항에 대해서 희망하는대로 절차를 진행하여 사안을 원만하게 처리하려는 입법의 의도는 일정 부분 이해할 수 있다. 그러나 절차적 안정을 심각하게 해치는 문제가 있다.

또 피해학생 이나 그 보호자의 의사에 따라 절차의 개시나 종료가 지나치게 좌우되는 문제로 인해서 합의나 신고 취소를 원하는 가해학생을 상대로 피해학생이 일명 갑질을 하는 형태의 앙갚음을 하는 사례도 확인된다.

이에 학교폭력범죄 사안 처리절차의 안정성을 확보하기 위해서 먼저, 학교에서 발생한 학교폭력범죄를 인지한 전담기구가 당사자의 절차 개시 희망여부와 관계없이 의무적으로 해당 사안에 대하여 조사하고 결과보고하도록 규정해야 한다.

이에 제11조의2 제1항을 "교육감은 학교폭력범죄의 예방과 사후조치 등을 위하여 다음 각 호의 조사 및 상담을 실행하여야 한다." 로 개정하고, 제14조 제5항에 "전담기구는 인지한 학교폭력범죄에 관하여 조사하고 그 결과를 학교장에게 보고하여야 한다."를 신설할 필요가 있다.

사안에 대한 조사개시에서부터 피해학생 및 그 보호자의 의사에 따라 좌우되는 것을 방지하여 사안처리의 안정성을 강화하고 사안해결의 공정성과 개별 사안 간의 형평성을 확보할 필요가 있다.

이는 학교폭력예방법이 형사처벌이 아닌 행정처분으로서 가해학생에게는 선도와 교육을 목적으로 하고 피해학생을 보호하는 것을 목적으로 한다는

- 163 -

점에서 절차를 통해서 사실관계를 정확히 확인하고 시시비비를 명확히 함으로써 갈등의 완전한 해소를 지향하기 때문이다.

표 13 신·구조문대비표

현 행	개 정 안
제11조의2(학교폭력 조사·상담 등) ① 교육감은 학교폭력 예방과 사후조치 등을 위하여 다음 각 호의 조사·상담 등을 수행할 수 있다.	제11조의2(학교폭력 조사·상담 등) ① ------ 학교폭력범죄의 --- 수행하여야 한다.
제14조(전문상담교사 배치 및 전담기구 구성) ⑤ 전담기구는 학교폭력에 대한 실태조사(이하 "실태조사"라 한다)와 학교폭력 예방 프로그램을 구성·실시하며, 학교의 장 및 심의위원회의 요구가 있는 때에는 학교폭력에 관련된 조사결과 등 활동결과를 보고하여야 한다.	제14조(전문상담교사 배치 및 전담기구 구성) ⑤ 전담기구는 인지한 학교폭력범죄에 관하여 조사하고 그 결과를 학교장에게 보고하여야 한다.

2) 조사자와 교사 역할의 분리

가) 책임교사의 업무분장 조정

책임교사는 전담기구 소속으로 학교폭력범죄에 대한 조사 주체이면서 학생들에게 담당 과목을 가르치는 교사의 지위를 동시에 갖는다. 이와 같은 이중적 지위는 교사가 담임교사이면서 특정 부서의 부원으로서 갖는 이중적 지위와 성격이 다르다. 당해 지위에 수행해야 하는 업무의 성격이 본질적으로 다르기 때문이다.

책임교사는 피해학생과 가해학생 모두에 대해서 교사로서 학생에게 보내는 신뢰나 사랑의 관점이 아니라 인지한 사건에 대한 정확한 사실관계를 진술 및 그 밖의 증거관계를 통해서 입증하고 인정되는 사실을 바탕으로 법령에 따라 필요한 조치 등에 대하여 보고해야 한다. 따라서 책임교사가

- 164 -

본업인 교육과 조사를 수행하도록 하는 것은 교사 개인에게 충돌하는 두 개의 업무로 혼란을 겪게 하고 업무의 효율성을 저해한다. 이뿐만 아니라 교육자로서 사명과 소신 그리고 교육 관련 법령에 근거하여 학생을 가르쳐야 하는 교사의 직업윤리를 침해할 우려가 있다. 이런 이유로 전담기구의 책임교사를 맡는 경우 담당 과목에 대한 수업을 하지 않도록 법률로써 명확히 규정해야 한다. 또한 일정 기간의 교육경력을 바탕으로 전담기구 업무를 원활하게 수행할 수 있는 교원으로 전담부서를 꾸릴 수 있도록 관련 규정을 정비해야 한다.

이에 제14조 제3항을 "학교의 장은 교감, 전문상담교사, 보건교사 및 책임교사, 학부모 등으로 학교폭력범죄를 담당하는 전담기구를 구성한다. 이 경우 전담기구 소속 부원은 교육경력 3년 이상을 자격요건으로 하고, 책임교사는 학교폭력범죄의 예방과 조사 등의 사후조치에 관한 업무만을 수행한다."로 개정해야 한다.

이와 같은 규정을 통해서 현재 책임교사가 학교폭력범죄 사안 처리와 관련하여 피민원인이 되어 정상적인 수업준비와 수업, 평가를 할 수 없어 발생할 수 있는 교사의 수업권 및 학생의 학습권이 침해되는 것을 사전에 차단하고 책임교사로서의 업무에 충실할 수 있도록 환경을 마련해야 한다.

표 14 신·구조문대비표

현 행	개 정 안
제14조 ③ 학교의 장은 교감, 전문상담교사, 보건교사 및 책임교사(학교폭력문제를 담당하는 교사를 말한다), 학부모 등으로 학교폭력문제를 담당하는 전담기구(이하 "전담기구"라 한다)를 구성한다. 이 경우 학부모는 전담기구 구성원의 3분의 1 이상이어야 한다.	제14조 ③ 학교의 장은 교감, 전문--- 전담기구 소속 부원은 교육경력 3년 이상을 자격요건으로 하고, 책임교사는 학교폭력범죄의 예방과 조사 등의 사후조치에 관한 업무만을 수행하여야 한다.

④ 〈신설〉	④ 전담기구의 학부모 위원의 수 는 2인 이상으로 하되 구성원의 3분의 1 이내로 한다.

나) 전문상담교사 운영 체계 확립

제14조 제2항 및 제3항에 근거하여 전문상담교사는 학교장 및 심의위원회의 요구에 따라 당사자에 대한 상담결과를 보고하여야 하고, 전담기구의 구성원으로서 업무를 수행한다. 전문상담교사는 초중등교육법 제19조의2 제1항의 규정에 근거하여 교육공무원법 제22조의2에서 정하는 전문순회교사도 배치되고 있다.

문제제기에서 논의한 대로 전문상담교사는 피해학생의 심리적 충격을 완화하고 트라우마 등 후유증을 예방 및 치유할 수 있도록 상담업무에 전념하여야 한다. 또한 가해학생이 가해행위를 촉발하는 환경적 요인 및 심리적 요인 등을 면밀히 파악하여 가해학생이 심리적 안정을 취할 수 있는 적절한 환경이 조성될 수 있도록 조력하고 폭력성 등 병리적 요인이 확인되는 경우 이의 치유를 위한 가장 합리적인 방안을 제시하고 실행하는 역할이 요구된다.

상담의 본질적인 기능과 상담교사의 본분이 피해학생과 가해학생을 구분하지 않고 당사자인 학생 모두의 안정과 평화를 확보하고 유지하는 것이라는 점에서 상담교사는 사안의 실체적 사실관계의 확인이나 시시비비를 가리는 등의 의사결정에 참여하지 않는 것이 바람직하다. 상담교사와 학생 간에는 라뽀 형성이 필요하고 상담교사는 당해 사안의 해결에 그치지 않고 향후 계속적인 공감과 상호작용을 통해서 학생이 심리적 안정 상태를 유지하는 일에 집중해야 한다.

제14조 제2항을 "전문상담교사는 학교의 장 및 심의위원회의 요구가 있는 때에는 학교폭력범죄에 관련된 피해학생 및 가해학생과의 상담결과를 보고하여야 한다. 다만, 사건에 대한 조사 및 인정사실의 판단에는 관여할 수 없다."로 개정해야 한다.

표 15 신·구조문대비표

현 행	개 정 안
제14조(전문상담교사 배치 및 전담 기구 구성) ① (생 략) ② 전문상담교사는 학교의 장 및 심의위원회의 요구가 있는 때에는 학교폭력에 관련된 피해학생 및 가해학생과의 상담결과를 보고하여야 한다. 〈단서 신설〉	제14조(전문상담교사 배치 및 전담 기구 구성) ① (현행과 같음) ② -------------------------------- -------------------------------- -------------------------------- --------------------------------. 다만, 사건에 대한 조사 및 인정 사실의 판단에는 관여할 수 없다.

나. 다른 법률과의 관계 확립

제3장에서 법률적 고찰을 통해 아동의 지위에 있는 피해학생은 학교폭력 예방법이 아닌 아동학대처벌법에 따라 수사기관에 교사 등 학생 아닌 가해자에 대해서 고소가 가능함을 확인하였다. 이는 절차의 이중적 적용으로 학교 현장에 혼선을 야기할 뿐만 아니라, 학교폭력예방법의 실효성을 상쇄하는 요인이 된다. 앞에서 논의한 학교폭력범죄의 주체와 객체를 '학생 간'으로 개정하는 경우 제기된 문제는 자연스럽게 해결할 수 있다.

성폭력도 학교폭력범죄의 정의에서 삭제하는 개정 방안이 실행된다면 성폭력처벌법의 적용에 따른 학교폭력예방법의 형해화 문제를 해소할 수 있다. 다만, 다른 법률과의 관계를 조정[166]할 필요성에 있어서 교육기본법 및 초중등교육법 등 교육 관련 법의 개정을 통해 학교폭력예방 및 사전 억제를 위해 교육차원의 실효적인 방안을 논의할 필요가 있다.[167]

학교폭력예방법은 가해학생에 대한 처우에 있어서 교육과 선도를 강조

---

[166] 학교폭력예방법의 실효성을 확보하기 위해 학교폭력예방법의 개정뿐만 아니라, 다른 법률의 제·개정을 포함한다.

[167] 2023년 7월 18일에 재직하는 학교에서 극단적 선택을 한 서울서이초등학교 교사의 사례를 통해서도 학교폭력예방 및 사후처리를 위해서는 교사의 수업권 보장 및 책임교육 실천을 위한 교사의 권한 강화를 위한 법률과 제도적 장치의 보완이 필요하다는 것이 확인된다.

하고 있다. 가해학생을 둘러싼 교육환경은 가정과 학교, 사회환경을 모두 포함하는 광범위한 사항이기 때문에 가해학생의 폭력적 성향이나 자연스럽지 못한 대인관계 등의 문제적 요인을 해소하는데 교사의 권한이 보장되어야 한다.

구체적으로는 교사가 정당한 교육방법을 통해서 당사자인 학생이 바람직한 인성을 함양하고 이를 실천적 행동으로 발현할 수 있도록 교사에게 피해학생 및 가해학생에 대한 상담과 훈육을 할 수 있도록 권한을 부여해야 한다.

교사에게는 학생의 인권을 보호·보장하고 증진시키기 위해 필요한 교육과 조치를 할 수 있는 법적 힘을 부여하고 있다. 이를 교사의 권한이라고 통상적으로 '교권'이라고 부른다. 2010년 경기도학생인권조례의 제정·시행을 시작으로 학생인권 보호에 관한 사회적 이슈가 커지면서 교권을 보호하기 위한 법적·제도적 장치의 마련도 함께 강조되었다.[168]

교사의 권한은 전국적 통일을 요하는 사항이고 국가사무에 해당하므로 이는 지방자치단체의 자치법규인 조례가 아닌 법률로써 필요한 사항을 제정하거나 기존의 교육 관련 법률을 개정하는 방안을 찾는 것이 바람직하다.

학교폭력범죄는 가해학생과 피해학생의 구분이 모호하거나 당사자 모두가 가해행위의 주체로 판단되는 사례가 다수라는 점을 고려하면 당사자에 대해서 인성함양과 바람직한 행동 발현으로 교육적 효과를 낼 수 있도록 교육적으로 정당성과 실효성을 가진 책임교육의 실천적 방법들이 지속적으로 실행되어야 한다.

이의 구현을 위해서는 교사가 교육전문가로서 당사자인 학생들을 적극적으로 교육하고 선도할 수 있는 법적·제도적 장치를 강화해야 한다. 또 사회문화적으로 책임교육을 실천하는 교사에 대해 지지를 보내고 추가적인 보상[169]을 제공해야 한다는 공감대를 확산시켜야 한다.

---

168) 교권 보호를 위해 일명 '교권조례'를 제정을 위한 제정운동이 일고 실제 제정되기도 하였으나, 교권에 관한 사항은 국가사무로서 지방자치단체의 자치법규인 조례로 규정할 수 있는 사항이 아니라는 이유로 대법원에서 '무효 확인'으로 판결되었다.
169) 학교폭력범죄의 당사자 간의 원만한 관계회복과 정상적인 학교생활 복귀할 수 있도록 적극적으로 교육활동을 펼치거나 긍정적인 성과를 도출하는 교사에게 승진 가점, 급여상의 추가 보상 등의 인센티브를 과감하게 부여하는 것을 고려한다.

일반 행정에서도 적극행정을 실천하는 경우 그에 대한 합리적인 보상이 보장되고, 적극행정을 실천하는 등의 과정에서 의도치 않게 발생한 과실에 대해서는 면책하는 사항과 동일하거나 더욱 강력한 뒷받침이 마련되어야 한다.

학생의 인격과 안전, 적성을 고려한 진로 교육 등 학생의 인권을 보호하고 증진하기 위한 목적으로 법률이 허용하는 정당한 교육방법 및 상담의 실행이라는 조건에서 책임교육을 실행하는 과정에서 발생하는 민원제기나 고소·고발 등으로부터 당해 교사의 민·형사, 행정상의 책임을 면제해야 한다. 또 교육활동으로 인하여 타인으로부터 신변상의 위협이 있어 보호가 필요하다는 교사의 신청이 있는 경우 이에 대해 경찰 등으로부터 신변안전을 위해 필요한 조치를 받을 수 있도록 이중·삼중의 안전장치를 제공해야 한다.[170]

이에 교육기본법 제2조를 "교육은 홍익인간의 이념 아래 모든 교원의 책임교육을 도모하여 모든 국민으로 하여금 인격을 도야하고 자주적 생활 능력과 민주시민으로서 필요한 자질을 갖추게 함으로써 인간다운 삶을 영위하게 하고 민주국가의 발전과 인류공영의 이상을 실현하는 데에 이바지 함을 목적으로 한다." 로 개정하는 방안을 제시한다.

또한, 초중등교육법 제20조의2에 조항을 신설하여 제1항을 "학교의 장과 교원은 학생의 인권을 보호하고 교원의 교육활동을 위하여 법령과 학칙으로 정하는 바에 따라 학생을 지도하여야 한다." 로 규정하고, 제2항을 "교원의 정당한 교육활동은 보장되며, 책임교육의 적극적인 실천에 따른 민·형사, 행정상의 책임은 면제하거나 감경할 수 있다.", 제3항은 "교원의 정당한 교육활동과 관련하여 법령에 따른 민원제기 및 고소·고발로 문제제기가 있는 경우 변호인[171]의 선임을 지원할 수 있다." 로 신설할 것을 제시한다.

끝으로 학교폭력예방법 제14조의2를 신설하여 "학교의 모든 교직원은 학교폭력범죄의 예방과 조사, 상담 등에 필요한 협력을 다하여야 한다." 로 개정해야 한다.

---

170) 교사에게 법률전문가의 조력이 필요하다고 인정되는 경우 학교의 예산으로 변호사 자격이 있는 변호인을 선임하는 등의 지원도 적극 검토되어야 한다.
171) 변호사 자격이 있는 변호인을 의미한다.

표 16 신·구조문대비표

현 행	개 정 안
제2조(교육이념) 교육은 홍익인간 (弘益人間)의 이념 아래 <u>모든 국 민</u>으로 하여금 인격을 도야(陶 冶)하고 자주적 생활능력과 민주 시민으로서 필요한 자질을 갖추 게 함으로써 인간다운 삶을 영 위하게 하고 민주국가의 발전과 인류공영(人類共榮)의 이상을 실 현하는 데에 이바지하게 함을 목적으로 한다.	제2조(교육이념) ---------------- ---------------- <u>모든 교원의 책임교육을 도모하여 모든</u> ---- ------------------------------ ------------------------------ ------------------------------ ------------------------------ ------------------------------ --------------.

표 17 신·구조문대비표

현 행	개 정 안
제20조의2(학교의 장 및 교원의 학 생생활지도) 학교의 장과 교원은 학생의 인권을 보호하고 교원의 교육활동을 위하여 필요한 경우 에는 법령과 학칙으로 정하는 바 에 따라 학생을 지도할 수 있다.	제20조의2(학교의 장 및 교원의 학 생생활지도) ① -------------- ------------------------------ ------------------------------ ------------------------------ --- 지도하여야 한다.
〈신 설〉	② 교원의 정당한 교육활동은 보 장되며, 책임교육의 적극적인 실 천에 따른 민·형사, 행정상의 책 임은 면제하거나 감경할 수 있다.
〈신 설〉	③ 교원의 정당한 교육활동과 관 련하여 법령에 따른 민원제기 및 고소·고발로 문제제기가 있 는 경우 변호인의 선임을 지원 할 수 있다.

표 18 신·구조문대비표

현 행	개 정 안
〈신 설〉	제14조의2 학교의 모든 교직원은 학교폭력범죄의 예방과 조사, 상담 등에 필요한 협력을 다하여야 한다.

3. 전담기구 및 심의위원회 전문성 강화

가. 전담기구 구성 및 자격

책임교사의 업무분장 조정을 위한 법률 개정안을 제시하면서 전담기구 소속부원의 자격요건으로 '3년 이상의 교육경력'을 규정하고 학부모 위원의 수를 기본적으로 2인 이상으로 하되 전담기구 구성원 수의 3분의 1 이내로 하는 개정안을 제시하였다.

특정 교육경력 이상을 전담기구 소속 부원의 자격요건으로 한 것은 비록 전담기구 소속 교사가 책임교사와 같이 전담기구의 위원이나 간사와 같은 지위는 없으나 학교폭력범죄 사안 조사 및 관련 절차의 업무를 수행하기 때문이다. 교육경력을 바탕으로 다수의 상담 경험과 학생 유형에 따른 사례 적용 등 업무수행에 대한 교육전문가로서의 역량을 강화해 줌으로써 전담기구의 학교폭력범죄 예방 및 조사 등 사후조치의 원활한 수행에 기여할 것으로 보인다.

또한 새학년 새학기를 맞이하면서 벌어지는 업무분장에서 교사들이 회피하는 전담기구 업무를 신규 임용 교사나 기간제 교사 등이 떠안게 되는 불합리한 학교의 조직문화도 개선할 수 있다는 장점이 있다.

학부모 위원의 수를 2인 이상으로 하되 전담기구 구성원 수의 3분의 1 이내로 한정한 것은 본 논의의 문제 제기뿐만 아니라 학교폭력예방법의 개정과정에서 지속적으로 제기되어 온 학부모 위원의 전문성 결여와 여기서 파생되는 전담기구의 조치에 대한 불신을 해결하기 위해서다.

학교폭력범죄에 대한 은폐 또는 축소하려는 시도가 있었던 점을 단속하고자 학부모 위원 다수의 참여를 보장한 것이지만 기대한 효과는 미미하고 오히려 전문적 견해 등이 반영되지 못하는 측면이 있다.

학부모 위원이 다수 참여하면서 특정 학부모 위원과 갈등관계에 있는 당사자의 보호자 등은 전담기구의 조치 결정을 신뢰하지 못하는 사례도 발생할 수 있으므로, 전담기구 위원에 대한 제척·기피·회피에 관한 규정을 신설하여 전문성과 공정성을 모두 확보할 수 있도록 개정해야 한다.

이에 학교폭력예방법 시행령 제16조 제3항을 "전담기구의 공정한 심의를 위해서 동 시행령 제26조를 준용한다."로 개정안을 제시한다.

표 19 학교폭력예방법 시행령 신·구조문대비표

현 행	개 정 안
제16조(전담기구 운영 등) ①·② (생 략)	제16조(전담기구 운영 등) ①·② (현행과 같음)
〈신 설〉	③ 전담기구의 공정한 심의를 위해서 동 시행령 제2조를 준용한다.
③ (생 략)	④ (현행 제3항과 같음)

나. 심의위원회 구성 및 자격

학교폭력예방법은 심의위원회의 전문성을 강화하기 위해서 심의위원으로 판사, 검사, 변호사 등의 법률전문가와 의사, 교수 등의 전문직 자원을 규정하고 있으나, 실제 심의위원으로 활동하는 사람 중에 이와 같은 전문직 종사자는 찾아보기 힘들다.

학교폭력범죄예방법의 형해화를 방지하기 위해서는 심의위원회에 이와 같은 전문 직종의 위원을 필수적으로 위촉하도록 하되 그 이외의 다른 위원에 대해서 세부적으로 심의영역을 나누어 위촉함으로써 위원마다 자신의 전문분야에서 역량을 발휘할 수 있는 체계를 만들어야 한다. 성실한 참여에 따른 충분한 보상도 마련해야 한다.[172] 다만, 이와 같은 전문가의 참여는

---

172) 현재 심의위원회 운영에 있어서도 일부 전문위원회가 운영되고 있으나, 위원이 자신의

다른 심의위원들이 전문가 위원의 의견에 맹목적으로 따라 판단하게 되는 부작용이 있으므로 심의위원회 구성을 학교폭력범죄 사안을 심의하는데 필요한 전문영역으로 구분하고 각 전문영역 마다 해당 분야의 전문가를 위원으로 위촉해야 한다.

심의위원의 심의 역량을 질적으로 상승시킴으로써 심의위원회의 조치 결과에 대한 당사자들의 신뢰를 높일 수 있다. 학교폭력범죄에 대한 조사 및 조치에 대한 전문성이 없는 다수의 위원의 참여보다는 법률, 의료, 상담, 정책 등 구체적인 영역의 전문가로 구성된 심의위원회는 그 운영으로 심의에 대한 신뢰와 조치결과에 대한 승복으로 절차를 조기에 종료함으로써 당사자들의 신속한 학교생활 복귀를 가져올 수 있다.

무엇보다도 전문성이 결여된 심의위원회의 조치결과에 대해서는 당사자 등의 이의제기로 행정심판을 비롯하여 소송으로 이어지는 사례도 발생하고 있다는 점을 문제제기에서 논의하기도 하였다. 또한 심의 절차 등의 흠결에 대한 별도의 추가적인 민원제기가 이어지는 경우 학교폭력범죄 사안의 당사자가 정상적인 학교생활로 복귀하는 것은 요원할 수밖에 없다는 점에서 심의위원회의 구성과 운영 방식에 대한 전문성 강화 측면에서 역량을 대폭 개선함으로써 심의절차에 대한 신뢰를 확보하고 조치결과에 대한 성실한 이행을 기대할 수 있다.

전문분야에 대해서 적극적으로 의견을 제시할 수 있는 환경이 아니라는 점에서 개선이 필요하다는 목소리가 있다. 전문가로서 의견을 제시한다고 하더라도 다수결 방식으로 조치 결정을 하고 있다는 사정도 해당 분야 전문가의 의견이 반영되지 못하는 이유로 꼽히고 있다.

4. 당사자 조치 규정의 실효성 강화

가. 피해학생에 대한 보호 조치 개선

피해학생의 심리적 안정과 치유를 도모하면서 추가적으로 발생할 수 있는 가해학생 등의 보복행위로부터 신변안전을 확보할 수 있는 방안을 마련해야 할 필요성은 문제제기에서 특히 강조하였다. 이에 각 사항별로 개선방안을 제시한다.

1) 시행령 제17조의2의 개정

시행령 제17조의2 제2호는 「학교안전사고 예방 및 보상에 관한 법률」 제2조 제4호에 따른 교육활동 중이 아닌 경우 학교의 장에게 분리조치를 취해야 할 의무가 없는 것으로 규정하고 있다.

현행의 규정에 비추어 보면 이는 학교폭력범죄를 학교 내·외에서 학생 이외의 다른 사람으로부터 가해를 당하는 경우까지 정의하여 폭력으로부터 피해학생을 촘촘하게 보호하려는 입법의 취지와 상반되는 것으로 파악하였다.

이에 학교폭예방법 제16조 단서규정으로 정하는 학교장의 가해자와 피해학생 간 분리조치와 관련하여 시행령 제17조의2 제2호의 규정은 삭제하는 것이 바람직하다.

교육활동 중인지 여부는 법률의 제정취지와 학교폭력범죄에 대한 정의규정을 공간적·인적 범위를 확대하는 개정을 거친 취지와 연관성이 없을 뿐만 아니라, 피해학생에 대한 보호조치의 필요성 및 조치 여부 관련하여 학교장의 의무를 불합리하게 축소하는 결과를 나타내기 때문이다.

차안으로 오인 신고 또는 허위신고에 따른 분리조치가 실행되지 않도록 '신고·접수된 사건 내용에 대한 신고자 등의 소명을 강화할 필요가 있는 경우'로 분리 조치의 예외 사유를 추가하는 개정을 할 수 있다.

표 20 학교폭력예방법시행령 신·구조문대비표

현 행	개 정 안
제17조의2(가해자와 피해학생 분리 조치의 예외) 법 제16조제1항 각 호 외의 부분 단서에서 "피해학생의 반대의사 등 대통령령으로 정하는 특별한 사정"이란 다음 각 호의 경우를 말한다.	제17조의2(가해자와 피해학생 분리 조치의 예외) --.
1. (생 략)	1. (현행과 같음)
2. 가해자(교사를 포함한다. 이하 이 조에서 같다) 또는 피해학생이 「학교안전사고 예방 및 보상에 관한 법률」 제2조제4호에 따른 교육활동 중이 아닌 경우	2. 신고·접수된 사건 내용에 대한 신고자 등의 소명을 강화할 필요가 있는 경우
3. (생 략)	3. (현행과 같음)

2) 일시보호 조치의 규정의 개정

법률 제16조는 제2호에서 일시보호를 규정하여 필요한 경우 피해학생을 일정한 보호기관에서 보호를 받을 수 있도록 하고 있다. 그러나 '일시'라는 문구가 의미하는 시간적 범위가 모호하고 일시보호를 연장하거나 일시보호의 종료를 판단하는 기준이 명확하지 않다.

자칫 보호기관의 사정이나 조치 주체의 여건에 따라 일시보호 조치가 그 실효성을 발할 수 없어 이에 대해서는 집행과정에서의 혼선을 막고 피해학생이 일시보호를 통해서 심리적 안정을 찾고 '신변안전에 필요한 기간' 동안 보호를 받을 수 있도록 '심리적 안정 및 신변안전조치'로 개정할 필요가 있다.

표 21 신·구조문대비표

현 행	개 정 안

제16조(피해학생의 보호) ① 생략
 	
  2. 일시보호
	제16조(피해학생의 보호) ① 생략
	
	  2. 심리적 안정 및 신변안전조치

나. 가해학생에 대한 조치 개선

1) 서면사과의 권고

사과의 여부를 결정하는 것은 학생의 내심에 관한 사항이므로, 가해행위를 한 사실을 인정하고 잘못에 대해서 반성하여 피해학생에게 사과하도록 강제할 수 없다.

가해학생의 잘못된 행동을 교정하고 바람직한 윤리관을 가지도록 한다는 목적을 가진다고 할지라도 사과의 강제는 우리 헌법에서 천명하고 있는 국민의 기본적 인권인 '양심의 자유'를 침해할 위험이 있다.

가해학생의 잘못된 행동으로 다른 학생에게 정신적·신체적으로 피해를 주고 재산상의 손해 등을 끼쳤다면 윤리적 관점에서 상대에게 사죄하고 용서를 구하는 것이 마땅하며, 재산상의 피해에 대해서 배상하려는 노력이 따라야 한다. 그러나, 법률로써 윤리적 행동을 강제할 수 없는 것은 성인과 미성년의 학생이 다르지 않다.

이에 법률 제17조 제1항 제1호의 피해학생에 대한 서면사과를 '피해학생에 대한 서면사과 권고'로 개정하는 것을 제안한다.

표 22 신·구조문대비표

현 행	개 정 안
제17조(가해학생에 대한 조치) ① 심의위원회는 피해학생의 보호와 가해학생의 선도·교육을 위하여 가해학생에 대하여 다음 각 호의 어느 하나에 해당하는 조치(수 개의 조치를 동시에 부과하는 경우를 포함한다)를 할 것을 교육장에게 요청하여야 하며, 각 조치별 적용 기준은 대통령령으로 정한다. 다만, 퇴학처분은 의무교육과정에 있는 가해학생에 대하여는 적용하지 아니한다.	제17조(가해학생에 대한 조치) ① --. ------------------------------------.
1. 피해학생에 대한 서면사과	1. ------------ 서면사과 권고

2) 화해·배상을 위한 접촉금지의 예외

법률은 피해학생과 가해학생 간의 사과와 용서를 통한 화해를 통해서 관계회복 및 정상적인 학교생활로의 복귀를 이상적인 사안해결 방안으로 상정하면서도 정작 사안 해결을 위한 과정에서 당사자 간에 접견이나 소통을 완전히 차단하는 문제를 안고 있다는 점을 확인하였다.

당사자 간의 화해정도, 가해학생의 반성정도는 가해학생에 대한 조치처분을 결정하는 판단요소인데 전담기구의 조사절차 과정에서부터 접견 등 소통의 기회를 차단하는 심의위원회의 심의를 통해 가장 중한 조치 처분을 받게 한다는 문제가 있다. 더욱이 심의위원회의 조치를 통해서 접촉을 하지 못하도록 봉쇄하는 것은 결국 피해학생과 가해학생 간의 관계 회복을 포기한 것으로 해석된다.

학교폭력범죄에 관한 사안은 사례에 따라서는 심의위원회의 조치 결정으로 종료되지 않고 이의제기를 통한 행정심판의 청구와 더 나아가서는 행정소송, 민·형사 소송으로 심화할 가능성이 크므로, 사안 처리의 전 절차에서 당사자 간의 사과와 용서를 통한 원만하고 완전한 해결의 가능성을 높이고 달성하기 세심하게 주의를 기울여야 한다. 또 이러한 노력이 적극적으로 실천될 수 있도록 관련 규정을 명확하게 두어야 한다.

이에 제17조 제1항 제2호의 접촉금지와 협박 및 보복행위의 금지를 별개의 호로 규정할 필요가 있어 '제2호 피해학생 및 신고·고발한 사람에 대한 접촉금지'로 하고, '제3호 피해학생 및 신고·고발한 사람에 대한 협박 및 보복행위의 금지'로 규정해야 한다.

신고·고발은 누구라도 할 수 있는 것이므로 협박 및 보복행위의 객체는 학생에서 '사람'으로 수정해야 한다. 그리고 같은조 제13항을 신설하여 '제1항 제2호의 접촉금지는 가해학생이 피해학생에게 사과하고 손해를 배상하기 위해 시도하는 경우 접촉하는 일정에 피해학생의 보호자 및 책임 교사, 학교전담경찰관이 입회하는 조건으로 접촉금지를 유예할 수 있다.'로 개정해야 한다.

표 23 신·구조문대비표

현 행	개 정 안
제17조(가해학생에 대한 조치) ① 심의위원회는 피해학생의 보호와 가해학생의 선도·교육을 위하여 가해학생에 대하여 다음 각 호의 어느 하나에 해당하는 조치(수 개의 조치를 동시에 부과하는 경우를 포함한다)를 할 것을 교육장에게 요청하여야 하며, 각 조치별 적용 기준은 대통령령으로 정한다. 다만, 퇴학처분은 의무교육과정에 있는 가해학생에 대하여는 적용하지 아니한다.	제17조(가해학생에 대한 조치) ① --. --.
2. 피해학생 및 신고·고발 학생에 대한 접촉, 협박 및 보복행위의 금지	2. --------- 신고·고발한 사람에 대한 접촉 -------------------
<신 설>	3. 피해학생 및 신고·고발한 사람에 대한 협박 및 보복행위의 금지
<신 설>	⑬ 제1항 제2호의 접촉금지는 가해학생이 피해학생에게 사과하고 손해를 배상하기 위해 시도하는 경우, 접촉하는 일정에 피해학생의 보호자 및 책임교사, 학교전담경찰관이 입회하는 조건으로 접촉금지를 유예할 수 있다.

3) 교내 인권교육 강좌 수강

폭력은 타인의 기본적 인권을 침해하는 대표적인 가해행위로 가해학생에게 폭력의 폐해에 경각심을 가지게 하고 타인의 인격과 권리의 소중함을 깨우칠 충분한 기회가 부여되어야 한다.

교내 인권교육 강좌 수강 조치는 현행 '학교에서의 봉사'를 대체하는 조치로 학교에서의 봉사 조치가 실행되면서 발생하는 각종 인권침해 문제를 해소하기 위한 대안 조치의 성격을 갖는다. 교원들도 일반적으로 학교폭력범죄 발생을 예방하거나 발생 후의 조치로써 직접적인 효과를 나타내는 정책에 대해서 높은 지지를 보내고 있다.[173]

특히 인권교육에 있어 구체적인 교육 내용을 구성함에 있어서는 법과 규칙을 준수해야 한다는 책임감을 강화하기 위한 사항이 포함되어야 할 것으로 보인다.

이론적 배경에서 검토한 노르웨이 올웨우스 프로그램은 학교 내외에서 발생하는 학교폭력범죄의 발생을 억제하기 위해서 학생, 교사, 학부모가 학교폭력범죄로 인한 문제점을 인식하고 방안을 마련하는데 충분한 지식을 가지도록 지원할 것을 말하고 있다.

이를 근거로 적극적인 개입과 학교폭력범죄에 대처하기 위한 명확한 규칙의 설정 등을 언급하고 있는데 이를 토대로 인권교육 강좌의 내용을 내실 있게 구성하고 현장에 실행할 수 있도록 제도화할 필요가 있다.[174]

이에 제17조 제1항 제3호를 '제4호 교내 인권교육 강좌 수강'으로 개정할 것을 제안한다.

---

173) 정제영·김성기·김무영·이윤희·선미숙·이아진 (2015), 「학교폭력 관련 정책에 대한 교원의 요구도 분석: "현장중심 학교폭력 대책"을 중심으로」, 『한국교원교육연구』, p. 245-247.
174) 박선환, 앞의 논문, p.667.

표 24 신·구조문대비표

현 행	개 정 안
제17조(가해학생에 대한 조치) ① 심의위원회는 피해학생의 보호와 가해학생의 선도·교육을 위하여 가해학생에 대하여 다음 각 호의 어느 하나에 해당하는 조치(수 개의 조치를 동시에 부과하는 경우를 포함한다)를 할 것을 교육장에게 요청하여야 하며, 각 조치별 적용 기준은 대통령령으로 정한다. 다만, 퇴학처분은 의무교육과정에 있는 가해학생에 대하여는 적용하지 아니한다. 〈신 설〉	제17조(가해학생에 대한 조치) ① - -------------------------------- -------------------------------- -------------------------------- -------------------------------- -------------------------------- -------------------------------- -------. ---------------------- -------------------------------- -------------. 4. 교내 인권교육 강좌 수강

4) 심리치료의 단독 규정

제17조 제1항 제5호는 학내외 전문가에 의한 특별 교육이수 또는 심리치료를 규정하고 있다.

현행 제도를 살펴보면, 가해학생에게 제17조 제1항 제2호 처분 이상의 조치가 결정될 경우 특별교육이수 조치가 병과되고 있어, 제5호에 따른 특별교육이수 조치에 대한 심의가 중복되는 문제가 있다.

또한 심리치료에 따르는 비용 발생은 가해학생 및 그 보호자가 부담하는 체계로 되어 있어 심의과정에서 경제적 부담이 발생하지 않도록 심리치료 대신 특별 교육이수 처분을 내리는 사례가 발생하고 있으므로 가해학생 조치의 실효성을 확보하고 심리치료가 필요한 가해학생이 적절한 조치를 받을 수 있도록 관련 규정을 개정할 필요가 있다.

이에, 제5호를 '학내외 전문가에 의한 심리치료'로 개정하고, 같은조

제14항에 '국가 및 지방자치단체는 가해학생이 심리치료 조치를 성실히 이행하는 경우 그 비용의 전액을 지원하여야 한다.'로 개정할 것을 제안한다.

표 25 신·구조문대비표

현　행	개　정　안
제17조(가해학생에 대한 조치) ① 심의위원회는 피해학생의 보호와 가해학생의 선도·교육을 위하여 가해학생에 대하여 다음 각호의 어느 하나에 해당하는 조치(수 개의 조치를 동시에 부과하는 경우를 포함한다)를 할 것을 교육장에게 요청하여야 하며, 각 조치별 적용 기준은 대통령령으로 정한다. 다만, 퇴학처분은 의무교육과정에 있는 가해학생에 대하여는 적용하지 아니한다.	제17조(가해학생에 대한 조치) ① --. --.
5. 학내외 전문가에 의한 특별 교육 이수 또는 심리치료	5. ------------- 의한 -----------------------.
〈신　설〉	⑭ 국가 및 지방자치단체는 가해학생이 심리치료 조치를 성실히 이행한 경우 그 비용의 전액을 지원하여야 한다.

5) 학급교체의 실효성 확보

학급교체는 당사자 소속의 학년 학급이 1개 반이거나 학급이 2개 반 이상이지만 '전공과'로 묶여 실습 등을 동시에 진행하는 경우 학급교체 이행하지 못하는 문제가 있다. 학급 수에 따라 학급교체 조치 처분의 효과가 당사자에게 다르게 미친다면 이는 형평성을 침해하는 문제이다.

학급교체는 피해학생이 심리적으로 안정을 찾고 정상적인 학교생활로 복귀하는데 효과적이므로 이러한 조치가 실질적으로 이행되도록 필요한 방법을 강구해야 한다.

지난 코로나19 상황에서 온라인 수업에 대한 경험과 여러 해를 거듭하며 수업의 질적 향상이 이루어진 상황인 점, 디지털 교육을 통한 교육환경의 급진적인 변화가 일어나고 있는 점 등을 고려하여 학급교체의 이행이 원시적으로 불가능한 학교의 경우 당사자에 대한 온라인 수업이 가능하도록 관련 규정을 개정해야 한다.

가해학생의 의사에 따라 가정 또는 교내에 설치한 (가칭)온라인 학습실에서 전자칠판과 디지털 교과서로 진행되는 학급 내 수업에 실시간으로 참여하는 방안이 있다. 특히 최근 메타버스(Metaverse)의 등장으로 학생들의 일상생활이 현실 공간에 제한되지 않고 가상세계로 확장되고 있다는 점을 고려하면 이러한 첨단과학기술을 활용한 학습경험 공간의 확장이 학급교체의 실효성을 확보하는 방안으로 유효할 것으로 생각된다.

현실 공간에서는 상담자와 내담자 간 상담 및 선도·치유활동을 진행하고, 가상공간에서 학습과 실습을 실행한다.

현실과 가상, 온라인과 오프라인이 유기적으로 상호작용하는 학습환경 속에서 학생들은 선도와 필요한 치유를 받으며 관계회복에 실질적인 도움을 받을 수 있다. 정상적인 학교생활로 조기 복귀하는데 기여할 것이다.[175]

이에 제17조 제15항을 '제1항 제7호의 학급교체가 학교의 사정으로 실행이 불가능한 경우에는 가해학생의 의사에 따라 가정 내 온라인 수업 또는 교내 온라인 학습실에서 수업할 수 있다. 다만, 온라인 수업의 기간은 1학기의 범위 내에서 심의위원회가 정한다.'로 신설할 것을 제안한다.

---

175) 김승래·이윤환, (2021), 「메타버스 기반의 인문학 콘텐츠 활용과 법적 보호방안」, 『법학연구』 제21권 제4호(통권 84호), pp. 58-59.

- 183 -

표 26 신·구조문대비표

현 행	개 정 안
제17조(가해학생에 대한 조치) ① 심의위원회는 피해학생의 보호와 가해학생의 선도·교육을 위하여 가해학생에 대하여 다음 각 호의 어느 하나에 해당하는 조치(수 개의 조치를 동시에 부과하는 경우를 포함한다)를 할 것을 교육장에게 요청하여야 하며, 각 조치별 적용 기준은 대통령령으로 정한다. 다만, 퇴학처분은 의무교육과정에 있는 가해학생에 대하여는 적용하지 아니한다. 〈신 설〉	제17조(가해학생에 대한 조치) ① - ------------------------------ ------------------------------ ------------------------------ ------------------------------ ------------------------------ ------------------------------ ------------------------------ -------. ---------------------- ------------------------------ --------------. ⑮ 제1항 제7호의 학급교체가 학교의 사정으로 실행이 불가능한 경우에는 가해학생의 의사에 따라 가정 내 온라인 수업 또는 교내 온라인 학습실에서 수업할 수 있다. 다만, 온라인 수업의 기간은 1학기의 범위 내에서 심의위원회가 정한다.

5. 학교장의 긴급조치 개선

제17조 제4항은 학교장에게 가해학생에 대한 긴급조치 권한을 부여한다. 다만, 조치 결정이 전담기구의 면밀한 조사절차를 거친 것이 아니기에 공정성에 대한 문제가 있고, 심의위원회의 추인을 받지 못하는 경우176) 이미 불이익한 조치를 받은 학생들의 학습권 침해 등을 어떻게 구제할 것인지의 문제와

---

176) 당해 법률의 규정이 현장에 적용되는 실례는 학교장의 긴급조치에 대해서 심의위원회의 추인에 대한 판단이 '즉시' 처리 될 수 없고, 전담기구의 조사와 의결을 거쳐 교육지원청의 학교폭력범죄 담당 부서에 이송 접수되고, 담당 부서는 처리기한을 기준으로 여러 사안을 심의위원회(소위원회) 회의일에 상정하여 처리한다.

관련 규정이 미비하다는 것을 논의하였다.

특히 시행령 제21조 제1항은 가해학생에 대한 우선 출석정지 사유를 규정하고 있는데 각호의 사유에 해당하는지를 판단하기 위해서는 전담기구의 면밀한 조사를 통해 혐의 부인 및 상충하는 주장 관계를 따져보아야 한다는 문제가 있다. 전담기구의 의결이나 심의위원회의 심의 절차를 거치지 않고 학교 장이 우선하여 조치를 시행하는 것은 가해자로 지목받은 학생 등의 방어권을 침해할 소지도 있다는 점에서 인권침해 논란도 있다.

이에 제17조 제4항과 시행령 제21조를 삭제하거나 제17조 제4항을 '학교의 장이 가해학생을 수사기관에 수사 의뢰할 수 있는 경우는 다음 각 호와 같다. 제1호 2명 이상의 학생이 지속적으로 폭력 등을 행사한 경우, 제2호 폭력 등으로 피해학생이 전치 2주 이상의 상해 진단을 받은 경우, 제3호 학교폭력범죄에 대한 신고, 진술, 자료제공 등을 이유로 보복행위를 한 경우'로 개정 및 시행령 제21조를 삭제하는 방안을 제시한다.

표 27 신·구조문대비표

현 행	개 정 안
제17조(가해학생에 대한 조치) ① ~ ③ (생 략)	제17조(가해학생에 대한 조치) ① ~ ③ (현행과 같음)
④ 학교의 장은 가해학생에 대한 선도가 긴급하다고 인정할 경우 우선 제1항제1호부터 제3호까지, 제5호 및 제6호의 조치를 할 수 있으며, 제5호와 제6호의 조치는 동시에 부과할 수 있다. 이 경우 심의위원회에 즉시 보고하여 추인을 받아야 한다.	④ 학교의 장이 가해학생을 수사기관에 수사 의뢰할 수 있는 경우는 다음과 각 호와 같다. 1. 2명 이상의 학생이 지속적으로 폭력 등을 행사한 경우 2. 폭력 등으로 피해학생이 전치 2주 이상의 상해진단을 받은 경우 3. 학교폭력범죄에 대한 신고, 진술, 자료제공 등을 이유로 보복행위를 한 경우
⑤ ~ ⑫ (생 략)	⑤ ~ ⑫ (현행과 같음)

제 2 절 학교폭력범죄 조사절차법의 제정

1. 조사절차법 제정의 필요성

학교폭력예방법은 학교폭력범죄의 예방과 대책에 필요한 사항과 피해학생과 가해학생 간의 분쟁조정 및 학교폭력범죄 사안 처리에 필요한 사항까지 규정하고 있다. 형사법에서 형법이 범죄에 관한 총칙과 개별 범죄 규정에 관한 사항을 규정하는 실체법으로 기능하고, 형사소송법은 형사절차 전반에 관하여 기본원칙 및 수사의 방법과 절차, 재판까지 규정하여 절차법으로서 기능하고 있다.

형사소송법이 일반인뿐만 아니라 법률전문가의 관점에서도 법률의 구조적 체계와 구체적 의미를 정확히 이해하는데 어려움이 있다는 문제가 있으나[177] 이는 별론으로 하더라도 고소·고발을 비롯하여 수사와 재판 절차에 따르는 구체적인 방법과 방식 등을 규정하고 사안에 적용되고 있다.

수사에는 임의수사뿐만 아니라 강제수사가 사용되므로 국민의 기본적 인권을 보호하기 위해서 그러한 국가권력이 행사되는 방법과 절차의 내용을 규정한다.

이와 같은 맥락에서 학교폭력범죄의 사안처리 절차상에서 전담기구 및 심의위원회의 심의·의결에 따라 당사자인 학생과 그 보호자가 불이익한 조치 처분을 받으므로 신고 단계부터 전담기구의 조사와 심의위원회의 심의·의결에 이르는 일련의 절차와 모든 방법을 법률로 정할 필요가 있다.

학교폭력범죄 처리가 지연되거나 문제가 심화되는 원인 중에는 전담기구의 조사과정에서 발생하는 절차적 흠결이나 당사자 및 그 보호자의 인권침해 문제 제기 등이 국민신문고 등을 통한 민원이나 추가적인 고소·고발로 이어지는 경우가 있다. 또 조사방법 및 조사결과에 대한 문제제기가 다수 있으므로 이와 관련한 사항을 법률로써 구체적이고 규정한다면 추가적인 다툼의 발생과 갈등의 심화를 예방할 수 있다.

무엇보다도 전담기구 및 심의위원회의 조사결과 및 심의결과에 대한 당사자의 신뢰를 높여 이의제기 절차에 따른 사안 계류의 장기화를 막을

---

177) 김면기, (2023), 「수사절차법 제정의 필요성, 가능성, 그리고 방향」, 『경찰법연구』 제21권 제1호, p. 274.

수 있어 신속하고 정확게 사안을 해결할 수 있다.

2. 학교폭력범죄 조사절차법 제정안

가칭 '학교폭력범죄 조사절차법' 제정안은 앞의 제4장 제1절의 학교
폭력예방법의 전면개정이 이루어진 사정을 전제로 한다.

형사미성년자의 연령을 기준으로 학교폭력과 학교폭력범죄로 개념을
이원화한 점, 학교 내 학생 간의 폭력 등 행위로 학교폭력 및 학교폭력
범죄를 개념을 축소한 점 등을 반영하여 조사절차에 관한 주요사항을 규정
한 초안이다. 실무에서 활용할 각 종 별표 서식 등 구체적인 사항은 대통령령
으로 규정해야 함을 밝힌다.

현행 학교폭력예방법은 학교폭력범죄의 실체에 관한 사항을 더욱 세밀
하게 규정할 필요가 있고, 조사절차와 그 세부적인 방법 등은 학교폭력범죄
조사절차법에 규정함으로써 실체와 절차에 관한 사항을 명확하게 하여
사안처리 절차에서의 공정성을 높여야 한다.

학교폭력예방법 시행령에서 사안처리의 절차적 부분에 관하여 규정하고
있으나 실체적 규정과 혼재되어 있고 구체적인 사항에 있어 미비하여 차후
입법기관에서 제·개정이 이루어진다면 시행령도 함께 개정되어야 한다.

조사절차법의 초안은 현행 학교폭력예방법에서 규정하고 있는 사항에
더하여 문제제기에서 필요한 절차적 사항으로 논의한 사항을 담았다.

그림 3. 학교폭력범죄 조사절차법안

학교폭력범죄 조사절차법안(초안)

제1장 총 칙

제1조(목적) 이 법은 학교폭력범죄 조사에 관한 기본원칙, 조사방법 및
절차 등에 관한 사항을 규정함으로써 조사의 공정성과 투명성 및
효율성을 확보하여 평화롭고 안전한 학교문화 정착에 기여하는 것을
목적으로 한다.

제2조(정의) 이 법에서 사용하는 용어의 정의는 다음과 같다.
　1. "조사"라 함은 「학교폭력예방 및 대책에 관한 법률」(이하 "학교폭력예방법"이라 한다) 제14조의 전담기구가 학교폭력범죄의 사실관계를 확인하는데 필요한 정보나 자료를 수집하기 위하여 현장조사, 문서열람, 자료제출요구, 증거수집 및 출석·진술요구를 행하는 활동을 말한다.
　2. "조사자"라 함은 학교폭력예방법 제14조의 전담기구에 소속된 교원을 말한다. 다만, 전문상담교사는 조사자에서 제외한다.
　3. "신고인등"이라 함은 학교폭력범죄 사실을 신고한 신고인과 사안에 대한 진술, 자료제출 등을 한 사람을 말한다.
　4. "조사대상자"라 함은 조사의 조사활동 대상자를 말한다.

제3조(조사의 기본원칙) ① 조사는 조사목적을 달성하는 필요한 최소한의 범위 안에서 실시하여야 하며, 남용해서는 안된다.
② 조사자는 조사대상자인 피해학생과 가해학생을 정확히 특정하여 조사를 실시하여야 한다.
③ 조사자는 직무상 알게 된 비밀을 누설하여서는 안된다.
④ 조사자는 조사대상자의 인권을 보호할 의무가 있다.

제4조(보호자 등 신뢰관계인의 조사과정 참여) 학교의 장은 미성년자인 조사대상자의 권리보호를 위해 조사대상자가 신뢰할 수 있는 성년의 보호자 등 신뢰관계인을 조사과정에 참여할 수 있도록 조치하여야 한다. 다만, 조사대상자가 원하지 않는 경우는 제외한다.

제5조(신고자 등 신변안전조치) 학교의 장은 신고자 등이 학교폭력범죄 사안에 대한 신고, 진술, 자료제출 등을 이유로 보복행위를 당할 위험이 있다고 판단되거나 신고자 등이 신변에 위협을 호소하는 경우 다음 각호 중 필요한 조치를 하여야 한다. 이 경우 2개 이상의 조치를 취할 수 있다.
　1. 학교전담경찰관에게 신변안전조치 요청
　2. 전담기구의 보복행위 우려 학생에 대한 선도교육 실시
　3. 학교안전킴이를 통한 교내 순찰 강화
　4. 전교직원에게 보복행위 경계 지시

제2장　조사개시

제6조(기초조사) 학교의 장은 학교폭력범죄의 피해학생 및 가해학생을 특정하기 위해 신고 및 인지한 정보를 바탕으로 사실관계를 확인하기 위한 기초조사를 실시하여야 하며, 이 결과를 바탕으로 당사자를 정확히 특정하여야 한다.

제3장 조사방법

제7조(출석 · 진술요구) ① 학교의 장은 조사대상자의 출석 · 진술을 요구
하는 때에는 다음 각 호의 사항이 기재된 출석요구서를 발송하여야
한다. 이 경우, 조사대상자의 휴대전화에 문자메시지를 발송하는 방법을
사용할 수 있다.
1. 일시 및 장소
2. 출석요구의 취지
3. 출석하여 진술하여야 하는 내용
4. 제출자료
5. 보호자 등 신뢰관계인의 참여 가능 안내
② 조사대상자는 지정된 출석일시와 장소에 출석하는 경우 학업 및 출전
대회 등 교육활동에 지장이 있는 때에는 조사자에게 출석 일시 및 장소를
변경하여 줄 것을 신청할 수 있으며, 변경신청을 받은 조사자는 조사
대상자와 협의하여 출석 일시 및 장소를 변경하여야 한다.
③ 조사자는 조사대상자의 1회 출석으로 당해 조사를 종결하여야 한다.
④ 진술조사는 조사자의 물음에 조사대상자가 답변하는 방식으로 하고,
문답서를 작성하여 조사대상자가 확인 후 서명하여야 한다.

제8조(자료제출의 요구) 학교의 장은 조사자로 하여금 조사 대상자에게
서류나 그 밖의 자료를 제출하도록 요구하는 때에는 다음 각 호의 사항을
기재한 자료제출요구서를 발송하여야 한다.
1. 제출기한
2. 제출요청사유
3. 제출서류
4. 제출서류의 반환여부
5. 제출거부의 사유
6. 그 밖에 당해 조사와 관련하여 필요한 사항

제9조(현장조사) ① 조사자가 학교폭력범죄의 현장에 출입하여 현장조사를
실시하는 때에는 사전에 당해 현장의 관리책임자에게 다음 각 호의
사항이 기재된 현장출입조사서를 발송하거나 당해 현장에서 제시하여야
한다.
1. 조사목적
2. 조사시간과 장소
3. 조사자의 성명과 직위 및 조사자 수
4. 조사범위와 내용
5. 제출자료
6. 그 밖에 당해 조사와 관련하여 필요한 사항
② 현장조사는 다른 학생들의 교육활동을 방해하지 않는 일시에 실시

하여야 하며 1회 조사로 종결하여야 한다.

제10조(공동조사) 학교의 장은 학교폭력범죄의 사실을 확인하는데 전담기구 소속 학부모 위원의 참여가 필요하다고 판단하는 때에는 2인 이상의 학부모 위원을 조사자와 공동으로 조사에 참여하게 할 수 있다. 이 경우 참여가 필요한 경우는 다음 각 호와 같다.

1. 당해 학교폭력범죄가 언론에 보도된 경우
2. 당해 학교폭력범죄가 수사기관에 신고된 경우
3. 당해 학교폭력범죄의 당사자가 3인 이상의 다수인 경우
4. 당사자가 조사자 교체를 신청한 경우
5. 다수의 사건 계류로 조사자가 부족한 경우
6. 그 밖의 조사의 신속성, 신뢰성, 정확성을 확보하기 위해 필요하다고 학교장이 판단하는 경우

제4장 조사실시

제11조(조사계획의 수립) ① 학교의 장은 제11조에 따른 사전통지를 하기 전에 조사계획을 수립하여야 한다. 다만, 긴급하게 조사를 시작해야 하는 경우는 조사결과보고서로 조사계획을 갈음할 수 있다.

② 제1항의 조사계획에는 조사의 목적·종류·대상·방법 및 기간, 그 밖에 대통령령으로 정하는 사항이 포함되어야 한다.

제12조(조사의 사전통지) ① 학교의 장은 조사를 실시하기 전 제6조의 출석요구서, 제7조의 자료제출요구서를 조사개시 7일 전까지 조사대상자에게 서면으로 통지하여야 한다. 다만, 다음 각 호의 어느 하나에 해당하는 경우에는 조사의 개시와 동시에 출석요구서등을 조사대상자에게 제시하거나 조사 목적 등을 조사대상자에게 구두 및 SNS문자 메시지로 통지할 수 있다.

1. 조사대상자의 자발적인 협조를 얻어 실시하는 조사의 경우
2. 조사 전 관련 사항을 통지하면 결석 또는 증거인멸 등으로 조사의 목적을 달성할 수 없는 경우

② 학교의 장은 출석요구서등을 조사대상자에게 발송하는 경우 출석요구서 등의 내용이 외부에 알려지지 않도록 필요한 조치를 하여야 한다.

제13조(조사의 연기신청) ① 출석요구서등을 통지받은 사람이 천재지변이나 그 밖에 대통령령으로 정하는 사유로 인하여 조사를 받을 수 없는 때에는 당해 조사를 연기하여 줄 것을 학교의 장에게 요청할 수 있다.

② 제1항에 따른 연기요청은 연기기간과 사유를 기재한 연기신청서를 학교의 장에게 제출하여야 한다.

제14조(의견제출) ① 조사대상자는 제11조에 따른 사전통지의 내용에 대하여 학교의 장에게 의견을 제출할 수 있다.

② 학교의 장은 제1항에 따라 조사대상자가 제출한 의견이 상당한 이유가 있다고 인정하는 경우에는 이를 조사에 반영하여야 한다.

제15조(조사자 교체신청) ① 조사대상자는 조사원에게 공정한 조사를 기대하기 어려운 사정이 있다고 판단되는 경우, 학교의 장에게 당해 조사자의 교체를 신청할 수 있다.

② 제1항에 따른 교체신청은 그 이유를 명시한 서면으로 학교의 장에게 하여야 한다.

③ 제1항에 따른 교체신청을 받은 학교의 장은 즉시 이를 심하여야 한다.

④ 학교의 장은 제1항에 따른 교체신청이 타당하다고 인정되는 경우에는 다른 조사자가 당해 사건의 조사를 담당하도록 조치해야 한다.

⑤ 학교의 장은 제1항에 따른 교체신청이 조사를 지연할 목적이거나 타당한 이유가 없다고 인정되는 때에는 교체신청을 기각하고 그 취지를 신청인에게 통지하여야 한다.

제16조(조사권 행사의 제한) ① 조사자는 제6조부터 제8조까지에 따라 사전에 발송된 사항에 한하여 조사대상자를 조사하되, 사전에 통지한 사항과 관련된 추가적인 조사가 필요할 경우에는 조사대상자에게 추가조사의 필요성과 조사내용 등에 관한 사항을 서면이나 구두로 통보한 후 추가조사를 할 수 있다.

② 조사대상자와 조사자는 조사과정을 방해하지 않는 범위에서 조사과정을 녹음하거나 녹화할 수 있다. 이 경우, 녹음ㆍ녹화의 범위 등은 상호 협의하여 정하여야 한다.

③ 조사자는 제2항에 따라 녹음이나 녹화를 하는 경우에는 사전에 이를 당해 학교의 장에게 통지하여야 한다.

제17조 (조치 판단의 기준) ① 학교폭력예방법 제16조 제1항의 피해학생에 대한 보호조치의 필요성에 대한 판단기준은 대통령령으로 정한다.

② 학교폭력예방법 제17조 제1항의 가해학생에 대한 선도조치의 필요성은 대통령령으로 정한다.

제18조(조사결과의 통지) 학교의 장은 학교폭력범죄에 관한 전담기구의 조사결과와 조치 결정을 확정한 날부터 7일 이내에 조사대상자에게 통지하여야 한다.

제19조(심의위원회 이송) 학교의 장은 심의위원회의 개최를 요청하는 경우 제16조의 조사결과보고서와 조치 결정사항을 심의위원회에 보고하여야 한다.

제5장 심의위원회의 심의 절차 등

제20조(심의위원회 회의의 개의) ① 심의위원회의 회의는 재적위원 과반

수의 출석으로 개의하고, 출석위원 과반수의 찬성으로 의결한다.
② 심의위원회의 회의는 각 급 학교에서 사안을 이송받은 날로부터 10일 이내에 개회하여야 한다.
③ 회의 개최 통보는 서면으로 하며 통보의 구제적인 내용은 대통령령으로 정한다.

제21조(사안개요 작성) ① 사안개요는 당해 사건에 관하여 육하원칙에 따라 서술하되, 당사자 간 사실관계에 대한 주장이 상반하는 경우 양 당사자의 주장관계를 균형있게 서술하여야 한다.
② 피해학생 및 가해학생의 당해 사건에 관한 사실 이외에 당사자에 대해 예단을 갖게 할 우려가 있는 여사는 기재하지 않는다.

제6장 심의위원회의 심의

제22조(심의의 방식) ① 심의는 당사자를 비롯하여 진술에 참여하는 모든 사건관계인의 인권을 존중하는 방법과 방식으로 진행하여야 한다.
② 심의위원은 당사자 및 사건관계인에 관하여 심의 대상 사건 외에 알고 있는 사실에 대하여 발설하여서는 안된다.
③ 가해학생의 혐의는 조치 처분 의결시까지 무혐의로 추정한다.

제23조(추가조사의 지시) 심의에서 당사자의 누락 및 사실관계에 중대한 오류가 발견된 때에는 당해 학교의 장에게 조사의 보강 및 오류의 정정을 요청하여야 한다.

제24조(보호자 또는 변호인의 참여) ① 심의위원회 위원장 및 각 소위원회 위원장(이하, '위원장'이라 한다)은 조사대상자의 권리보호를 위해 조사대상자가 신뢰할 수 있는 성년의 보호자 등 신뢰관계인이 심의과정에 참여할 수 있도록 조치하여야 한다.
② 위원장은 조사대상자 및 그 보호자가 변호인의 참여를 희망하는 경우 이를 허용하여야 한다.
③ 조사대상자가 보호자 또는 변호인, 신뢰관계인이 없이 심의에 참여하는 경우, 위원장은 조사대상자에게 의사를 물어 조력인을 선임할 수 있다. 이 경우 조사대상자에게 조력인의 역할을 설명하여야 한다.

제25조(조력인의 선임) ① 위원장은 다음 각 호의 사람 중에서 조력인을 선임할 수 있다.
1. 타 소위원회 소속 심의위원
2. 교육지원청 Wee센터 전문상담교사
3. 청소년 활동가로 5년 이상의 경력이 있는 사람
4. 그 밖의 조사대상자의 권익 보호를 위해 조력할 전문적 식견이 있는 사람

> **제26조(심의 의결)** ① 위원장은 심의에 사용된 증거의 위법수집 여부를 확인하여야 한다. 이 경우 위법한 방법으로 수집된 증거는 증거로 사용할 수 없다.
> ② 위원장은 조사대상자의 진술이 협박 또는 기망 등 기타의 방법으로 임의로 진술한 것이 아니라고 의심할 만한 이유가 있는 때에는 이를 조치에 대한 판단 근거로 사용하지 못한다.
> ③ 위원장은 심의를 거쳐 처분의 근거가 되는 인정사실을 정하여야 한다.

앞의 학교폭력예방법 전면개정과 함께 조사절차법을 제정하여 학교폭력 사안의 예방과 사후처리절차에 운용된다면 문제제기에서 논의하였던 상당수의 우려와 실질적인 문제들이 해소될 수 있을 것이라 기대한다.

이는 그동안 학교폭력범죄의 사안처리가 법령이 아닌 교육부의 매뉴얼에 근거하여 학교 및 교육행정의 편의에 따라 오락가락하였던 문제를 조사절차법의 제정을 통해서 강제력을 확보할 수 있다는 것에 근거한다. 또 전담기구가 절차진행에 있어서 크고 작은 과실 발생의 원인이었던 당사자 특정의 문제에 있어서 피해학생과 가해학생을 특정하기 전 기초조사 절차를 명확히 규정함으로써 피해자 또는 신고자 등의 신고내용에 의존하여 부실하게 가해학생을 특정할 가능성과 위험성을 현저하게 낮췄다.

신고자 등이 보복행위를 당하지 않도록 사전 억제 역량을 강화하기 위해 학교의 장이 학교전담경찰관에게 신변안전조치를 요청하고 전 교직원으로 하여금 보복행위 경계 지시, 학교안전지킴이를 통한 순찰 강화 등의 안전조치를 두어 보복이 두려워 신고하지 못하거나 신고를 하였다가도 원치 않는 합의를 하는 일이 발생하지 않도록 방안을 제시하였다.

전담기구의 조사 방법을 조사자가 묻고 조사대상자가 답하는 문답식을 사용하도록 하여 문답서를 통해서 사안에 대한 구체적인 조사가 가능하도록 하였고, 보호자 또는 신뢰할 수 있는 관계인의 절차 참여를 보장하여 당사자인 학생의 인권을 보호하는 장치를 마련하였다.

심의위원회 심의절차 과정에서는 심의위원회 회의 개최를 알리는 공문서에 첨부되는 '사안개요'에 가해학생에 대한 예단방지를 위해서 피해학생의 주장과 가해학생의 주장관계를 균등하게 기재하도록 하고, 심의과정에서도 당해 사안과 무관한 가해학생의 이전 학교생활 등에 관한 사항은 심의

- 193 -

과정에서 확인하지 않도록 하였다. 또 가해학생의 혐의점에 대해서는 의결을 통한 최종 조치 판단시까지 무혐의로 추정하도록 하고 보호자나 신뢰관계인 등의 참여 없이 가해학생이 홀로 심의에 참여하지 않도록 위원장으로 하여금 조력인을 선임하도록 규정안을 제시하였다. 끝으로 심의에 제출된 증거물이 위법한 방법으로 취득한 경우 이의 증거능력을 부정하도록 하여 학교폭력범죄와 관련한 당사자 간의 위·불법한 증거수집을 사전에 방지할 수 있는 규정을 제시하였다.

제 3 절 학교폭력예방법의 폐지와 소년법의 적용

1. 학교폭력예방법의 폐지

학교폭력예방법은 2004년 제정된 이래 지속적으로 시행에 따른 문제가 제기되어 왔고 수차례에 걸쳐 미흡한 점을 개선하였음에도 불구하고 법률의 실효성을 확보하지 못하고 있다. 한편에서는 전인교육의 완성을 목적으로 책임교육을 실천해야 하는 학교 현장을 치열한 사법 다툼의 장으로 변질시켰다며 강도 높게 비판하고 있다.

현재의 학교폭력범죄 상황은 학교차원의 선도와 교육을 통해서 해결할 수 있는 상황도 아니다. 앞서 언급한 것처럼 학교폭력범죄가 점점 사이버 공간으로 이동하고 있어 그에 대한 전담기구의 조사역량의 한계가 드러났으며, 당사자 및 보호자 등이 증거를 통한 입증을 통해 실체적 진실관계를 명확하여 억울함이 없도록 조치해 줄 것을 학교를 비롯한 교육 당국에 요구하고 있기 때문이다.[178]

무엇보다도 현행의 학교 중심의 사안처리는 교원의 책임교육을 포기하게 하는 요인이라는 점에서 중대한 문제가 있다.

교원은 교육에 관한 전문가로서 사명감을 가지고 학생들이 바람직한 인성을 형성하고 원만한 인간관계를 형성하도록 교육하여야 하는데, 학교폭력예방법은 사안에 관하여 전담기구 교사를 비롯한 일부 교원에게 당해 사안을 처리할 권한을 부여함으로써 당사자인 학생의 담임교사조차도 가해학생과 피해학생 간 사과와 용서, 화해를 통한 원만한 관계 회복에 참여할 수 있는

178) 이충민·박호정, 앞의 논문, p. 116

여지를 조금도 두지 않고 있기 때문이다.

학생이 당면한 문제에 대해서 담임교사는 아무런 관여하지 못하고 관망할 수밖에 없는 상황이다.

지금의 학교는 공공의 교육기관으로서 역할뿐만 아니라 학생들의 식생활, 의복, 보건·의료, 복지, 진로·성적·심리 등 상담, (소방)안전·통일·양성평등·법·인권 등 법정 또는 자치법규에서 의무로 지정하는 교육, 방과후 학교, 돌봄에 이르기까지 복합행정복지센터의 업무까지 담당하는 상황에 이르렀다.

이미 오래전부터 교원의 학생에 대한 책임지도 역량을 강화하기 위해 교육과 행정이 분리되어야 한다는 주장이 있었다. 그러나 오히려 일반 교사가 담당해야 하는 행정업무는 계속해서 늘어가고 있다. 이와 같은 상황이 앞으로 몇 년 더 이어진다면 돌이키기 어려운 공공 교육기관의 붕괴를 목격할 수도 있다는 상당한 위기감이 있다.

교육기관이 학교에서 학생과 학생 간의 사소한 다툼이나, 성장하는 과정에서 발현되는 편을 가르고 세력을 과시하려는 행동들은 교육전문가인 교원의 책임교육을 통해서 교육방법과 방식으로 해결해 갈 수 있도록 법률과 제도적 장치들을 마련하는 것이 현 상황을 바로잡을 수 있는 가장 합리적인 방안이라고 생각한다.

학교폭력범죄가 지능화·흉폭화·잔인화 되고 있고, 사이버상으로 발생장소가 옮겨지고 있어 당해 사안에 대한 사실관계를 확인하고 증거 수집을 위한 조사방법과 장비가 없는 전담기구의 조사역량도 이미 한계에 달했다.

전담기구 책임교사 등의 개입이 처음부터 불가하거나 교사가 개입하는 것이 사안해결에 기여할 수 없는 상황도 발생할 것으로 보인다.

이에 개정을 거듭하여도 계속해서 운영 및 절차상의 문제와 불신으로 파행을 겪는 학교폭력예방법을 폐지하는 방안을 제시한다.

2. 초중등교육법의 개정

2023년 7월경부터 학부모의 갑질성 민원 등의 제기로 현직 교사가 스스로 목숨을 끊은 것으로 문제 제기되고 있는 다수의 사건들이 연달아 보도되고 있다.

경찰의 수사가 진행중으로 아직 학부모의 갑질 여부 및 갑질과 교사의 사망 간의 직접적인 인과관계에 대한 검토가 이어질 것으로 보인다.

그러나 여러 교원단체를 비롯한 다수의 교원들과 국민여론은 교사가 스스로 목숨을 끊는 사건이 연이어 발생하는 것에 대해 학부모의 갑질 예방과 교직 사회의 조직문화 개선이 필요하다고 인식한다. 이의 개선을 위한 국가적 대응·대책이 강하게 요구되고 있다.

더욱이 논란이 되는 사건들은 학교폭력범죄의 사안처리와 관련한 민원성 상담 등이 주요내용으로 확인되어 본 연구에서 논의한 학교폭력범죄 사안 처리가 전담기구 책임교사 및 소속 교원 등 극히 일부의 교원에게만 참여할 수 있는 권한을 부여한 것, 교원의 교육과 선도 조치 등 정당한 지도를 무력화한 것 등과 직접적으로 연관이 되어 있다.

이에 학교폭력범죄에 대한 억제력을 강화하고 사후처리에 있어서 원만한 해결과 당사자 간의 관계 회복의 가능성을 높일 수 있도록 교육 관계법령의 개정이 필요하다는 판단에 따라 초중등교육법 조항을 수정 및 신설하는 범위에서 개정안을 제시하였다.

표 28 신·구조문대비표

현 행	개 정 안
제18조(학생의 징계) ① 학교의 장은 교육을 위하여 필요한 경우에는 법령과 학칙으로 정하는 바에 따라 학생을 징계할 수 있다. 다만, 의무교육을 받고 있는 학생은 퇴학시킬 수 없다.	제18조(학생의 징계) ① --------- 정당한 교육활동 및 폭력 위법·불법한 행위로부터 학생과 교직원의 안전--------------. ------- ---------------------------- ----.
② (생 략)	② (현행과 같음)
제18조의4(학생의 인권보장 등) ① ·② (생 략)	제18조의4(학생의 인권보장 등) ① ·② (현행과 같음)

〈신 설〉	③ 학생은 교원의 정당한 생활지도에 따라야 한다. 다만, 생활지도에 응할 수 없는 특별한 사정이 있는 경우에는 직접 구두나 서면으로 소명하거나 보호자가 같은 방법으로 소명할 수 있다.
제20조(교직원의 임무) ① ~ ⑤ (생 략)	제20조(교직원의 임무) ① ~ ⑤ (현행과 같음)
〈신 설〉	⑥ 교원은 학생 간의 다툼이나 갈등이 원만하게 해결될 수 있도록 교육 및 선도활동에 적극 참여하여야 한다.
〈신 설〉	⑦ 제6항의 활동에 적극적으로 참여하는 과정에서 발생하는 교원의 과실(중과실은 제외)은 그 책임을 감면한다.
제20조의2(학교의 장 및 교원의 학생생활지도) (생 략)	제20조의2(학교의 장 및 교원의 학생생활지도) ① (현행 제목 외의 부분과 같음)
〈신 설〉	② 학교의 장은 제1항의 지도와 관련하여 학생 및 그 보호자로부터 민원제기 및 고소, 고발, 민사상 피소를 당한 교원이 변호인을 선임하거나 법률전문가의 조력을 받을 수 있도록 비용을 지원하는 등 필요한 조치를 하여야 한다.
〈신 설〉	③ 학교의 장은 제2항의 교원이 민원조사 및 수사, 재판출석, 병의 치료를 이유로 근태신청을 하는 경우 공가로 처리하는 등 불이익이 없도록 하여야 한다.

학교 차원에서 학생이 교사의 교육활동 및 정당한 생활지도를 방해하는 위법·불법의 행위를 하는 경우 다른 학생과 교직원의 권리·권한을 지키기

위해서 징계할 수 있다는 문언으로 수정안을 제시하였다. 징계범위를 보다 구체적으로 규정함으로써 학생의 위법·불법한 행위에 대해서 법령과 학칙으로 정하는 바에 따라 징계할 수 있도록 함으로써 위법·불법한 행위에 대한 책임성을 강조한다. 또 교원의 생활지도 권한을 강조하여 교원의 정당한 지시에 불응하고 다른 학생 및 교원의 권리와 권한을 침해하는 잘못된 행위에 대해서 적극적으로 관여할 수 있는 근거를 명확히 하였고, 교원이 학생과 학생 간 다툼이나 갈등을 원만하게 해소하는 과정에 적극 참여할 수 있도록 안을 제시하였다.

한편, 교원이 학생들의 교육활동과 생활지도를 함에 있어서 책임교육을 할 수 있도록 적극적으로 참여하는 과정에서 과실이 있는 경우에 고의나 중과실을 제외하고 그 책임을 감면하는 규정안과 학생 또는 그 보호자 등으로부터 민원제기, 고소, 고발, 민사소송의 제기를 당한 경우 공적 예산으로 학교의 장이 변호인의 선임에 따르는 비용을 지원하고 교육청, 수사기관, 법원 등 출석에 따르는 근무상황을 공가로 인정하는 등 불이익이 없도록 하는 방안으로 제시하였다.

3. 학교전담경찰관의 직접 개입과 소년법의 적용

가. 학교전담경찰관의 직접 개입

학교폭력범죄에 대하여 경찰은 다양한 예방활동을 하고 소년범죄에 대한 수사가 필요한 사안의 경우 본격적으로 수사를 진행하는 등 현행 법령에 따라 직·간접적으로 관여하고 있다.

특히 2012년 6월 발대한 학교전담경찰관 제도를 통해 경찰과 학교 사이에 가교역할을 수행하고 있다. 학교폭력범죄에 관한 신고접수를 비롯하여 사건에 조사를 수행하고 가해학생과 피해학생에 대한 상담 및 사후관리에 이르기까지 학교와 업무상 협력하여 학교폭력범죄에 대한 전반적인 업무를 맡고 있다.179)

다만, 학교폭력범죄를 예방하고 사안처리를 함에 있어서 학교전담경찰관이

---

179) 전영태, (2015), 「학교폭력 억제를 위한 경찰의 대응방안에 관한 연구」, 『경찰복지 연구』 제3권 제2호, p. 56.

직접적으로 관여하지 않고 학교의 전담기구의 조사결과가 나올 때까지 관망해야 하는 위치에 있어 그 실효성에 의문이 제기되는 상황에 왔다.[180]

학교폭력범죄의 경향이 지능적이고 오프라인상에서 발생하는 방향으로 변화하면서 경찰의 수사에 대한 전문성과 인력, 장비를 바탕으로 한 적극적인 개입이 정책적으로 요구되고 있다.

이에 학교폭력범죄에 대한 사전 억제효과를 혁신적으로 강화하고 사안처리와 사후관리 등에 대한 실효적인 대응방안으로서 학교전담경찰관의 직접적인 개입을 논의하고자 한다.

1) 소년범죄 및 수사에 관한 전문성

경찰은 소년범죄 수사의 전문성을 갖춘 국가기관이다. 경찰은 학교폭력예방법이 2004년에 제정되기 이전부터 오랫동안 학교폭력범죄를 비롯한 소년범죄에 주도적으로 예방 및 선도, 사후처리를 맡아왔다.

현행 경찰서 조직체계 상 여성청소년계는 과거 경찰서 내 소년계의 기능과 역할을 담당하는 부서로서 학교폭력범죄에 관한 업무를 소관으로 한다. 경찰의 학교폭력범죄 혐의자에 대한 검거 및 조치는 최근의 코로나19 상황의 영향을 받아 일부 감소한 수치를 보이고 있으나, 여전히 사안에 대한 전문적 처리와 피해학생 보호 및 가해학생에 대한 적절한 조치를 통해 사회질서 유지에 기여하고 있다.

---

180) 조현섭, (2016), 「학교폭력 예방을 위한 경찰의 대응방안에 관한 연구」, 『경찰복지연구』 제4권 제1호(통권 제6호), p. 66.

표 29 경찰의 학교폭력범죄 검거 및 조치현황

(단위: 명)

구분 (년)	계 (건, %)	검거현황				조치현황			
		폭행 상해	금품 갈취	성폭력	기타	구속	불구속	소년부 송치	즉심 훈방
'19	13,584	7,485	1,328	3,060	1,711	84	9,233	1,587	2,680
비율	100	55.1	9.8	22.5	12.6	0.6	68.0	11.7	19.7
'20	11,331	5,863	1,184	2,462	1,822	79	7,710	1,332	2.210
비율	100	51.7	10.4	21.7	16.1	0.7	68.0	11.8	19.5
'21	11,958	6,000	935	2,872	2,147	66	5,194	457	6,251
비율	100	50.1	7.8	24.0	18.0	0.6	43.4	3.8	52.2

<출처: 경찰청, 2022 경찰백서, 118쪽>

경찰은 조사와 수사에 관한 전문인력으로 구성되어 있고 전국 곳곳에 청사와 수사장비 등 물적 여건과 전문인력을 갖춘 국가기관으로서 첨단 과학수사 기술을 확보하고 있다. 우리나라 과학수사의 지위는 세계적으로 인정받는 수준으로 수십 년 전의 증거물에서 용의자의 DNA를 검출하여 진범을 밝혀내고 있다.

경찰의 범죄 수사에 대한 전문성과 첨단 과학수사 기술, 충분한 물적·인적 여건은 나날이 심화하고 있는 학교폭력범죄의 성향을 강력하게 억제하고 발생한 사안에 대해서는 요증사실에 대한 객관적 입증을 통해 당사자 간의 불필요한 논쟁을 차단해 신속하고 정확한 사안해결을 가능하게 한다. 이는 궁극적으로 학교 및 학급 내 면학분위기를 유지하고 평화롭고 안전한 학생들의 학교생활을 보장할 것이다.

문제제기에서 논의한 것처럼 학교폭력범죄의 발생이 점점 사이버공간으로 이동하고 있고, 정보통신망을 이용하는 행위를 확인하는 조사방법은 교육을 전공하는 교사의 전문영역이 아닐 뿐만 아니라, 이를 조사할 장비가 없어 전담기구의 조사역량이 미치지 못한다. 또한 학교폭력범죄의 가해 경력은 당해 학교의 졸업 후 진학이나 진로, 성인이 되어서 취업과 혼인에 이르기까지 당시 가해행위에 대한 사회적 비난과 책임추궁이 이어지고 있어 이에 대한 시시비비를 철저히 가려내야 한다는 국민적 요구도 높다.

무엇보다도 당사자 및 그 보호자는 증거를 통한 입증을 통해 철저하게 사안의 실체를 밝혀줄 것을 요구하고 있다. 현행 학교폭력 사안처리 체계는 이러한 국민적 요구와 당사자 및 그 보호자의 정책적 요구사항을 충족시키지 못하는 중대한 문제를 안고 있어 개정에 개정을 거듭하여도 계속해서 당해 법률의 실효성에 대한 문제 제기와 전담기구 및 심의위원회의 전문성 등 전반적인 사항에 대한 비난 여론이 끊이지 않고 있다는 점을 확인하였다.

학교폭력예방법을 제정할 때부터 사안처리의 방법과 절차에 관한 문제가 있었던 것은 사법권이 없는 학교의 장과 교사에게 학교폭력사건을 담당하게 하는 것이었다.

당시에도 교사는 수업 준비와 연구, 충실한 수업 진행, 정확한 평가를 위한 교육과 행정의 분리가 필요하다는 주장이 강하게 제기되는 상황이었다.

학생과 교사의 충분한 상담시간을 확보하여 추가적인 교육 또는 생활지도가 필요한 학생을 책임 지도할 수 있는 제도적 장치의 마련이 필요하였다. 그러나 학교폭력예방법의 시행과 정부의 학교폭력범죄 종합대책은 결국 학교 중심의 사안처리를 고집하여 학교에 무한 책임만 강요하고 문제의 근본적인 해결은 하지 못하였다.

이에 본 연구는 현행 학교전담경찰관제도의 학교폭력범죄 사안에 대한 직접적이고 전면적인 개입을 대안으로 제시한다.

2005년 스쿨폴리스제도를 도입한 이후, 2012년에 도입한 학교전담경찰관제도는 학교경찰활동을 전담하는 경찰관을 지정하여 학교경찰 업무만 수행하도록 한다.

이는 학교담당경찰관제도의 경찰관이 자신이 담당하는 고유 업무를 수행하면서 학교경찰 업무까지 폭넓게 수행하는 것에 비해서 학교와 학생만을 업무 범위로 하여 교육기관이라는 특수성과 그에 상응하여 요구되는 전문성을 발휘하는데 큰 이점이 있다고 평가된다.

학교전담경찰관은 예방활동, 117신고 처리, 폭력서클 파악·해체, 사후관리, 위기청소년 발굴, 학교와의 협력 체계 구축·유지 등의 업무를 수행하고 있으므로, 학교폭력예방법의 폐지 수순에 맞춰 인력충원 등 운영에 필요한 자원만 보강된다면 학교폭력범죄 사안 처리 시스템의 공백없이 원활하게 전면적인 개입이 가능하다.

표 30 학교전담경찰관의 업무 및 역할

예방활동	주기적으로 학교를 방문하여 학생·교사면담, 학교폭력범죄(폭력서클) 현황 파악, 117 홍보 및 학교폭력범죄 대응요령 등 안내
117 신고 처리 등	117로 접수된 학교폭력범죄 사건에 대해 학교 또는 수사팀 연계, 면담·교육·예방활동 등 맞춤형 조치
폭력서클 파악·해체	학교·지역경찰·형사기능과 정보공유를 통해 폭력서클 현황 파악·해체 후 사후 모니터링으로 재결성 방지
사후 관리	피해자 대상 추가피해 방지 및 사안별 전문기관 연계, 가해자 대상 선도프로그램·선도심사위원회 연계 및 사후 모니터링
위기청소년	'학교·가정 밖 청소년' 발굴·지원활동 전개 및 대안학교·위탁교육시설에도 학교전담경찰관 지정, 피해예방 및 사각지대 해소
경학 협력	학교 측과 핫라인 구축 및 상설협의체 운영 등을 통하여 학교·학생현황 및 학교폭력범죄 사안 등에 대한 정보 공유

<출처: 경찰청, 2018 경찰백서, 149쪽>

현재 학교전담경찰관이 수행하는 업무는 주기적인 학교 방문과 학생·교사에 대한 상담, 폭려서클의 파악과 해체, 신고전화 및 학교폭력범죄 대응요령 등을 안내하여 예방 및 홍보활동을 비롯하여 신고접수에서부터 사후 관리로 피해학생을 대상으로 하는 보복범죄나 추가 피해를 방지하고 사안별로 각 전문기관 연계, 가해학생을 대상으로는 선도프로그램의 실시와 사후모니터링을 수행하고 있으므로, 학교를 중심으로 한 것에서 비롯된 학교폭력범죄 대응·대책의 문제점을 해소할 수 있는 최적의 방안이다.

또 경찰과 학교가 핫라인을 구축하고 상설협의체를 운영하는 현 체계를 발전시켜 유지한다면 학교전담경찰관의 전면 개입을 통한 개선방안의 효과는 극대화될 것으로 기대한다.

2) 학교전담경찰관의 양성

학교는 교육기관이라는 특수성 외에도 8세에서 19세에 이르는 미성년의 어린이·청소년이 생활한다는 점에서 학교전담경찰관에게 아동·청소년의 발달단계에 따른 독특한 특징과 발현 행동에 대한 깊은 이해를 요구한다. 이는 곧 학교전담경찰관에게 아동·청소년에 대한 이론적 배경을 이해하고 상담과 지도방법에 대한 전문성이 필요하다는 것을 의미한다.

따라서 학교전담경찰제도가 그 취지와 목적에 부합하여 안전하고 평화로운 학교를 유지하기 위해서는 아동·청소년에 대한 상담과 지도 등에 대한 전문성을 지닌 경찰관을 양성해야 하고, 전문성 있는 인적자원을 확보하기 위한 임용체계를 갖추어야 한다.

학교폭력범죄에 대한 전문성을 기반으로 학생을 비롯한 청소년의 성장·발달 과정을 이해하고 상담기법 등 관련 역량을 갖춘 경찰관을 학교전담경찰관으로 배치하여 학교폭력범죄의 당사자인 가해학생과 피해학생에 대한 맞춤형 전문 상담을 통해 학생이 정서적 안정을 취하고 상대방과 관계회복을 통해 정상적인 학교생활로 돌아갈 수 있도록 실질적인 지원이 이루어지도록 학교전담경찰관의 모델의 혁신적인 변화가 필요하다.181)

경찰관 임용시험과 시보, 발령에 이르기까지 경찰관의 희망경과와 전공분야, 전문성 등을 확인하는 체계가 필요하다. 본 연구에서는 학교전담경찰관에 관하여 논의를 한정하는데 아동학, 교육학, 심리상담학 등 아동·청소년 분야를 전공하였거나, 자격증으로 청소년지도사, 청소년상담사 등을 소지하여 아동·청소년의 문제적 성향에 대해 진지한 조언이 가능하고 바람직한 가치관 형성과 행동 발현에 직접적인 도움을 줄 수 있는 역량이 필요하다.

경찰관 임용방식 및 절차 수정 등의 사항은 별론으로 하더라도 경찰의 임용단계에서부터 특정 영역의 전문성을 요구하는 경과를 세분화하고 분류하여 현장에서 전문적 역량을 발휘할 수 있는 유능한 경찰관을 확보하는 것이 대안의 성공 조건이 된다.

일본 경찰의 경우 우리나라와는 달리 학교폭력범죄의 개념을 소년비행 및 학생의 문제행동 등으로 세분화하여 비단 경찰뿐만 아니라 학교와

---

181) 전영태, 앞의 논문, p. 60.

가정재판소 등이 소관 업무영역 내에서 상호 협력하여 연계 대응한다. 이와 같은 대응·대책 체계는 소년의 건전육성을 목적으로 삼는다는 점에서 우리나라가 학교폭력범죄에 대해 사후 처리 절차에 중점을 둔 것과 차이가 있다고 평가되고 있다.

이러한 사정도 충분히 고려하여 학교폭력범죄뿐만 아니라 비행으로 나아갈 염려가 있는 학생까지도 아동·청소년에 대한 전문성을 갖춘 학교 전담경찰관이 수시로 상담하고 선도하여 범죄와 비행을 예방할 수 있도록 그 역량을 강화할 수 있는 연수 등의 방안도 마련하여야 할 것이다.

그러나 학교전담경찰관이 학교폭력서클의 해체 등 주요 성과를 거둔 이후 계속적으로 증원되어 2017년 기준 전국에 1,138명이 배치되고 청소년·교육·심리·상담·아동복지학과 전공자 201명을 경력채용하기도 하였으나, 경찰관 1인당 10.2개교를 담당하여 학생 당사자에 대한 충분한 상담과 사안조사에 집중하지 못한다는 지적이 있다. 2023년 최근까지도 경찰관 1인이 담당하는 학교수는 2017년의 상황과 대동소이하다.[182]

표 31 2022년 기준 시·도별 학교전담경찰관 정원 현황

연번	지역	정원	연번	지역	정원
1	서울특별시	133	10	경기북부	55
2	부산광역시	62	11	강원(도)	55
3	대구광역시	44	12	충청북도	37
4	인천광역시	48	13	충청남도	58
5	광주광역시	26	14	전북(도)	62
6	대전광역시	29	15	전라남도	69
7	울산광역시	22	16	경상북도	78
8	세종특별자치시	4	17	경상남도	75
9	경기남부	151	18	제주(도)	15
총계					1,023

<출처: 경찰청, 2023 경찰백서, 104쪽>

학교폭력범죄 사안을 예방하고 신속·정확한 사후 처리를 위해서는 업무의

---

182) 장응혁·최대현, (2019), 「학교폭력 대응에 있어서 경찰개입 개선방안」, 『경찰학논총』 제14권 제1호, p. 139.

난위도와 발생 건수 등을 고려한 현실적인 정원을 갖춰야 하고 충분한 현원 유지를 위한 인력관리가 이루어져야 한다. 현재 17개 시·도별 학교전담경찰관의 정원 현황은 학교폭력범죄 사안을 원활하게 처리하는데 상당히 부족하다고 평가되고 있고, 학교전담경찰관들도 한정된 인력으로 다수 학교의 많은 사안을 기한 내 처리하여야 하니 사건을 꼼꼼하게 살펴볼 시간적 여유조차 없다는 지적을 한다.

현재 학교폭력범죄에 관한 사무가 학교 중심으로 수행되고 있는데 법의 폐지와 소년법 절차의 강화 등을 통해서 학교폭력범죄의 예방과 모니터링을 포함한 사후처리 절차가 경찰에 전면 이관되려면 준비과정에서부터 학교전담경찰관의 양성과 임용, 정원확장에 이르기까지 지속적으로 예산확보 및 관련 임용규정과 예산, 다양하고 전문적인 연수 프로그램의 개발 등이 실효적으로 이루어져야 한다.

나. 소년법의 적용

1) 우리나라 소년법의 의의

소년법은 일본의 신 소년법을 참조하여 1958년에 제정되었다. 최근의 소년법[183]은 2021년 4월까지 타법개정에 따른 것까지 포함하여 13차례의 개정을 거쳐 현재에 이르고 있다.

소년법은 미성년인 소년범죄자가 사리분별능력이나 의사결정능력이 성인에 비해 상대적으로 부족하다는 점, 교육과 선도를 통해서 문제의 행동을 개전할 가능성이 높다는 점 등을 고려하여 성인과 같은 형사처벌의 대상으로 삼는 것보다는 소년범이 놓인 환경을 조정하고 품행을 교정할 수 있도록 보호처분 등의 필요한 조치를 통해 건전하게 성장하도록 지원하는 것을 목적으로 한다.

이는 소년법이 보호주의를 채택함으로써 처벌보다는 보호처분을 통한 교화에 중점을 두고 있음을 말한다. 또한 소년범은 소년이 범죄행위로 나아가게 된 배경이나 동기가 범죄에 대한 직접적인 의사(범죄의사)보다는 가정 및 사회로부터 충분한 보호와 지원을 받지 못하는 상황에서 불가피하거나 반항, 치기 어린 마음 또는 스스로 자신의 삶을 망가뜨리려는 자해성도 포함하고 있다는

---

183) 법률 제17505호, 시행 2021년 4월 21일

점에서 소년범죄의 책임은 소년범뿐만 아니라 가정과 사회, 국가 전체의 책임 영역에 있음을 말한다.

소년법 제1조 목적조항에서도 반사회성 있는 소년의 환경 조정과 품행 교정을 위해 보호처분 등의 필요한 조치를 규정한 것은 이와 같은 국친사상을 반영하고 있음을 보여준다.

소년법에 따른 사안 처리절차를 살펴보면 학교폭력예방법 제4조 제1항은 보호 대상으로 제1호에 죄를 범한 소년(범죄소년), 제2호에 형벌 법령에 저촉되는 행위를 한 10세 이상 14세 미만인 소년(촉법소년)을 규정한다.

제3호는 형벌 법령에 저촉되는 행위를 할 우려가 있는 10세 이상의 소년 (우범소년)으로 구분하면서 가목에 집단으로 몰려다니며 주위 사람들에게 불안감을 조성하는 성벽이 있는 것, 나목에 정당한 이유 없이 가출하는 것, 다목에 술을 마시고 소란을 피우거나 유해환경에 접하는 성벽이 있는 것을 내용으로 한다. 각 목의 내용은 소년법이 범죄를 저지른 소년범뿐만 아니라 범죄행위로 나아갈 위험이 있는 상태나 환경에 노출되어 있는 소년에 대해서도 적극적으로 보호하려는 목적을 담은 것으로 국친사상에 근거함을 알 수 있다.

다만 학교폭력범죄의 경우처럼 소년범죄가 시간이 지날수록 점점 강력 사건화하여 소년에 대한 보호주의와 함께 소년이 성인과 유사하거나 더 건장한 신체적 성장을 하고 있다는 점에서 자신의 잘못된 행동에 대해 마땅한 책임을 져야 한다는 엄벌주의도 가미되어 있다.[184]

소년법의 보호주의는 제17조의2 국선보조인제도, 제25조의3 피해자와 가해자 간의 화해권고, 제49조의3 조건부 기소유예, 제67조의2 비행예방 정책 등 구체적인 제도적 장치로 시행되고 있다.

이처럼 소년법은 학교폭력예방법의 제정 취지를 폭넓게 담고 있으며, 현실에 적용하는데 규정사항의 실체적 내용과 적용의 절차적 세부사항을 구체적으로 규정하고 있으므로, 학교폭력범죄의 예방과 사후처리 및 학생 당사자의 인권보호에 최적화된 사법체계라고 생각한다. 소년법이 규정하는 범죄유형을 검토해 보면 재산범죄를 제외하고 폭력범죄가 가장 높은 비율을 차지하고 있고 세부 유형도 폭행, 상해, 공갈, 성폭력 등의 유형과 유사하다.[185]

---

184) 권봉주 외, 앞의 논문, p. 34.

2) 소년법 절차에 따른 학교폭력범죄의 처리

소년사범에 대한 처리절차는 소년보호사건과 소년형사사건으로 분류할 수 있다. 소년보호사건은 소년법이 정하는 내용에 따르고 소년형사사건은 일반 형사사건과 같이 형사소송법에 따른 형사절차에 따른다. 이와 같은 구분은 소년사범에 대한 보호주의와 엄벌주의의 상반된 측면을 합리적으로 조정하여 정책적 요구사항이 제대로 구현되도록 하는 것을 목적으로 한다.[186]

경찰은 소년형사사건에 관한 직접적인 업무관할을 가진 국가기관으로서 소년범에 의한 강력범죄 등의 수사를 전문적으로 수행해 왔다. 학교폭력범죄 이외에도 경찰이 소년범의 범죄행위의 예방과 검거, 수사, 재판에 이르기까지 사안해결에 대한 전문성을 갖추고 있음은 명확하다.

학교폭력예방법 제20조의6은 학교전담경찰관을 규정하고 있는데 이는 소년범죄에 해당하는 학교폭력범죄를 해결함에 있어서 경찰의 역할을 강화하겠다는 의지가 반영된 것이다. 반면 학교의 학교폭력범죄에 관한 역할은 축소하겠다는 것을 의미한다. 이는 학교폭력범죄를 사전 예방하고 발생한 사안에 대해서 적법절차에 따라 신속하고 정확하게 처리하여 학생의 인권을 보호·증진해야 한다는 경찰의 임무에 비추어도 합리적이라고 생각한다.[187]

경찰관의 학교폭력범죄 가해학생 검거현황을 통해서도 경찰이 학교폭력

---

185) 김갑석, 앞의 연구 논문, p. 5-6.
186) 최근 정부(이주호 부총리 겸 교육부 장관)가 학교폭력범죄에 대해서 '(가해학생에 대해서) 반드시 상응하는 조치가 뒤따른다는 인식이 자리 잡도록 더욱 엄정하게 조치할 것'이라는 정책 기조에 대해서 경향신문 등 일부 언론에서는 징벌적 성격의 대응이 학교 현장에 적용되는 경우 오히려 갈등과 불신이 심화될 것이라는 우려를 표하고 있다(남유진, 앞의 논문, p. 111.). 학교는 교육기관으로서 선도와 교육적 방법을 통해서 문제행동을 하는 학생들을 건전한 민주시민으로 성장하도록 보호하는 것을 본질적인 목적으로 한다. 학교가 교육적인 방법이 아닌 형사특별법의 성격을 가진 학교폭력예방법의 집행기관의 업무를 수행하는 것은 교육기관으로서의 본질적인 목적을 훼손할 수 있는 위험성을 가진다. 이러한 우려와 소년법이 국친사상에 따른 보호주의를 채택하고 있는 취지와 목적을 종합적으로 고려해 볼 때, 교육기관인 학교의 선도와 교육이라는 본질적인 업무 범위를 벗어난 학교폭력범죄 사안에 대해서는 명확히 분리하여 소년법에 따라 학교폭력범죄 분야에 전문성을 가진 학교전담경찰관들로 구성된 주관 부서에서 관여하는 것이 필요하다.
187) 장웅혁·최대현, 앞의 논문, p. 135.

사안 처리에 기여하고 있음을 확인할 수 있다. 학교전담경찰관제도를 확대하여 적극적으로 관여할 수 있도록 한다면 학교폭력범죄를 억제할 수 있다고 본다. 또한 사안을 처리함에 있어서도 당사자 간의 상충하는 주장이나 쟁점사항에 대하여 객관적 증거를 통한 입증이 강화되어 정확하고 신속한 사안처리를 가능하게 할 것이다.

현재 학교폭력범죄는 사안 자체의 가해행위로 인한 피해도 문제이지만 사후 조사과정이나 조치·처분과 행정심판 청구 등의 절차에서 겪는 2차 내지 N차 피해로 갈등이 심화되는 것도 문제가 되고 있다. 이러한 사정까지 종합적으로 고려해 볼 때 학교폭력범죄 사안을 경찰의 수사권을 통해 접근한다면 학교폭력예방법의 실효성을 확보할 뿐만 아니라 당사자인 학생 및 교육가족과 지역사회 구성원의 안전하고 평화로운 생활을 회복하고 유지할 수 있다고 생각한다. 또한 교사는 당사자에 대한 치유와 보호, 선도에 중점을 두면서 당사자 학생들의 관계를 회복시켜 정상적인 학교생활을 할 수 있도록 교육적 역할에 집중할 수 있다.[188]

표 32 경찰관의 학교폭력범죄 가해학생 검거현황

(단위: 명)

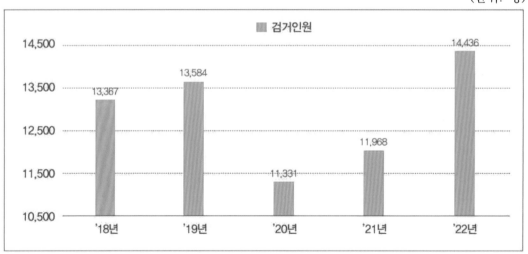

<출처: 경찰청, 2023 경찰백서, 104쪽>

---

188) 유명무실한 "학교전담경찰관'…학교폭력 조사 업무 이관 가능할까", 『경향신문』, (2023.11.09. 검색)

덧붙여 그동안 경찰은 소년법 시행의 주축이 되는 엄벌주의와 국친주의의 지향점을 가장 합리적으로 조율하였고 오랜 시간 다양한 사례를 축적하면서 원만하고 완전한 사안해결을 실현해 왔다. 이러한 사정은 소년범죄에 관한 경찰의 전문지식과 축적된 노하우, 전국 단위의 체계적인 조직체계, 첨단 과학수사 기법 및 이를 실행할 다양한 장비를 갖춘 경찰 능력에 기초를 둔다. 또한 다수의 사안마다 사실관계의 인정에서부터 다툼이 발생하는 학교폭력범죄 사안을 경찰이라면 명백하게 해결해 줄 것이라는 국민의 경찰에 대한 신뢰와 바람이 담겨 있다. 경찰에 대한 우리 사회의 신뢰가 높다는 것을 의미한다.[189]

국민의 안전한 생활에 대한 정책적 요구가 높아져 가는 상황에서 우리 사회에 경찰의 중요성이 그만큼 더 커져가는 것과 같은 취지라고 본다.

논의한 방안대로 학교폭력예방법이 폐지되고 소년법에 근거한 학교폭력범죄 및 그 사안처리 절차에서 비롯한 폐해로부터 평화롭고 안전한 학교문화를 정착시키는 일이 훨씬 더 가까워질 것이다.

---

189) 교육관련법연구회가 2023년 10월28일부터 11월8일까지 교사 10,028명을 대상으로 '교사들은 학교전담경찰관(SPO)에 관해 어떻게 생각하는가'에 대한 설문조사에서 교사 99.7%가 학교폭력범죄 조사를 SPO에 이관하는데 동의하는 것으로 나타났다(경향신문, 2023.11.09.). SPO가 학교폭력범죄 사안 조사 업무의 주체로 되는 경우에 그 기대효과로는 조사과정의 사법적 전문성 확보가 79.7%, 조사과정에서 무분별한 민원과 협박으로부터 교사 보호가 75.4%, 무분별한 학교폭력범죄 사안 신고 및 접수의 감소가 74.1%, 관련 학생과 무관한 조사 주체로서 객관성 확보가 65.5%, 학생 갈등에 대한 학교의 교육적 기능 회복 및 강화가 64.4%로 나타났다. 이와 같은 결과는 '학교폭력범죄 조사' 업무를 교직원에서 SPO로 이관해야 한다는 교육현장의 목소리가 반영된 것으로 보이며, 수사권을 가진 경찰이 학교폭력범죄 사안에 대해서 전문성을 발휘하여 조사하고, 교사는 학생 당사자 간의 관계를 회복시키고 정상적인 학교생활로 복귀할 수 있도록 교육적 역할을 해야 한다는 주장을 바탕으로 한 것으로 해석된다.

논의의 정리

제 5 장　　결　론

제 1 절 논의의 요약

　이 책은 학교폭력범죄에 대한 법적 고찰을 주제로 하여 학교폭력범죄의 예방과 대응·대책에 관하여 직접적으로 규정하는 학교폭력예방법이 학교라는 공공 교육기관과 광범위한 연령 범위에 분포하는 미성년의 학생들이 가지는 특수성을 제대로 반영하지 못하고 있는 등 문제점을 분석하였다.

　각각의 문제점에 대해서 법적 차원의 개선방안을 중심으로 제시하면서 독자들과의 진지한 소통을 모색하였고, 독자 간의 열띤 토론의 자료로 활용되기를 희망하면서 다양한 방향의 개선방안을 소개하였다.

　책에서 학교폭력예방법 및 초중등교육법을 비롯하여 소년법, 형사소송법 등 관계법령에 대한 분석과 함께 학교폭력범죄에 대한 경험적·문헌적으로 분석하고 이를 근거로 학교폭력예방법이 실효성을 확보하는 방안을 찾았다.

　법률의 전면개정을 비롯해서 학교폭력범죄 조사절차법을 제정하는 방안과 학교폭력예방법을 폐지하고 소년법의 전면적인 적용 체계로 전환하는 혁신에 가까운 방안도 고려해 보았다. 이는 계속해서 변화하는 교육환경과 함께 학교폭력범죄의 발생이 현실 공간이 아닌 On-line상으로 이동하는 점과 당사자 및 그 보호자 등의 학교폭력범죄에 대한 실체적 진실관계의 명확한 규명을 요구에 부흥하는 할 수 있는 체계를 갖춰야 한다는 필요성과 시급성을 반영한 것이다. 그리고 이러한 체계를 제도적으로 촘촘하게 마련하는 것이 학교폭력범죄로부터 학생들의 인권을 보호하고 평화롭고 안전한 학교문화를 정착시키는 것을 의미한다.

　최근 국민적 관심을 모으며 학교폭력범죄를 중요한 사회적 이슈로 재점화한 드라마 '더 글로리'가 시사하는 점과 모 법조인이 자녀의 학교폭력 처분 조치를 무력화하기 위해서 절차에 부당하게 개입하거나 처분의 이행 시기를 미루려 소송을 제기하는 등 제도의 허점을 이용하는 사례가 드러나면서 관련 법률의 일부 개정 등에 따른 임시방편이 아닌 사안 처리절차를 구체적이고 명확하게 규정하는 가칭 '학교폭력범죄 조사

절차법'의 제정이나 소년법 체계로의 전환까지 제시하였다.

이 책에 담은 내용들은 주제와 직접적으로 관련된 학교폭력예방법 및 그 시행령의 전체에 대한 입법의 취지와 배경, 현장 및 개별 사안에 적용하면서 발생하는 문제점이나 교육적 관점에서 발생할 위험성을 검토하는 과정에서 개선이 필요한 사항이다. 검토한 사항을 요약해 보면 학교폭력범죄는 범죄성을 가지는 학생들의 잘못된 행동을 정의에서 포함하고 있고 그 예방과 사후처리 절차에 있어서 범죄에 대한 실체와 절차를 규정하는 형법 및 형사소송법과 매우 유사하다는 점에서 차용 가능하거나 준용할 사항이 있는지 분석하였다.

또한, 학교폭력예방법이 2004년 제정·시행된 이후로 현재까지 타법개정에 따른 사항을 포함하여 28차례의 개정을 거치는 동안 개별 조항의 입법방식과 학생 인권 및 교육현장의 특수성, 사안처리에 대한 전문성과 관련하여 시행 중인 법률의 문제점과 개정된 법률에 대한 기대와 우려를 검토한 다수의 선행 학술연구논문을 분석한 내용들을 근거로 제시하였다. 경찰청 등 국가기관이 발행한 자료를 통해 근거의 객관성을 강화하고자 하였다.

이 책은 학교폭력범죄를 예방하고 원만하게 해결할 대안을 마련하는 논의의 장이면서 여기서 활용한 도구로 내용을 요약하면 다음과 같다.

먼저 논의대상에 대한 이론적 분석을 위해 학교폭력범죄의 발생원인 및 학교폭력범죄 발생에 영향을 미치는 환경요인, 학교폭력범죄에 대한 대응이론을 검토하여 아동·청소년 연령대에 해당하는 학생들의 범죄현상을 이해하는데 초점을 두었다. 이와 같이 복잡하고 다양한 요인들이 작용하는 학교폭력범죄의 발생원인과 그에 대한 대응을 이론적으로 확인하고 객관화하였다.

이어서, 학교폭력범죄의 예방과 대책에 관하여 직접적으로 규정하고 있는 현행 학교폭력예방법의 개별 조항들이 학교 현장에 적용됨에 있어서 법률의 제정취지와 목적에 부합하는지 분석하고 미흡하다고 비판받은 사항에 대한 개정 조항들이 학교폭력범죄의 당사자인 학생의 인권을 보호하고 평화롭고 안전한 학교문화를 정착·유지시키는데 실효적으로 기여하고 있는지에 대해서 종합적으로 검토하는 과정을 거쳤다.

또한 이론적 배경과 현행 학교폭력예방법의 규정을 면밀하게 검토한 결과 학교폭력예방법이 학교폭력범죄 개념을 광범하게 규정하고 있어 학교폭력범죄 개념이 명확하지 않고 이로 인해 파생되는 문제들이 후속조항에 영향을 미치고 있는 점, 실체에 관한 규정과 절차에 관한 규정이 혼재되어 있고 절차 규정이 구체적이지 않은 점, 절차상에 학생의 인권을 보호하기 위한 장치가 규정되지 않은 점, 학교폭력범죄에 대한 대응·대책이 지나치게 교육기관인 학교 업무 중심으로 마련된 점, 교육전문가인 교원에게 범죄에 대한 조사를 맡기고 다수의 비전문가로 구성된 심의위원회에서 사안을 심의·의결하는 점, 학교폭력예방법의 시행으로 전담기구 소속 교원 이외에 담임교사 등 다른 교사들의 책임교육을 통한 적극적인 생활지도가 보장되지 못하는 등의 문제점들을 확인하였다.

특히 잘못된 당사자 특정이나 학교장의 사전조치 등으로 인해 가해학생으로 지목된 학생의 경우 이론적 배경에서 살핀 '낙인효과'에 따른 피해가 상당하고 조치로 인해 발생하는 불이익이 회복하기 어려운 성질의 것이라는 점에서 이의 예방을 위한 법적·제도적 보완책이 시급함을 알 수 있었다.

이를 토대로 이 책에서는 큰 틀에서 학교폭력예방법의 전면개정과 조사절차법의 제정, 소년법 처리 절차로의 전면적인 복귀라는 3가지 방안을 최종적으로 도출하였다.

제 2 절 제언

학교폭력범죄의 심각성에 대한 국민의 인식이 확장되면서 학교폭력범죄는 더 이상 미성년의 학생들이 성장하는 과정에서 겪는 타인과의 다툼 정도로 여겨지지 않는 사회문화적 토대가 형성되었다.

폭력은 법률이 정하는 정당행위 등의 사유에 해당하지 않는 한 어떠한 이유에서도 정당성을 부여할 수 없지만 그동안 전통적으로 학교폭력범죄는 '아이들 싸움', '싸우면서 크는 것', ' 싸우고 나면 더 친해진다' 등의 관용적 인식이 존재했다. 그러나 인권이라는 큰 틀 아래서 개인의 권리와 권익 보호를 위한 법률과 제도적 장치를 마련해야 한다는 국민적 공감 속에서 학교폭력예방법이 제정되었고 현재 시행중이다. 앞서 살펴본 바와 같이 교육현장인 학교는 사법투쟁 내지 사법경쟁의 장소로 변질되었고 학생 생활교육에 적극 나서 힘써야 할 교원들은 혹시라도 문제 제기의 당사자가 될까 노심초사하게 되는 상황에 이르렀다.

학교폭력범죄를 예방하고 당사자 간의 사과와 용서, 화해와 관계회복을 통한 학교생활로의 완전한 복귀를 도모하고 평화롭고 안전한 학교환경을 정착시킴으로써 궁극적으로 학생의 인권을 보호·증진하는데 기여할 수 있는 방안을 모색하여 제시하는 것을 이 책의 목적으로 하였다.

본 책에서는 이론적 배경과 선행연구자료, 학교폭력예방법 등 관련법령 등에 대한 분석하고 분석한 내용을 종합적으로 검토하여 다음과 같이 제언하였다.

첫째, 현행 학교폭력예방법의 전면개정이다. 전면개정을 통해서 학교폭력범죄의 범위를 축소하고, 형법에서 규정하는 형사책임연령을 기준으로 '학교폭력'과 '학교폭력범죄'로 기존 개념을 분할하여 초등학교에서부터 고등학교에 이르는 넓은 연령 범위에 분포한 학생을 학교급, 학년별 발달 상황 등에 따라 선도 및 교육의 대상, 사안처리절차 대상으로 구분할 것을 제시하였다. 이어서 전문기구의 전문성을 담보할 수 있도록 '일정 연수 이상의 교육경력'을 전담기구 부원 자격으로 지정할 것과 심의위원회 위원을 관련 전문가로 구성할 것, 담당기구 소속 교원뿐만 아니라, 모든 교직원이 학교폭력범죄의 예방 및 신속하고 정확한 사안처리에 적극 협조할 수 있는 업무시스템 마련, 학교장 사전조치의 판단기준 강화, 가해학생 조치판단기준의 명확성 확보, 피해학생 및 가해학생 조치의 실효성 강화, 피해자 및 신고자 등에 대한 보복행위 억제를 위한 장치 마련, 학교전담경찰관의 적극적인 개입 등을 개정안으로 제시하였다.

둘째, 학교폭력범죄 사안의 인지와 조사, 조치 처분, 사후관리에 이르는 과정에서 절차적 정당성을 확보하고 조사 및 조치 결정과 이행 과정에서 당사자의 인권을 보장하기 위해 절차에 관한 사항을 규정하는 별도의 조사절차법을 제정할 것을 제시하였다.

마지막으로 학교폭력범죄 사안에 대해서 소년범죄 처리절차를 우선적으로 적용함으로써 소년범죄에 대한 충분한 조사경험과 조사인력, 첨단 조사장비를 갖춘 경찰이 전담하게 하는 방안을 제시하였다.

이는 곧 학교폭력예방법의 폐지 또는 조사절차 및 조치 처분 사항에 대한 전면적 축소를 의미한다. 학교폭력범죄가 현실 공간에서 온라인의 사이버공간으로 이동해 가고 사안에 대한 실체적 진실규명을 통한 신속하고 정확한 사안처리를 요구하는 목소리가 커지는 현실을 적극 반영하여 선제적으로 유효·적절한 대응·대책을 실현하기 위함이다.

폭력은 학생의 인권을 침해하는 가장 대표적인 사항으로써 미성년의 학생들이 신체적·정신적인 건강을 유지하고 건전한 민주시민으로 성장하는데 심각한 피해를 준다.

학교폭력범죄의 발생을 강력하게 억제할 법적·제도적 장치가 실효적으로 마련 및 운영되어야 하고, 피해학생과 가해학생 등 당사자가 놓인 상황에 따른 맞춤형 보호, 선도·교육 체계를 정상적으로 운용함으로써 학생의 인권을 보호하는데 본 연구의 제언이 크게 기여하기를 희망한다.

제 3 절 논의의 시사점·한계

　본 책에서의 논의는 선행연구자료 및 관련 법령을 분석하는 방법을 사용하여 학교폭력범죄에 관한 법리적 고찰을 통해 현행 법령과 제도의 문제점을 확인하였다. 이를 토대로 하여 학교폭력범죄의 예방 및 사후관리를 위한 개선방안을 제시하였다. 본 연구의 공헌점을 요약하면 다음과 같다.

　첫째, 학교폭력예방법이 규정하는 학교폭력의 정의에서 학생의 연령대가 초등학교 1학년에서 고등학교 3학년에 걸쳐 있는 점을 고려하여 형사미성년자를 기준으로 '학교폭력'과 '학교폭력범죄'로 구분하여 대응·대책의 실효성 확보를 위한 향후 연구의 방향성을 제시하였다.

　둘째, 학교폭력범죄의 개념에는 형법 및 특별형법 등에서 규정하는 범죄행위가 포함되어 사법적 판단이 필요할 뿐만 아니라 그 개념이 너무 광범위하여 지금의 학교를 중심으로 하는 학교폭력범죄 업무를 처리 체계의 한계점을 지적하고 교육기관인 학교를 대신하여 학교폭력범죄에 관하여 신속하고 정확한 사안처리를 담보할 수 있는 다른 국가기관으로 전환할 필요성을 확인하였다.

　셋째, 학교폭력예방법이 여러 차례 개정을 거쳐 현재에 이르고 있음에도 불구하고 계속해서 미흡한 점이 발견되고 실제 사례에서 학생의 인권을 제대로 보호하지 못하는 사례가 발생하는 문제점을 확인하고, 교육기관인 학교의 특수성을 실질적으로 반영하여 학교폭력예방법을 전면개정함과 동시에 사안처리절차에 관하여 가칭 '학교폭력범죄 조사절차법' 제정에 대한 화두를 제시하였다.

　한편 본 연구의 주제가 가지는 특수한 성질상 학교폭력범죄 사안의 당사자에 대한 인터뷰가 불가하고 동일 사안에 대해서 양당사자의 의견을 들을 수 있는 현실 가능한 방법이 없어 실제 사례에 대한 접근에 한계가 있었다. 또한 학교폭력범죄에 대한 법적 고찰이라는 주제 내의 연구라는 점에서 학교폭력범죄 예방과 사후관리를 위한 교원의 책임교육에 관한 사항에 대해서는 깊이 있게 다루지 않은 한계가 있음을 밝힌다.

　이와 같은 한계에도 불구하고 본 연구는 학교폭력범죄에 관한 선행연구

자료와 각종 문헌, 언론에 보도된 각종 사안 사례, 학교폭력예방법과 그 시행령 등 관련 법률 등을 종합적으로 검토하고 연구자의 학교폭력심의 위원회 활동 경험을 토대로 현행 제도의 문제점을 확인하였으며, 학교폭력 범죄의 강력한 억제와 사후관리를 통한 평화롭고 안전한 학교문화 유지와 학생인권의 보호를 위한 법률적 대안을 제시하였다고 생각한다.

향후 학교에서 교원들이 학생들의 생활교육에 적극적으로 참여할 수 있도록 법적·제도적으로 필요한 장치에 대한 연구가 이어져야 할 것으로 보이며 책임교육을 통해 학교의 정상화를 도모할 수 있도록 교육제도 관련 연구도 함께 이어져야 할 것이다.

참고문헌

단행본

경찰청 (2023), 2023 경찰백서

경찰청 (2022), 2022 경찰백서

경찰청 (2018), 2018 경찰백서

교육부·이화여자대학교 학교폭력예방연구소 (2024), 학교폭력 사안처리 가이드북

교육부·이화여자대학교 학교폭력예방연구소 (2023), 학교폭력 사안처리 가이드북

김규태·방경곤·이병환·윤혜영·우원재·김태연·이용진·엄재춘 (2015), 학교폭력 예방의 이론과 실제, 양서원.

김봉섭·김붕년·김의성 외 10명 (2017), 학교폭력예방 및 학생생활의 이해, 학지사.

김붕년·권국주 (2015), 공격적 청소년을 위한 학교폭력 치유 및 예방 프로그램, 시그마프레스.

김학성·최희수 (2021), 헌법학원론(전정5판), 피앤씨미디어.

박균성·김재광 (2019), 경찰행정법(제4판), ㈜박영사.

박성용 (2019), 갈등 전환과 공동체 구축을 위한 회복적 서클 가이드 북, 대장간.

변성숙·변국희 (2020), 학생 사안처리의 정석, 도서출판 좁쌀한알.

성낙인 (2021), 헌법학, 법문사.

손재영 (2021), 경찰법(5판), ㈜박영사.

신현기 외 7 (2021), 비교경찰제도론(제6판), 법문사.

이경숙 (2017), 생활지도와 상담, 정민사.

이병환·김경선 (2021), 학교폭력 예방의 이론과 실제, 교육과학사.

이승현·정제영·강태훈·김무영 (2014), 학교폭력 가해학생 관련 정책의

효과성 분석 연구, 한국형사정책연구원.

이유진 (2014), 학교폭력 해결을 위한 회복적 정의 모델 도입방안 연구, 한국청소년정책연구원.

이황우·한상암 (2021), 경찰행정학, 법문사.

이황우·김진혁·임창호 (2019), 경찰인사행정론, 법문사.

임창호·정세종·함혜현·라광현 (2021), 최신 경찰학, 법문사.

조춘애·안형덕·김민정 외 33명 (2019), 갈등전환과 공동체를 세우는 회복적 서클 현장이야기, 비폭력 평화물결&서울 통합형 회복적 생활교육 연구회, 도서출판 대장간.

지우석·강은영 (2014), 학교안전환경 개선을 위한 범죄예방환경설계 (CPTED) 도입, 경기개발연구원.

최선우 (2017), 커뮤니티 경찰활동, ㈜박영사.

최응렬 외 4 (2021), 경찰행정학, ㈜박영사.

한국교육개발원 (2023), 2022년 1차 학교폭력 실태조사 분석보고서

허경미 (2020), 경찰인사행정론(제3판), ㈜박영사.

논문

강소영·이기수 (2014), **학교폭력 가해자의 가정적 요인과 경찰의 대응방안**, 경찰법연구 제12권 제1호, 110-138.

강성용 (2019), **범죄신고의무위반죄에 대한 고찰**, 비교형사법연구 제21권 제3호, 83-124.

강용길 (2012), **경찰의 학교폭력 대응전략에 관한 연구**, 한국경찰연구 제11권 제2호, 17-21.

공병호 (2012), **일본의 교내폭력·이지메 동향과 대책 시스템의 전개**, 한국일본교육학연구 Vol. 17, No.1, 39-53.

공배완 (2013), **학교안전지킴이의 학교폭력예방에 대한 제도적 고찰 -전문성과 제약성을 중심으로-**, 융합보안논문지 제13권 제2호, 3-11.

김갑석 (2018), 소년법을 통해서 본 학교폭력예방법의 문제점과 개선방안, 교육법학연구 제30권 제2호, 1-18.

김난주 (2013), 학교폭력 예방에 관한 연구-학교폭력 예방 및 대책에 관한 법률을 중심으로-, 동의대학교 박사학위 논문.

김덕수 (2014), 학교 디자인_안전하고 좋은 학교를 위한 서비스 디자인, 한국교육시설학회지 제21권 통권 제100호, 18-22.

김대권 (2008), 소년보호기관의 효율적 운영방안에 관한 연구, 한국민간경비학회보 제12호, 3-25.

김면기 (2023), 수사절차법 제정의 필요성, 가능성, 그리고 방향, 경찰법연구 제21권 제1호, 통권 제41호, 273-304.

김봉수 (2017), 학교폭력예방을 위한 경찰제도의 개선방안 -대구·경북지역 학교폭력예방업무 경찰의 델파이 면담조사를 중점으로-, 한국공안행정학회보 제69호, 9-30.

김봉철·주지혁·최명일 (2009), 학교폭력에 대한 학부모들의 낙관적 편견과 예방 캠페인에 대한 탐색적 고찰, 언론과학연구 제9권 제4호, 167-172.

김상호 (2021), 학교경찰 평가지표 개발 연구, 한국치안행정논집 제18권 제1호, 63-81.

김수경 (2007), 비행 청소년 교정교육을 위한 독서치료 프로그램 개발 및 적용 사례 연구, 한국도서관·정보학회지 제41권 제2호, 27-60.

김승래·이윤환 (2021), 메타버스 기반의 인문학 콘텐츠 활용과 법적 보호 방안, 법학연구 제21권 제4호(통권 84호), 49-78.

김신아·방은혜·한윤선 (2017), 청소년 사이버불링 가해행동 예측요인 탐색을 위한 국내연구 메타분석, 한국콘텐츠학회논문지 Vol. 17, No. 5, 18-33.

김윤주 (2023), 학교폭력예방법의 법이론적 문제점과 개선방안에 관한 연구, 고려대학교 대학원 박사학위논문, 1-132.

김은정 (2016), 고등학교 「사회·문화」 교과서의 '일탈 이론' 내용 분석:2009개정 「사회·문화」 교과서 중심으로, 경북대학교 석사학위논문, 1-72.

김익중 (2013), 경찰단계에서 회복적 사법제도의 시행방안에 관한 연구, 건양대학교 대학원 박사학위논문.

김자은 (2015), 지역사회경찰활동에 대한 경찰과 시민의 인식 비교 연구, 경찰학논총 제10권 제1호, 347-381.

김정연 (2017), 판결 및 불복절차 사례를 통해 본 학교폭력예방법의 비판적 고찰, 형사정책연구 제28권 제4호 통권 제112호, 149-175.

김주한 (2021), 학교폭력 예방을 위한 현상학적 연구 -학교폭력대책심의위원회 인식을 중심으로-, 한국공안행정학회보 제84호, 27-58.

김지연 (2008), 경찰활동에 관한 연구의 영향 -문제지향적 경찰활동에 관한 실험을 근거로-, 한국경찰학회보 11권 1호, 116-133.

김진혁 (2012), 묻지마 범죄의 유형 및 대응방안, 한국범죄심리연구 제8권 제3호, 113-131.

김진혁 (2013), 미국경찰체제에 대한 비판적 고찰 및 시사점, 한국공안행정학회보 제50호, 62-86.

김태영 (2008), 자치경찰과 민간경비 상호협력 방안. 한국체육대학교 사회체육대학원 석사학위논문.

김택수 (2021), 프랑스 성범죄 체계와 중요 성범죄에 관한 고찰, 경찰법연구 제19권 제3호, 101-130.

김하영·최석환·심승보 (2022), 국내 학교폭력 예방프로그램 분석연구, 한국체육과학회지 제31권 제2호, 487-497.

김학배 (2013), 학교폭력 예방을 위한 경찰 개입의 효율적 방안에 관한 연구, 박사학위논문, 한세대학교 일반대학원.

김 혁 (2013), 학교폭력에 대한 경찰의 대응방안에 관한 연구, 법학연구 제24권 제2호, 261-298.

김혜영·민정식 (2014), 청소년들의 사이버불링에 미치는 영향에 대한 연구: 온오프라인 폭력피해경험 및 소셜미디어 중독, 자기통제와의 관계를 중심으로, JKEIA Vol. 8, No 4, 323-333.

남유진 (2023), **학교폭력 대응 및 조치에 대한 비판적 담론 분석: 학교폭력 근절 종합대책 관련 쟁점을 중심으로**, 교육과학연구 제54집 제2호, 99-119.

맹창영 (2013), **청소년 범죄의 발생 원인과 예방대책에 관한 연구**, 건양대학교 석사학위논문, 1-81.

박상식 (2021), **학교폭력예방을 위한 제언**, 법학연구 제29권 제2호, 1-5.

박선환 (2019), **국내외 학교폭력 예방 우수사례 분석을 통한 학교폭력 예방교육 적용방안 연구**, 학습자중심교과교육연구 제19권 제13호, 653-676.

박성미·이유나·최아리·안정민 (2021), **사법분야 인공지능 발전을 위한 판결문 데이터 개선방안 - '판결서 인터넷열람 서비스'를 중심으로-**, 경찰법연구 제19권 제3호, 3-36.

박영균 (2009), **청소년과 부모세대 간 문화갈등에 관한 이론적 고찰**, 청소년문화포럼 제21권, 110-137.

박영주 (2003) **경찰활동에서 지역주민과 경찰간 파트너쉽 활용전략 - Community Policing-Net Building을 중심으로-**, 한국거버넌스학회보 제10권, 127-146.

박용수 (2013), **학교지킴이의 청원경찰 적용 방안에 관한 연구**, 융합보안논문지 제13권 제5호, 177-186.

박헌국 (2018), **학교폭력 예방대책 운영현황과 연계체계 분석**, 한국경찰연구 제17권 제2호, 113-150.

박호근 (2020), **학교폭력예방법 변천과정 분석**, 교육법학연구 Vol. 32, No. 2, 27-64.

배원섭·성희자(2014), **학교폭력 가해학생의 조치에 대한 연구: 학교폭력 예방법을 중심으로**, 사회과학연구 제25권 4호, 269-287.

변종필 (2016), **공소장일본주의 위반과 하자의 치유**, 비교형사법연구 제18권 제3호, 65-92.

서보윤 (2021), **일본의 학교폭력 현황과 대책**, 학습자중심교과교육연구 제21권 19호 947-962.

성병창·이상철 (2019), **'학교폭력예방 및 대책에 관한 법률' 개정 내용과 향후 과제 분석**, 교육법학연구 제31권 3호, 27-48.

성문주 (2020), **학교폭력예방 및 대책에 관한 법률 개정 내용과 함의**, 디지털융복합연구 제18권 제2호, 122-124.

손석옥·박현용 (2022), **학교폭력 피해경험이 내재화 문제에 미치는 영향과 도움 구하기의 조절 효과**, stress 30(1), 15-21.

송영지 (2014), **자치경찰의 문제점 -제주특별자치도의 사례를 중심으로-**, 강원법학 제43권, 339-370.

송인하 (2019), **지역사회 내 친구집단의 학교폭력 예방가능성에 관한 연구**, 사회와 이론 통권 제35집, 186-196.

신강숙 (2020), **학교폭력예방법 개정과 행정심판 청구의 문제점**, 교육법학연구 제32권 제3호, 49-75.

신성대·성도경·이지영 (2017), **학교폭력의 영향요인과 대처방안에 관한 연구: 학교 및 경찰차원 예방활동의 조절효과 분석을 중심으로**, 국정관리연구 제12권 제3호, 141-168.

심승보·김하영·김석산 (2021), **학교폭력 예방 및 대책 마련을 위한 전문가의 의견 탐색**, 한국체육과학회지 제30권 제2호, 693-702.

안경옥·한민희, (2022), **현행 학교폭력예방법의 문제점 및 개선방안**, 「경희법학」 제57권 제4호, 2022, p.41-70.

양승미·최승원 (2021), **학교폭력 분쟁해결을 위한 법제 개선방향 -학교폭력 예방 및 대책에 관한 법률을 중심으로-**, 법과인권교육연구 제14권 제2호, 171-199.

염윤호·조정현·김혁 (2022), **피해자 신변보호 제도 개선에 대한 경찰관의 인식 연구**, 한국경찰학회보 24권 2호, 165-191.

윤동호 (2018), **촉법소년의 과실치상과 학교폭력: 법치(法治)인가, 인치(人治)인가**, 한국형사법연구 제30권 3호, 32-62.

윤진수 외 6명 (2017), **빅데이터를 통한 청소년 폭력 예방 시스템**, 한국소프트

웨어종합학술대회 논문집, 1944-1946.

윤호연 (2020), **학교폭력예방 및 감소를 위한 합의적 질적 연구 -학교폭력 담당 경찰을 대상으로-**, 한국경호경비학회 제65호, 247-276.

이경민 (2020), **발달장애학생 학교폭력 사건을 처리한 경찰관의 어려움과 지원 요구**, 특수교육재활과학연구, 65-91.

이경희·이경숙 (2017), **초등학생의 인터넷게임 중독, 가족기능성, 또래폭력 가해경험, 피해경험이 또래폭력 행위가능성에 미치는 영향**, 한국콘텐츠학회논문지 Vol. 17, No. 7, 425-436.

이덕난·유지연 (2021), **코로나19 이후 사이버 학교폭력 대응 법제의 쟁점 및 개선방안 연구**, 교육법학연구 제33권 2호, 161-185.

이범오 (2022), **자치경찰 수사범위에 관한 연구 -가정폭력, 학교폭력, 성폭력, 실종수사 중심으로-**, 법이론실무연구 제10권 제1호, 251-273.

이성애·조현빈 (2018), **아동학대 신고의무제도의 활성화 방안 연구**, 한국범죄심리연구 제14권 제2호, 121-136.

이승권·김하영 (2019), **중학생의 교유관계 및 대인관계가 학교폭력에 미치는 영향**, 한국체육과학회지 제28권 제4호, 795-806.

이승주 (2012), **경찰행정 정책과정의 시민참여에 관한 연구**, 한국공안행정학회보 제49호, 193-217.

이아름·김하영 (2018), **학교폭력예방을 위한 주변인의 경험탐색 연구**, 한국체육과학회지 제27권 제3호, 869-882.

이웅혁·강소영 (2013), **경찰의 학교폭력 예방대책 유형에 따른 인식조사**, 한국경찰연구 제12권 제3호, 220-231.

이은주·김봉수, 강동욱 (2014), **소년범죄예방을 위한 지역사회경찰활동의 현황 및 개선방안**, 경찰학논총 제9권 제3호, 166-169.

이은혜·성지은, 황성환 (2019), **학교폭력 문제 해결을 위한 접근 전략: 예방과 초기 개입 단계를 중심으로**, 교정복지연구 제60호, 125-133.

이정민 2018), **개정 학교폭력예방법의 운영방향**, 형사정책 제32권 제1호 (통권 제61호), 159-191.

이재영·김대권 (2013), 미국의 범죄피해자 서비스 프로그램에 관한 연구, 사회과학연구 제20호 제3호, 118-150.

이재영·정우일 (2012), 일본의 학교폭력 대응방안에 관한 고찰, 한국범죄심리연구 제8권 제3호, 153-172.

이진숙 (2021), 회복적 정의 관점의 학교폭력 해결에 대한 학교폭력 전담교사의 인식 분석, (사)한국지방정부학회 춘계학술대회논문집, 143-160.

이창훈 (2016), 경찰관의 범죄피해 두려움 공감도와 경찰활동 선호유형이 지역사회중심경찰활동에 미치는 영향, 한국공안행정학회보 제63호, 179-205.

이충민·박호정 (2020), 학교폭력 해결을 위한 적극적 경찰활동, 법과인권교육연구 제13권 3호, 113-142.

이형근 (2021), 형사소송법 제312조 개정의 의미와 피의자 신문 방법론 개선의 필요성, 경찰법연구 제19권 제3호, 67-100.

임재연 (2018), 한국과 외국(노르웨이, 미국, 독일)의 학교폭력 관련 교사의 역할 및 역량 요인의 차이에 대한 탐색, 교육논총 제38권 1호, 143-168.

임창호 (2019), 신뢰 받는 공동체 치안활동의 활성화 방안, 한국공안행정학회보 제77호, 375-408.

임창호 (2014), 경찰 학교안전활동의 효과성 인식에 관한 연구, 한국경찰학회보 제16권 4호, 132-134.

장응혁·최대현 (2019), 학교폭력 대응에 있어서 경찰개입 개선방안, 경찰학논총 제14권 제1호, 133-146.

전영태 (2015), 학교폭력억제를 위한 경찰의 대응방안에 관한 연구, 경찰복지연구 제3권 제2호, 52-58.

정 웅 (2011), 협력치안에서 효율성 확보와 민간경비 역할의 제고방안 –용인시의 사례를 중심으로-, 한국민간경비학회보 제17호, 100-118.

정의롬 (2014), 학교폭력 예방을 위한 민간경비의 활용방안, 시큐리티 연구 제39호, 391-404.

정주은 (2021), 학교폭력 사안 처리의 개선방안 -개정된 「학교폭력예방 및 대책에 관한 법률」을 중심으로-, Ewha Law Review 제11권, 1-19.

조진숙 (2020), 청소년의 성장 마인드세에 영향을 미치는 선행변인에 대한 연구: 개방성, 부모특성, 교사특성을 중심으로, 광운대학교 박사학위논문, 1-92.

조현미 (2016), 사이버 비행에 대한 애착, 자아손상, 자기효능감, 낙인요인의 영향 분석-사회유대이론, 자아인식이론, 낙인이론을 중심으로-, 동국대학교 석사학위논문, 1-86.

조현섭 (2016), 학교폭력 예방을 위한 경찰의 대응방안에 관한 연구, 경찰복지연구 제4권 제1호, 65-69.

차성안 (2021), 배상명령 활성화 입법에 대한 평가와 그 시사점, 「저스티스」 통권 제182-1호, 296-345.

최석환·김하영 (2021), 초등학교 학교폭력 예방프로그램 분석 연구, 한국체육과학회지 제30권 제4호, 587-597.

최은희 (2018), 소년의 형사책임능력과 소년범죄의 예방에 대한 입법적 연구, 호서대학교 일반대학원 박사학위논문.

최종술 (2014), 학교경찰의 한국적 모형에 관한 연구, 경찰학논총 제9권 제1호, 205-230.

최현주·최 관 (2018), 한국의 학교폭력 실태 및 시사점: 학교폭력예방법을 중심으로, 한국사회안전학회지 제13권 1호, 93-108.

한유경·이주연·박주형 (2013), 학교폭력 대책 강화에 따른 단위학교 사안 처리과정에서의 갈등 분석, 교육과학연구 제44집 제4호, 73-97.

한재경 (2018), 학교폭력예방법상의 학교폭력 처리절차에 관한 고찰, 공공사회연구, 131-161.

허경미 (2013), 미국의 학교경찰제도 진단 및 정책적 착안점 연구, 경찰학논총 제8권 제1호, 189-197.

허종렬 (2019), 구 학교폭력예방법상 학교폭력처리과정에서의 교권침해와 개정 학교폭력예방법, 법과인권교육연구 제12권 제3호, 33-52.

홍서아·추봉조 (2018), **경찰의 학교폭력예방 및 피해자 지원방안 연구**, 교정연구 제28권 제1호·통권 제78호, 111-136.

홍신기·윤순종 (2011), **초등학교 아동에 대한 주요국의 훈육 규정 사례 연구**, Vol. 21, No. 1, 123-146.

황정용 (2019), **학교전담경찰관 제도의 합리적 개선방안에 관한 연구**, 한국 치안행정논집 제15권 제4호, 263-284.

보도자료

교육부, (2022), 2022년 1차 학교폭력 실태조사 결과 발표
교육부, (2021), 2021년 1차 학교폭력 실태조사 결과 발표
교육부, (2020), 2020년 1차 학교폭력 실태조사 결과 발표
교육부, (2019), 2019년 1차 학교폭력 실태조사 결과 발표
교육부, (2018), 2018년 1차 학교폭력 실태조사 결과 발표
교육부, (2017), 2017년 1차 학교폭력 실태조사 결과 발표

법령정보

「국가경찰 및 자치경찰의 조직 및 운영에 관한 법률」 (법률 제17689호, 2020. 12. 22. 전부개정)
「경찰관직무집행법」 (법률 제18807호, 2022. 2. 3. 일부개정)
「교육기본법」 (법률 제19736호, 2023. 9. 27. 일부개정)
「교원의 지위 향상 및 교육활동 보호를 위한 특별법」 (법률 제17952호, 2021. 9. 24. 일부개정)
「아동복지법」 (법률 제19234호, 2023. 3. 14. 타법개정)
「아동학대범죄 처벌 등에 관한 특례법」 (법률 제19101호, 2022. 12. 27. 일부개정)
「소년법」 (법률 제17505호, 2020. 10. 20. 타법개정)
「정보통신망 이용촉진 및 정보보호에 관한 법률」 (법률 제19154호, 2023. 1. 3. 일부개정)
「정부조직법」 (법률 제19270호, 2023. 3. 21. 타법개정)

「초・중등교육법」 (법률 제19738호, 2023. 9. 27. 일부개정)

「학교폭력예방 및 대책에 관한 법률」 (법률 제17668호, 2021. 6. 23. 일부
　　　개정)

「학교폭력 가해학생 조치별 적용 세부기준 고시」 (교육부고시 제2020-227호,
　　　2020. 5. 1. 일부개정)

「형법」 (법률 제19582호, 2023. 8. 8. 일부개정)

「형사소송법」 (법률 제18862호, 2022. 5. 9. 일부개정)

학교폭력이 없다면 학교는 더 재밌어 질거야

1판 1쇄 발행 2024년 07월 22일

지은이 이충민　　**이메일** subsonic1@naver.com

편집 김해진　　**마케팅·지원** 김혜지
펴낸곳 (주)하움출판사　　**펴낸이** 문현광

이메일 haum1000@naver.com　　**홈페이지** haum.kr

블로그 blog.naver.com/haum1007　　**인스타** @haum1007

ISBN　979-11-6440-644-9 (03370)

좋은 책을 만들겠습니다.
하움출판사는 독자 여러분의 의견에 항상 귀 기울이고 있습니다.
파본은 구입처에서 교환해 드립니다.